倭の五王の時代を考える

五世紀の日本と東アジア

辻田淳一郎［編］

吉川弘文館

刊行によせて

岸和田は、一九万の人が、寄り集うて大阪の南に陣取っている。日本全国にその名を轟かすだんじり祭り、岸和田城。その賑々しさから生まれ出る情熱と魂を糧にして、気がつけば、地元はおろか全国、さらに世界の様々な場面で気を吐き、行動する多士済々を送り出してきた。例えば、コシノ姉妹。世界に躍り出てファッション界の先導役を果たしたその姿に、自主的、主体的、かつ独立性の強い、岸和田精神の発揮を見る。

そして、濱田青陵も岸和田精神を体現する代表的な一人として、岸和田人名録の一ページを飾る。ヨーロッパへ羽ばたき、帰国してからは日本に考古学の基礎を築いた。このことを過たず再評価して、一九八八年、濱田青陵賞として現代によみがえらせた岸和田市そして朝日新聞大阪本社の大英断は、瞠目に値する。

情報化社会と称される現代、目覚ましいＩＴの発達やＡＩ革命には目を見張るものがある。こうした新局面においては、まずもって物事の由緒来歴をたどることで、ものの在りようを理解して、道を見誤ることなく適応し発展させていくことが重要である。事物を発掘し正体を探り当てる学問として、今こそ考古学の重要性が再認識される所以である。

そして岸和田市の濱田青陵賞が、今直面しつつある新たな局面に対峙するエネルギーを内に秘めながら、将来に向かって展開しようとする活力に満ちた、極めて先見性に富んだものであることに、改めて気づかされる。

濱田青陵賞の受賞者は、毎年組織される選考委員会によって検討され、七月二五日、濱田青陵の御命日に発表される。続く九月の授賞式においては、受賞者と、その研究テーマに関わりを持つ研究者が全国から選抜されて、シンポジウムが挙行される。このシンポジウムは白熱した意見交換の場となり、多くの関心を呼ぶが、一度限りの実験劇場として、極めて興味深い内容でありながらそのまま幕を閉じ、埋もれてしまってきた。

この参加者・傍聴者に限られてきたシンポジウムの内容を、広く発信、さらなる意見交換を促そうという考えが提案され、ここにその成果を刊行するに至った。本書の意義は、単なるシンポジウムの記録に留まらず、今後の研究の重要な参考資料として、いつでも誰でも活用できる形になったものであり、大いなる喜びとするものである。

最後に、これまで三六年にわたって濱田青陵賞を継続してきたことに、改めて岸和田市長と岸和田市教育委員会の郷土文化課、そして朝日新聞社のご理解とご尽力に感謝申し上げ、刊行の辞とさせていただきます。

二〇二四年八月一四日

國學院大學名誉教授　小林達雄

目次

図表目次

〔図〕

〔表〕

序章　倭の五王の時代を考える

辻田淳一郎

本書は、五世紀代のいわゆる「倭の五王の時代」について、考古学・文献史学の両者の成果をつきあわせつつ、その時代像を掘り下げることを目的としたものである。

倭の五王の時代については、『宋書《そうじょ》』倭国伝などの中国史書や有銘刀剣の銘文に関する文献史学の研究成果が非常に多く蓄積されており、そうした観点からの研究が現在も行われている。他方で、この時代＝五世紀代は考古学の時期区分でいえば古墳時代中期にあたり、中国史書に記録された倭の五王の南朝遣使のみならず、朝鮮半島諸地域との活発な交流や、列島への渡来人および渡来人を介してもたらされた須恵器生産・鉄器生産の技術、また馬匹生産・騎馬文化の普及などが考古学の調査・研究の成果として明らかにされてきた。そして古墳時代という点では、この時期は前方後円墳の規模の極大化がピークに達する時期でもある。大阪府百舌鳥《もず》・古市《ふるいち》古墳群は、二〇一九年に世界文化遺産に登録され、世界各地の墳墓造営との比較も活発に行われている（国立歴史民俗博物館ほか編二〇二〇）。日本最大の前方後円墳である大阪府堺市の大仙陵《だいせんりょう》古墳（仁徳天皇陵古墳）は航空レーザー測量の結果、以前考えられていた規模よりも大きいことが明らかにされ、最近では全長五一三・三㍍という復元案が提示されている（加藤ほか二〇二三）。大仙陵古墳は五世紀中頃の築造と想定され、本書の中でもその被葬者像が論点の一つとなっている。

本書の内容

以下では、倭の五王の時代を考える上で問題となる時代背景と論点について、各章の内容とともに簡単に紹介したい。全体として、一・三・五の各章では考古学の立場から、二・四章では文献史学の立場から、交互に配置する形で検討が行われている。

第一章の辻田淳一郎「同型鏡からみた倭の五王の時代」は、同型鏡（群）と呼ばれる青銅鏡に注目した論考である。五世紀代は、鉄製武器・武具類が多量に副葬される時代であるが、五世紀半ば以降に新たに同型鏡群と呼ばれる鏡が出現する。これらは製作地について議論がある一群であるが、倭王・済《せい》の南朝遣使に伴い宋王朝から特別に賜与された「特鋳鏡《とくちゅうきょう》」とする仮説を紹介している。五世紀代の遺跡からは中国系の文物の出土が少ないこともあり、これまでも『宋書』倭国伝をはじめとした文献史料の記録が重視されてきたが、同型鏡群が中国南朝製であるとすれば、倭の五王の時代を考える上で有効な資料となりうることから、その意義について検討したものである。またそれらが五世紀後半には「人制《ひとせい》」などの政治的脈絡において列島各地の有力者に贈与されたことを論じている。

第二章の田中史生「倭の五王の南朝遣使とその背景」は、『宋書』倭国伝をはじめとした中国の史書の検討を中心として、近年までの文献史学の成果についてわかりやすくまとめた論考である。その中では、従来の研究史においても問題とされてきた、「四一三年の倭国から東晋への遣使をどうみるか」「倭国内における中国官爵の意味をどう捉えるか」「倭王武以後に中国への入貢が途絶するのはなぜか」といった大きく三つの問いが立てられ、それに対する回答が示されている。特に田中氏の議論では、四一三年の倭王・讃《さん》による東晋王朝への独立した遣使を認める点、南朝から与えられる中国官爵を利用した王権秩序（「府官制秩序」）の評価、倭王・武の時代頃から、高句麗をモデルとした「大王」の「天下」を構想したあり方などが独自の視点のもとに論じられている。後述する銘文刀剣資料からみた

「人制」の問題についても、府官制秩序に由来するところの「僚属制的政治秩序の拡充の動きとも関連する」といった観点で説明を行っている点も注目される。

第三章の一瀬和夫「倭の五王と百舌鳥・古市」は、上述の大阪府百舌鳥・古市古墳群の成立と展開を中心に、大型古墳群の築造動向という観点から倭の五王の時代の実態に迫った論考である。一瀬氏が指摘するように、古墳時代中期は、古墳本体の規模だけでなく、周囲の堀や堤の整備の充実度で古墳間の格差が表現された時代であり、百舌鳥・古市古墳群では周辺の陪冢も含めてそうした格差が明瞭に示された。一瀬氏は、仁徳陵（大仙陵）古墳の築造を「墳丘規模による絶対的隔絶性」で「階層化が完成された一段階と捉え、百舌鳥・古市古墳群の築造後半期以降に「畿内中核エリア全体を中心軸とした広域一体統治」が実現したとする理解を示している。また倭の五王の時代から六世紀へと転換するのと重なるように百舌鳥・古市古墳群の築造は終了するが、この後半期に生み出された「ニサンザイ系前方後円墳」が六世紀代の主導的な墳丘形態として継続することを論じている。

第四章の古市晃「倭の五王の時代の王宮と社会」は、『日本書紀』『古事記』などの日本国内の文献史料に基づき、五世紀代の中央支配権力の特徴を明らかにした論考である。古市氏の議論では、奈良盆地東南部に置かれた、倭王宮を含む重要な王宮群（中枢部王宮群）とそれ以外の地域に展開する周縁的な王宮群（周縁部王宮群）が区分され、奈良盆地東南部における前者の王宮群の連続性、また王宮が軍事・交通上の要衝に設置されることが強調されている。さらに記紀の天皇系譜伝承をもとに、五世紀の中央支配権力が、当初から倭王を中心とした専制的な支配体制を構築できていたわけでなく、倭王に対抗できる対抗軸を内包する分節的な状況であったこと、また雄略（倭王・武）の治世下において、仁徳系王統および葛城・吉備・紀伊の勢力の弾圧伝承が集中することから、雄略が允恭系王統の権力の確立を図ったとする理解を示している。その後允恭系王統が断絶する一方で、仁徳系王統もまた五世紀末に断絶することから、専制的支配権力の成立は六世紀の継体新王統以降であることを論じている。

第五章の若狭徹「倭の五王と東国の古墳時代社会」は、古墳時代前・中期における関東を中心とした古墳築造動向の変遷をもとに、近畿地域と東日本の政治的関係および後者における地域社会の実態を明らかにした論考である。その中では、渡来系文物や渡来人の考古学的痕跡という観点から、東日本の地域社会が朝鮮半島や大陸との交流の窓口を有していたことが議論されている。あわせて、従来、五世紀中頃の千葉県稲荷台《いなりだい》1号墳の「王賜」銘鉄剣や、五世紀後半の埼玉県稲荷山《いなりやま》古墳の「辛亥年《しんがいねん》」銘鉄剣などの資料から、王権中枢に奉仕した在地の有力者の存在が想定されてきたが、それら以外の各地の古墳築造動向からも、倭王・珍や済の時期に将軍号や軍太守号を認められた有力者が関東周辺に存在した可能性が高いことを指摘している。こうした王権とのつながりは、形を変えながら六世紀に継続したことが示されている。

以上のような各論考の内容を踏まえ、中村俊介氏（朝日新聞社編集委員）の司会のもと、大きく上述の将軍号・軍太守号を認められた有力者の実像や、文献史料と考古資料の相互の関係、同型鏡群や銘文刀剣との関係、東アジア史の中の倭の五王といった問題について、幅広い観点からの討論・意見交換が行われており、この内容を収録している。

ここで本書の内容全体に関連して、近年の研究動向を中心として、大きく二つの点について補足しておきたい。一つは、朝鮮半島情勢も含めた倭の五王の時代以降の歴史的展開について、もう一つは、倭の五王の時代と考古学的な遺跡との年代的な関係についてである。

倭の五王の時代の東アジア情勢

本書では主に倭の五王の南朝遣使と同時代の列島社会を中心に議論が行われており、朝鮮半島情勢も含めた倭の五

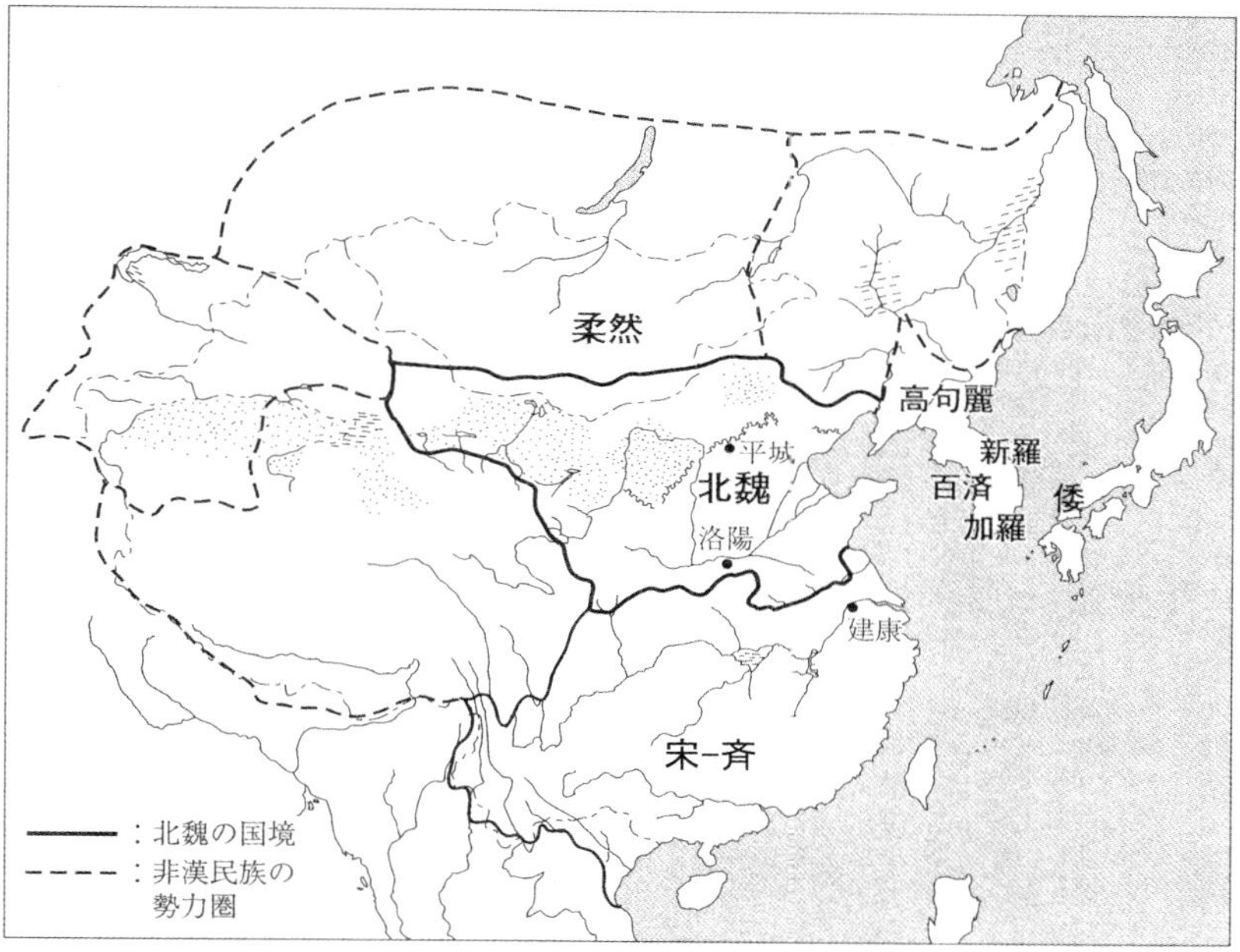

図序－１　五世紀後半における東アジア　川本(2005)を改変

王の時代以降の歴史的展開についての言及は、部分的なものにならざるを得なかった。この点に関連して、図序－１は五世紀後半における東アジア各政体の勢力圏を示したものである。表序－１は五・六世紀代を中心とした東アジア各政体と王の在位期間の変遷を示している。倭の五王が遣使した五世紀代の南朝および朝鮮半島についてみると、南朝は五世紀前半の文帝の時期が比較的安定しており、「元嘉《げんか》の治《ち》」とも呼ばれているが、特に孝武《こうぶ》帝没後に継承が不安定になったことがわかる。この時期の東アジアは、中国の南朝と北朝の対立を軸としながら、高句麗・百済などの半島諸政体と倭国がそれぞれに中国王朝に遣使を行い、南朝・北朝を中核とする秩序の中に位置づけられていた点を特徴とする（川本二〇〇五）。特に高句麗と百済・倭国との対立と競合は、四世紀後半以降の国際情勢の規定要因の一つともなっている。この点において、高句麗では好太王《こうたいおう》没後に即位した長寿王《ちょうじゅおう》の治世期間が長く、倭の五王の時代は長寿王と相対し続けた時代であったともいえる。それと並行して、加耶・新羅・百済の諸地域と列島各地との交流が活発であったことが、考古学・文献史学の双方の成果として明らかにされている（朴二〇〇七、田中俊明二〇〇九、高田二〇一七・二〇一九、山本二〇一八、田中史生二〇一九、吉村ほか編二〇二〇など）。倭の五王の時代における南朝遣使は、これらの朝鮮半島南部との交流が前提となって行われたものであることが知られる。特に鉄素材の入手をめぐる加耶地域との交流は、百舌鳥・古市古墳群の時代を考える上での基礎的条件であり、また新羅系文物の出土も半島南部と倭国との政治的交渉の実態を示す重要な考古資料といえよう。五世紀代は朝鮮半島からの渡来人が列島各地で大幅に増加した時期であるが、半島南部地域における「倭系古墳」と呼ばれる倭系の埋葬施設を有する古墳の存在は、そうした渡来や在地化が半島から列島への一方向的なものでなく、双方向的な交流であったことも示唆している。

その後、倭王・武の遣使を最後に倭からの南朝遣使は途絶したと考えられている（本書第二章〔田中〕、川本二〇〇五）。この時期、高句麗の南下に伴い、四七五年に百済の王都漢城が陥落した後、百済は倭国の支援のもとで熊津《ゆうしん》にて復興する。その百済の勢力が半島南部へと拡大し、一方で新羅の勢力が西方に影響力を拡大する中、半島南部の加耶諸地域は両者に圧迫されながら、列島各地の勢力とも活発な交流を行っていた。半島西南部の栄山江流域で前方後円墳が出現するのもこうした一連の動向の中に位置づけられる。このような意味においても、半島南部と列島社会との関係は、倭の五王の時代の前後における東アジアの交流史を考える上での主要な論点といえよう。

倭の五王と百舌鳥・古市古墳群の被葬者像

もう一つの論点である、倭の五王の比定や、百舌鳥・古市古墳群のどの古墳との関係が想定されるか、といった点

表序－1　東アジア各政体変遷表　辻田(2018)

西暦	中国北朝	中国南朝	南朝皇帝	高句麗	百済	新羅	倭	倭の遣使記事
390~394			孝武帝 372-396					
395~399					阿華王 392-405	奈勿王 356-402		
400		東晋 317-420		好太王 391-412			(不明)	
405			安帝 396-418					
410					腆支王 405-420	実聖王 402-417		
415								(413年)
420			武帝・小帝		久尓辛王 420-427			421年
425							讃 ?-437頃?	425年
430								430年
435			文帝 424-453					
440					毗有王 427-455	訥祇王 417-458	珍 438頃-443頃?	438年
445								443年
450		宋 420-479		長寿王 413-491			済 443-461頃?	451年
455			孝武帝 453-464					
460	北魏 386-534							460年
465			前廃帝 明帝 465-472		蓋鹵王 455-475		興 462-?	462年
470			後廃帝 472-476			慈悲王 458-479		
475			順帝 476-479		文周・三斤王		武 462~471頃 -479/489?	
480			高帝					477-478年 (479年)
485			武帝 482-493					
490		斉 479-502	廃帝鬱林王 廃帝海陵王		東城王 479-501	炤知王 479-500		
495			明帝 494-498				不明	
500			廃帝東昏侯 和帝					
505				文咨明王 492-519				
510					武寧王 501-523	智証王 500-514		
515								
520							継体 507?-531/534?	
525		梁 502-557	武帝 502-549	安蔵王 519-531		法興王 514-540		
530								
535							(安閑・宣化？)	
540	東魏			安原王 531-545	聖王 523-554			
545	西魏							
550				陽原王 545-559				
555			簡文帝・元帝・敬帝			真興王 540-576	欽明 540?-571	
560			武帝・文帝 559-566					
565	北周 556-581 / 北斉 550-577							
570								
575		陳 557-589	廃帝 宣帝 568-582 後主 582-589	平原王 559-590	威徳王 554-598 恵王 法王		敏達 572-585	
580								
585							用明・崇峻	
590	隋 581-618					真平王 579-632		
595			文帝 581-604	嬰陽王 590-618			推古 593-628	
600					武王 600-641			

については、本書の執筆者の間でも若干意見が分かれている。これは学界でも定説的な共通見解はなく、議論が現在進行形で進んでいる問題である。

この問題を考える上ではいくつかの手続きがある。まず中国史書における倭の五王（讃・珍《ちん》・済・興《こう》・武《ぶ》）と記紀における天皇との関係については、『宋書』における「讃・珍（兄弟）」と「済・興・武（済と興・武が親子）」の関係、特に珍と済の間の関係が記されていないのに対し、記紀の系譜では連続しているため、両者の対応関係について議論がある（本書第四章〔古市〕、森二〇一〇、河内二〇一八）。その上で、特に倭王・讃が記紀でいうどの天皇に該当するのかが最も意見が分かれている。

他方で考古学の分野では、記紀の王統譜と陵墓の比定を年代の定点として位置づける場合があり、特に応神天皇陵古墳（誉田御廟山《こんだごびょうやま》古墳）・仁徳天皇陵古墳（大仙陵古墳）の両者が、それぞれ応神天皇・仁徳天皇を被葬者とするとみてよいのかという点が現在も注目され続けている。近年の成果に限定しても、例えば誉田御廟山古墳を応神天皇陵とみる見解として白石太一郎氏（二〇一八）、新納泉氏（二〇二一）、大仙陵古墳を仁徳天皇陵とする見解として一瀬和夫氏（本書第三章）・菱田哲郎氏（二〇〇七）などが挙げられる。また陵墓の治定や比定が本来の被葬者と年代的にも合致するかという点とは別に、古墳そのものの実年代観を元に、讃・珍・済・興・武の南朝遣使・在位年と対比しながら、各古墳の被葬者像を推定する場合がある。この場合、五世紀後葉の岡ミサンザイ古墳（仲哀天皇陵古墳）を倭王・武／ワカタケル大王の墓と想定する研究者が多いが（天野二〇一〇、東二〇一五など）、一方で讃・珍・済・興についてはいずれも共通理解が得られているとはいいがたい状況にある。特に倭王・讃に関しては五世紀前半に遣使を行っていることから、その前後に築造された古墳が墓地の候補となるが、これについても見解が分かれている。讃の墓地を上石津《かみいしづ》ミサンザイ古墳（履中天皇陵古墳）と想定する東潮氏（二〇一五）、大仙陵古墳（仁徳天皇陵古墳）と想定する立場として一瀬和夫氏（本書第三章）・坂靖氏（二〇一八）・天野末喜氏（二〇二四）、「応神紀」に記された外交記事の年代観から、讃を応神天皇と捉えつつ、上述のように誉田御廟山古墳を応神天皇陵と捉える新納泉氏（二〇二一）、珍墓を大仙陵古墳とみる橋本達也氏の見解（二〇二〇）などがある。このほか、反正（珍）墓＝誉田御廟山古墳、允恭（済）墓＝大仙陵古墳と捉える見解として、岸本直文氏（二〇〇八・二〇二〇）や東潮氏（二〇一五）などがある。済・興墓に関しても諸説あるが、ここでは深く立ち入らず、上記に挙げた諸氏の論考をご参照いただきたい。近年では、須恵器の実年代観の検討に基づき、百舌鳥・古市古墳群の造営開始が四世紀代にさかのぼると考えられることから、その前半期は倭王・讃の遣使以前と考える研究者が増えている。また副葬品などの研究成果を踏まえた中期古墳編年の再検討が行われており、そうした成果も今後の議論に少なからず影響すると考えられる（上野編二〇一三、鈴木二〇一四、高橋・中久保編二〇一四、中国四国前方後円墳研究会編二〇二四など）。

このように倭の五王・記紀が記す王統譜・「陵墓古墳」の三者の対応関係については議論が錯綜している。筆者は、その理由として大きく二つあるものと考えている。一つは、記紀が記す王統譜において、例えば在位年数の長さと西暦との齟齬という点に加え、従来から応神天皇と仁徳天皇が同一人物ではないかとする意見があるなど（直木一九七三）、特に五世紀前半以前の王統譜の信頼性という問題がある。これに関連して、下垣仁志氏は、記紀の記載および延喜式などに基づく陵墓の比定と各古墳の考古学的な年代観に大きな齟齬がみられない場合が多いという点に注目し、むしろ個々の古墳（「陵墓」）が被葬者を記憶する媒体となっていた可能性を指摘している（下垣二〇一九）。この場合、記紀の王統譜や延喜式の陵墓記載について信頼できるのがどの時期からであるのかがあらためて問題となろう。

もう一つは、これもよく知られているように、百舌鳥・古市古墳群において二〇〇㍍以上の規模の古墳が多数存在し、かつ複数の大規模古墳がほぼ同時期に並存する場合が多いことである。一般的に、五世紀代においては、「倭の

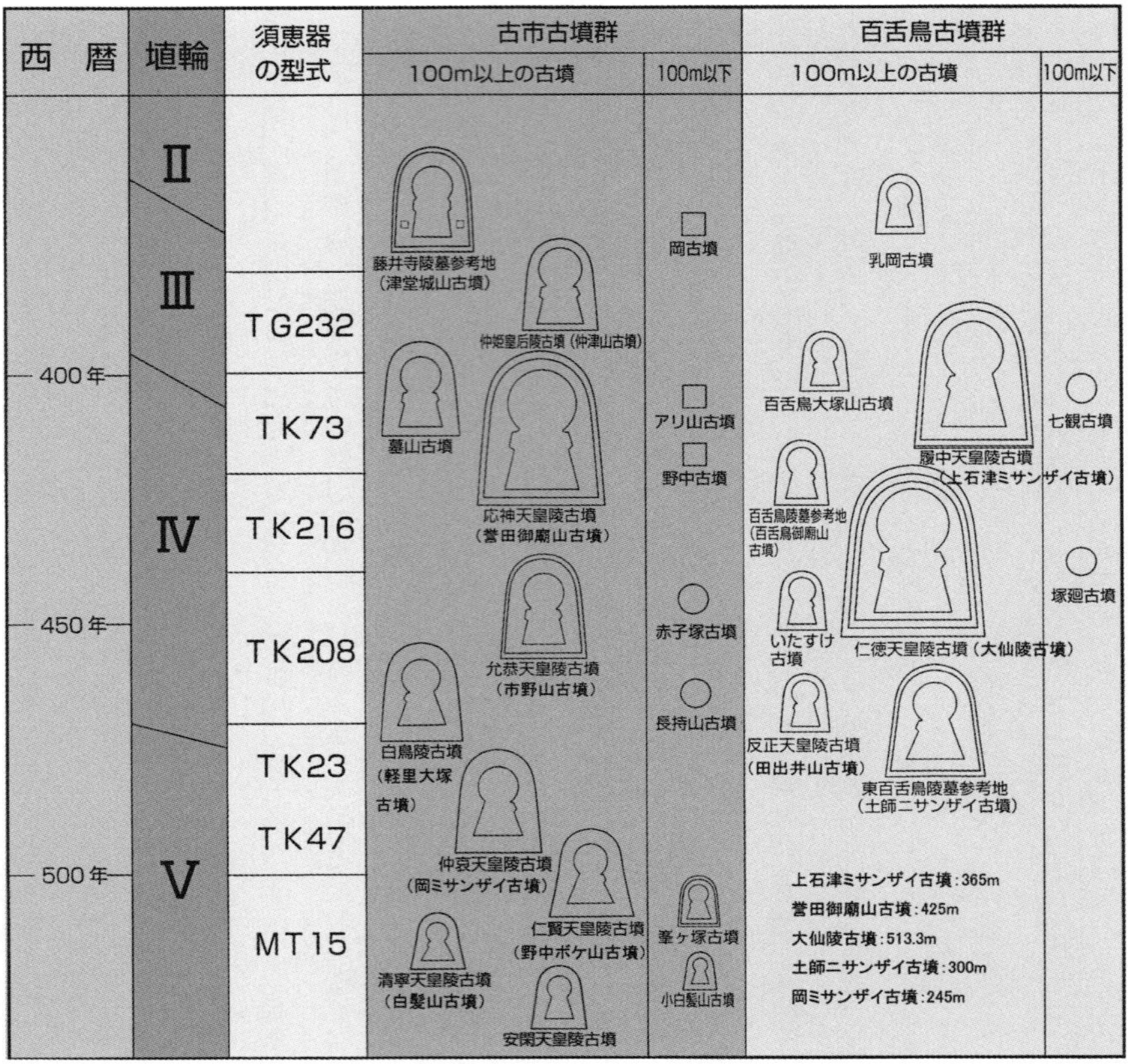

図序－2　百舌鳥・古市古墳群の変遷　大阪府立近つ飛鳥博物館編（2011）を改変

五王」と表現されるように、各時期に一人の王ないし大王が存在したと考えられているが、実際には複数の大型前方後円墳が並存するようなあり方を示しているのである（図序－2）。この点について、岸本直文氏は、前期以来の大型前方後円墳の設計企画に主系列と副系列の二者が存在し、前者が「神聖王」・後者が「執政王」として並存するという「二王並立」（祭政分権王政）論を提起している（岸本二〇〇八・二〇二〇）。図序－3は各時期の「二王」の並立状況を示しているが、二人の王が同時に交代するというよりは、一人の王の在位期間が重複する形での代替わりが想定されている。この

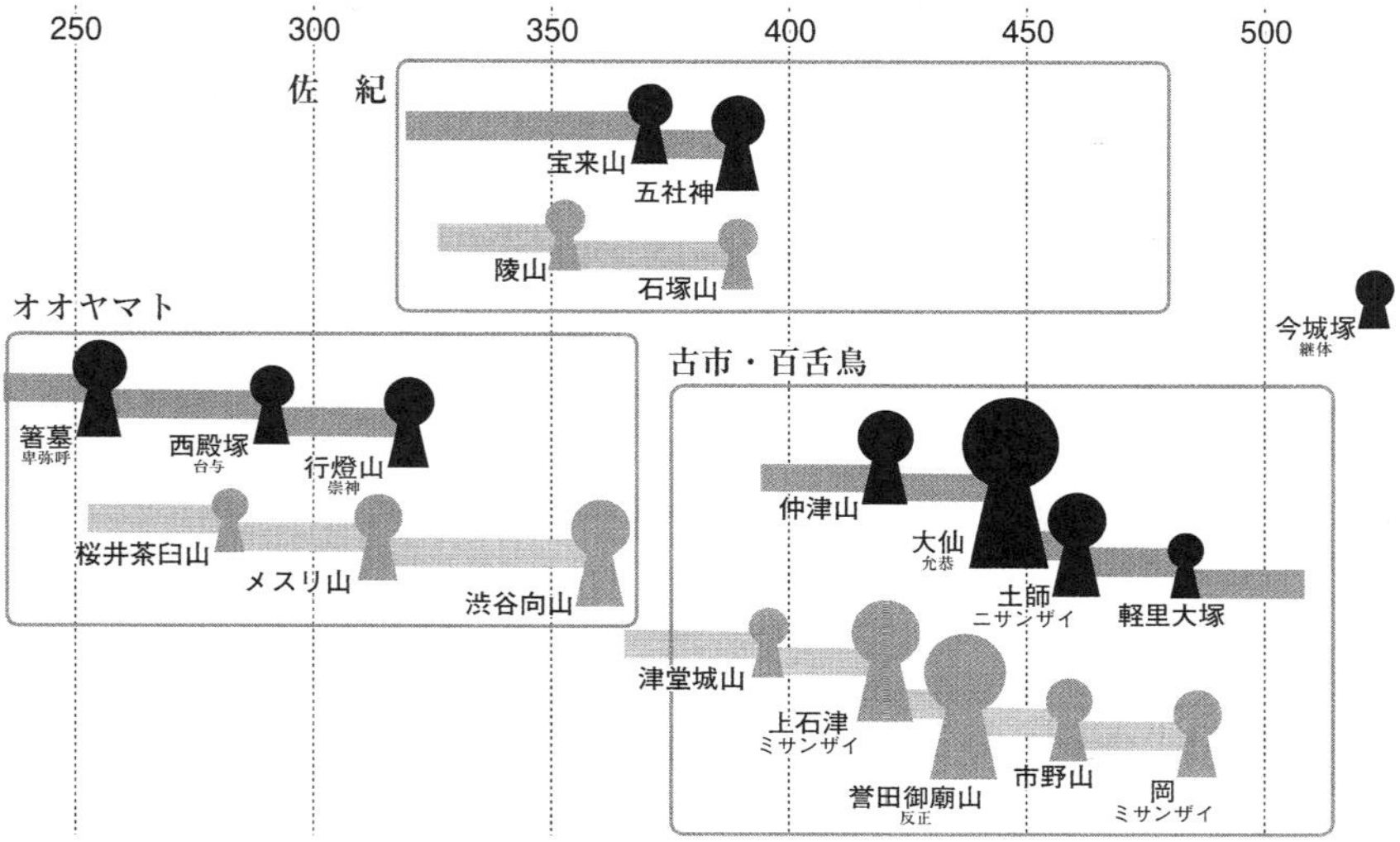

図序－3　岸本直文氏の二王並立図　岸本　(2020)上段が主系列・下段が副系列

場合に「倭の五王」については、外交上の代表権者としての王とみて、もう一人の王は文献上には表れていないと捉えるのか、といった問題がある。岸本氏の二王並立論については、「祭政両大権は基本的に別人格に担われるものであり、それぞれが別個の前方後円墳を築造した」とする岸本氏の理解に対して疑義が呈示されている（白石二〇一二・二〇一八、清家二〇二四）。筆者自身は、大型前方後円墳の並存状況や将軍号除正にみられる倭姓の王族層の存在といった問題を考える上でも検証が必要な仮説の一つと考えているが、いずれにしても、「二王並立」論については、考古学・文献史学双方で共通理解が得られるかどうかも含め、今後の課題といえよう。

こうした研究動向を踏まえつつ、本書での最大公約数的理解としては、大仙陵古墳の時期が百舌鳥・古市古墳群の造営のピークであること、また須恵器の実年代観からその築造がおよそ五世紀中葉であること、その時期に同型鏡群の流通をはじめとしたさまざまな考古学的現象において画期が見出されること、である。大型古墳群の具体的な被葬者像をめぐっては、上述のような理由を背景としながら執筆者間でも意見が異なっていることについて、ご理解いただければ幸いである。

課題と展望

冒頭でも述べたように、本書は倭の五王の時代をめぐって、考古学と文献史学双方の成果をもとに、その時代像を掘り下げることを目的としたものである。五世紀代における各種の生産・流通の展開や土地利用・開発の変遷など、論じ残した課題は多いが（菱田二〇〇七、村上二〇〇七、若狭二〇〇七、一瀬ほか二〇一一、堺市文化観光局文化部文化財課編二〇一三、右島監修二〇一九、諫早編二〇二三など）、これについても今後の課題としたい。またこの時代を包括的に扱った論文集・共同研究の成果も刊行されており、あわせてご参照いただきたい（広瀬編二〇一五、島根県古代文化センター編二〇一五、上野編二〇一八、堺市博物館編二〇二二など）。そうした研究動向の中、本書で議論された時代像と問題意識について広く共有されるとすれば、執筆者一同これに過ぎることはないと考えている。今後の倭の五王の時代をめぐる考古学・文献史学双方の研究のより一層の深化を期待したい。

【参考文献】

東　潮　二〇一五「倭の五王の時代の国際交流」広瀬和雄編『季刊考古学・別冊二二　中期古墳とその時代』雄山閣
天野末喜　二〇一〇「倭王武の時代―雄略朝をめぐる一視点―」『同志社大学考古学研究会50周年記念論集』50周年記念論集編集委員会
天野末喜　二〇二四「倭の五王と百舌鳥・古市古墳群」広瀬和雄編『日本考古学の論点（下）』雄山閣
諫早直人編　二〇二三『牧の景観考古学』六一書房

一瀬和夫・田中俊明・菱田哲郎（上田正昭監修）　二〇一一『巨大古墳の出現　仁徳朝の全盛』文英堂
上野祥史編　二〇一三『祇園大塚山古墳と5世紀という時代』六一書房
上野祥史編　二〇一八『国立歴史民俗博物館研究報告』二一一〔［共同研究］古代東アジアにおける倭世界の実態〕、国立歴史民俗博物館
大阪府立近つ飛鳥博物館編　二〇一一『百舌鳥・古市の陵墓古墳』大阪府立近つ飛鳥博物館
加藤一郎・土屋隆史・相馬勇介　二〇二三「【陵墓関係調査報告】仁徳天皇 百舌鳥耳原中陵第1堤における遺構・遺物確認のための事前調査」『書陵部紀要』第七四号〔陵墓篇〕
川本芳昭　二〇〇五『中国の歴史05 中華の崩壊と拡大』講談社
岸本直文　二〇〇八「前方後円墳の二系列と王権構造」『ヒストリア』二〇八
岸本直文　二〇二〇『倭王権と前方後円墳』塙書房
河内春人　二〇一八『倭の五王』中央公論新社
国立歴史民俗博物館・松木武彦・福永伸哉・佐々木憲一編『日本の古墳はなぜ巨大なのか』吉川弘文館
堺市博物館編　二〇二二『5世紀の倭と東アジア　国際シンポジウム記録集』堺市博物館
堺市文化観光局文化部文化財課編　二〇一三『漆黒の武具・白銀の武器』堺市文化財講演会録第六集
島根県古代文化センター編　二〇一五『島根県古代文化センター研究論集』一四〔前方後方墳と東西出雲の成立に関する研究〕、島根県古代文化センター
下垣仁志　二〇一九「古墳と政治秩序」吉村武彦・吉川真司・川尻秋生編『前方後円墳』岩波書店
白石太一郎　二〇一二「箸墓古墳と大市墓」『天皇陵古墳を考える』学生社
白石太一郎　二〇一八『古墳の被葬者を推理する』中央公論新社
鈴木一有　二〇一四「七観古墳出土遺物からみた鋲留技法導入期の実相」坂口英毅編『七観古墳の研究』京都大学大学院文学研究科
清家　章　二〇二四「ヒメヒコ制・二重王権制と考古学」広瀬和雄編『日本考古学の論点（下）』雄山閣
田中俊明　二〇〇九『古代の日本と加耶』山川出版社

田中史生　二〇一九『渡来人と帰化人』ＫＡＤＯＫＡＷＡ
高田貫太　二〇一七『海の向こうから見た倭国』講談社
高田貫太編　二〇一九『国立歴史民俗博物館研究報告』二一七〔［共同研究］古墳時代・三国時代における日朝関係史の再構築―倭と栄山江流域の関係を中心に―〕、国立歴史民俗博物館
高橋昭彦・中久保辰夫編　二〇一四『野中古墳と「倭の五王」の時代』大阪大学出版会
中国四国前方後円墳研究会編　二〇二四『中期古墳編年を再考する』六一書房
辻田淳一郎　二〇一八『同型鏡と倭の五王の時代』同成社
直木孝次郎　一九七三「応神天皇の実在性をめぐって」『人文研究』二五―一〇
新納　泉　二〇二一「『日本書紀』紀年の再検討」『考古学研究』六八―二
朴　天秀　二〇〇七『加耶と倭』講談社
橋本達也　二〇二〇『巨大古墳の時代を解く鍵 黒姫山古墳』新泉社
坂　靖　二〇二一『倭国の古代学』新泉社
菱田哲郎　二〇〇七『古代日本 国家形成の考古学』京都大学学術出版会
広瀬和雄編　二〇一五『季刊考古学・別冊二二 中期古墳とその時代』雄山閣
古市　晃　二〇二一『倭国』講談社
右島和夫監修　二〇一九『馬の考古学』雄山閣
村上恭通　二〇〇七『鉄器生産と古代国家形成過程』青木書店
森　公章　二〇一〇『倭の五王』山川出版社
山本孝文　二〇一八『古代韓半島と倭国』中央公論新社
吉村武彦・吉川真司・川尻秋生編　二〇二〇『渡来系移住民 半島・大陸との往来』岩波書店
若狭　徹　二〇〇七『古墳時代の水利社会研究』学生社

第一章　同型鏡からみた倭の五王の時代

辻田淳一郎

はじめに――古墳時代の鏡と日本の古代国家形成――

(1)古代国家形成と鏡

日本の古代国家成立時期をめぐっては、都出比呂志氏（二〇一一）による「七五三論争」という表現がよく知られている。それぞれ、七世紀・五世紀・三世紀に想定するもので、三世紀は邪馬台国の時代、五世紀は倭の五王の時代、七世紀は特に七世紀後半の天武・持統朝を律令国家の確立期とみる考え方である。このうち、三世紀中葉から六世紀代は古墳時代であることから、日本の古代国家成立過程を考える上で重要な時期であることが認識されてきた。古墳時代を国家の成立期と考えるか、あるいは国家成立の前段階と考えるかという点は、現在も考古学・文献史学を横断した主要な論点であり続けている（近藤一九八三、都出二〇〇五・二〇一一、岩永二〇二二、熊谷二〇〇一、鈴木二〇一二、下垣二〇一八、辻田二〇一九など）。

この古墳時代の近畿地域を中心とした政治的秩序の形成において、大きな役割を果たしたと考えられる器物の一つとして、副葬品の主要な品目として出現する青銅鏡が挙げられる。古墳時代の鏡は、大きく大陸からもたらされた舶載鏡（中国鏡）と、列島で製作された倭製鏡に区分される。日本考古学の銅鏡研究の歴史の中では、特に前期古墳に副葬された中国鏡（漢鏡・魏晋鏡）・三角縁神獣鏡と倭製鏡の研究が盛んに行われてきた（車崎編二〇〇二、福永ほか二〇〇三）。これは、弥生・古墳時代を通して、古墳時代前期に副葬された鏡の面数が最も多いことによるものである。筆者自身も、古墳時代前期の鏡の分析を出発点としてこれまで検討を行ってきた。

（2）同型鏡群とは何か

他方で、古墳時代の鏡の中でもう一つのピークとなるのが、古墳時代中・後期に用いられた「同型鏡群」とこの時期に属する倭製鏡である。「同型鏡」とは、ある鏡を原型として、複数の鋳型を製作する踏み返し技法（同型技法）を用いることによって、同一文様鏡が大量に複製生産されたものである。踏み返し技法は、鋳型の素材となる真土に原型の鏡を押し当てて型取りすることによって鋳型を複製する方法であるが、この踏み返しが行われると、新たに製作された鏡は、原型となった鏡と比べて面径が数ミリ前後収縮し、また文様も不鮮明となることが知られている。図1−1に掲げたのは、これらの同型鏡群のうちの一面である、千葉県大多喜台《おおたきだい》古墳群出土の画文帯環状乳神獣鏡《がもんたいかんじょうにゅうしんじゅうきょう》Bと呼ばれる資料である（石井ほか二〇二四）。踏み返しの原鏡となった本来の鏡は、精緻な文様が描かれた後漢代の神獣鏡であったと想定されるが、踏み返しが繰り返された結果、文様の細部がやや不鮮明となっていることがわかる。後述する銘文鉄剣の出土で著名な埼玉県稲荷山《いなりやま》古墳礫槨から出土した鏡と同一文様鏡であり、全部で六面の同型鏡が知られている。同型鏡群は、この画文帯環状乳神獣鏡Bも含め、全体で約三〇種約一四〇面の存在が確認されている（川西二〇〇四、森下二〇一一、辻田二〇一八・二〇一九）。

以下でもみるように、これらの同型鏡群は、いわゆる倭の五王による中国南朝への遺使の結果、列島にもたらされ

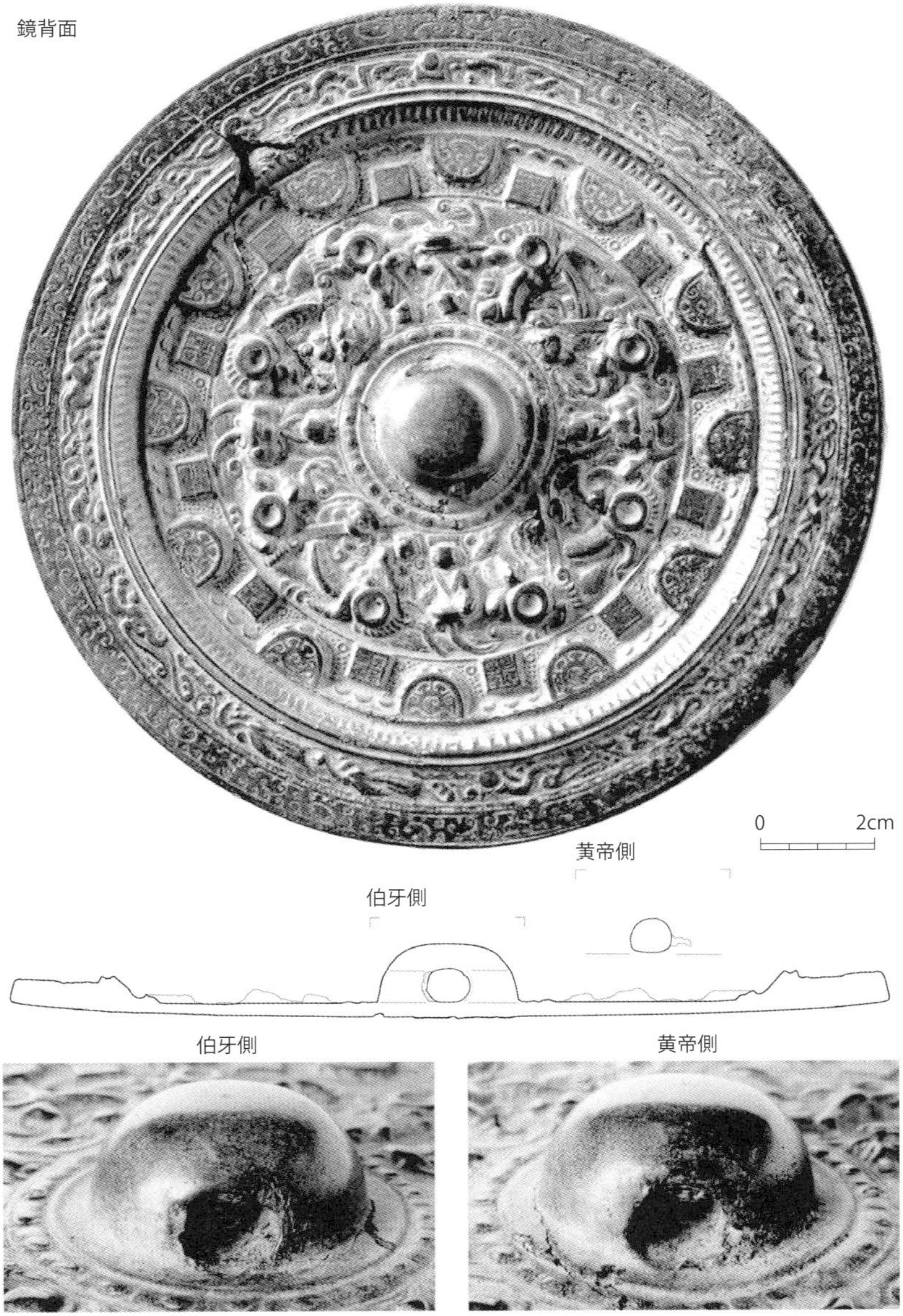

図１－１　千葉県大多喜台古墳群出土・画文帯環状乳神獣鏡B（面径15.5cm）
千葉県立中央博物館所蔵，石井ほか（2024）

た中国製の鏡である可能性が想定されてきた資料である。もしこの理解が正しいとすれば、倭の五王の時代や、ひいては五世紀代を前後する時期の東アジア史を考える上での重要な考古資料であるということになる。

ただこれらの同型鏡群については、戦後の発掘調査に伴う新発見の資料などは少なく、例えば前期の三角縁神獣鏡や倭製鏡などと比べると、倭の五王の時代に関わる考古資料としても、一般的に広く認知されているとはいいがたいように思われる。本章では、この同型鏡群に注目しながら、五世紀代の東アジアと列島社会について考えてみたい。

(3)倭の五王の時代と考古学

五世紀代は、考古学的な時代区分では古墳時代中期にあたり、百舌鳥《もず》・古市《ふるいち》古墳群をはじめとした巨大前方後円墳が築造された時代である。この時代については、従来文献史学と考古学の双方から研究が積み重ねられてきた。この五世紀代には、倭の五王の遣使に伴い、中国南朝の府官制的秩序の導入が志向され、高句麗や百済などの朝鮮半島の諸政体と競合しながら、より上位の将軍号の除正《じょせい》(正式な除授《じょじゅ》、除授は旧い号を除き新しい号を授与すること)が目指された(坂元一九七八、鈴木二〇一二、川本二〇〇五、森二〇一〇、田中二〇一三など)。また埼玉県稲荷山古墳出土鉄剣や熊本県江田船山《えたふなやま》古墳出土大刀の銘文などから、倭王・武《ぶ》に比定されるワカタケル大王の時期には、各地の有力者やその子弟などが「杖刀人《じょうとうじん》」・「典曹人《てんそうじん》」などの職掌を以て大王に仕える「人制《ひとせい》」と呼ばれる仕組みが成立していたものと考えられている(吉村二〇二三、本書第二章(田中))。

考古学的にみた場合、五世紀代は、大型古墳群の造営とその背景、宮と墳墓造営地との関係、渡来人と技術革新、鉄製武器・武具類の生産・流通からみた軍事的側面の増大、親族関係の父系化などが問題となっている。あわせて、前期にピークを迎えた鏡の生産・流通量が五世紀前半になると一旦大幅に減少するのに対し、五世紀半ば以降に新たな鏡が出現し、古墳に副葬されるようになる。それを代表するのが、先に挙げた同型鏡群である。

上記のような問題の中で、特に本章で注目したいのは、なぜ五世紀代に再び鏡が求められるようになるのか、またなぜその鏡が同型鏡群であったのかという点と、その結果として、列島内ではどのような秩序が形成されたのかという点である。このことは、冒頭で述べた、日本の古代国家形成を考える上で五世紀の倭の五王の時代はどのような時期と理解することができるかという問題とも重なってくる。以上のような点を念頭に置きながら、本章では五世紀代の鏡と古代国家形成過程という点について考えてみたい。

一　同型鏡群の製作地と製作背景をめぐる諸問題
——同型鏡群の「特鋳鏡説」——

(1)古墳時代前期の鏡

古墳時代の鏡の種類　上にも述べたように、古墳時代の鏡は、大きく古墳時代前期に主に流通した①中国鏡（後漢鏡・魏晋鏡）・②三角縁神獣鏡・③前期倭製鏡と、古墳時代中・後期に流通した④同型鏡群・⑤中・後期倭製鏡に区分することができる。本章で主に検討の対象とするのは④の同型鏡群であるが、古墳時代の鏡の変遷全体を考える上での前提として、①②③の内容についても概要をみておきたい。

①②はいずれも古墳時代開始前後以降に大陸からもたらされたもので、近畿地域を中心として分布する。②の三角縁神獣鏡は、製作地について諸説あるが、技術的に中国東北部に由来すると考えられている。③の前期倭製鏡は、①の中国鏡をモデルとして日本列島で製作された鏡である。④⑤については後述するが、五世紀代以降に流通した一群

である。

弥生時代までは北部九州を主な窓口として中国製の鏡が流入し、流通していたものと考えられるが、古墳時代になると、近畿を中心として鏡が流入・流通するようになり、このことが、奈良盆地東南部・北部（・西部）における大型古墳群の造営とあわせて、近畿地域、特に奈良盆地周辺の中心性を高めたものと考えられている（下垣二〇一一・二〇二二、岩本二〇二〇）。

古墳時代の鏡の大小と分布　古墳時代前期においては、中国鏡および前期倭製鏡のいずれも、大小の違いがあり、より大型のものは近畿周辺を中心として分布する。これに対し、三角縁神獣鏡は小型の中国鏡や倭製鏡と同様に、九州南部から東北南部までの広い範囲で分布しており、大型の中国鏡・倭製鏡がより重視されたことを物語っている（図1－2）。

二〇二四年に正式報告書が刊行された奈良県桜井茶臼山《さくらいちゃうすやま》古墳（全長二〇四メートルの前方後円墳）では、主体部の竪穴式石槨の中に少なくとも一〇三面以上の銅鏡が副葬されていたことが判明した（岡林編二〇二四）。その中には、多数の大型の中国鏡や、二五センチ以上の超大型の倭製鏡も多く含まれている。盗掘により多くの破片が失われたことを勘案するならば、本来は全体として二百面以上の鏡が副葬されていた可能性も想定されている。また二〇二二年の調査で、奈良市富雄丸山《とみおまるやま》古墳の造り出し部の粘土槨から長さ約二・八四メートルの鉄製蛇行剣とともに出土した鼉龍文盾形銅鏡《だりゅうもんたてがたどうきょう》は、長さ六四センチの巨大な造形であった（村瀬二〇二三）。同様の事例として、中央に連弧文を描いた伝奈良県行燈山《あんどんやま》古墳出土の銅板（七〇センチ×五三・八センチ）などが知られているが、いずれも前期倭製鏡の超大型鏡の関連資料である。古墳時代前期においては、当初は大陸からもたらされた稀少な中国鏡が重視されているが、比較的早い段階で各種の倭製鏡を創出し、かつ中国鏡にも存在しないような独自の文様や極大の鏡を製作することにより、次第に大型で文様の精緻な

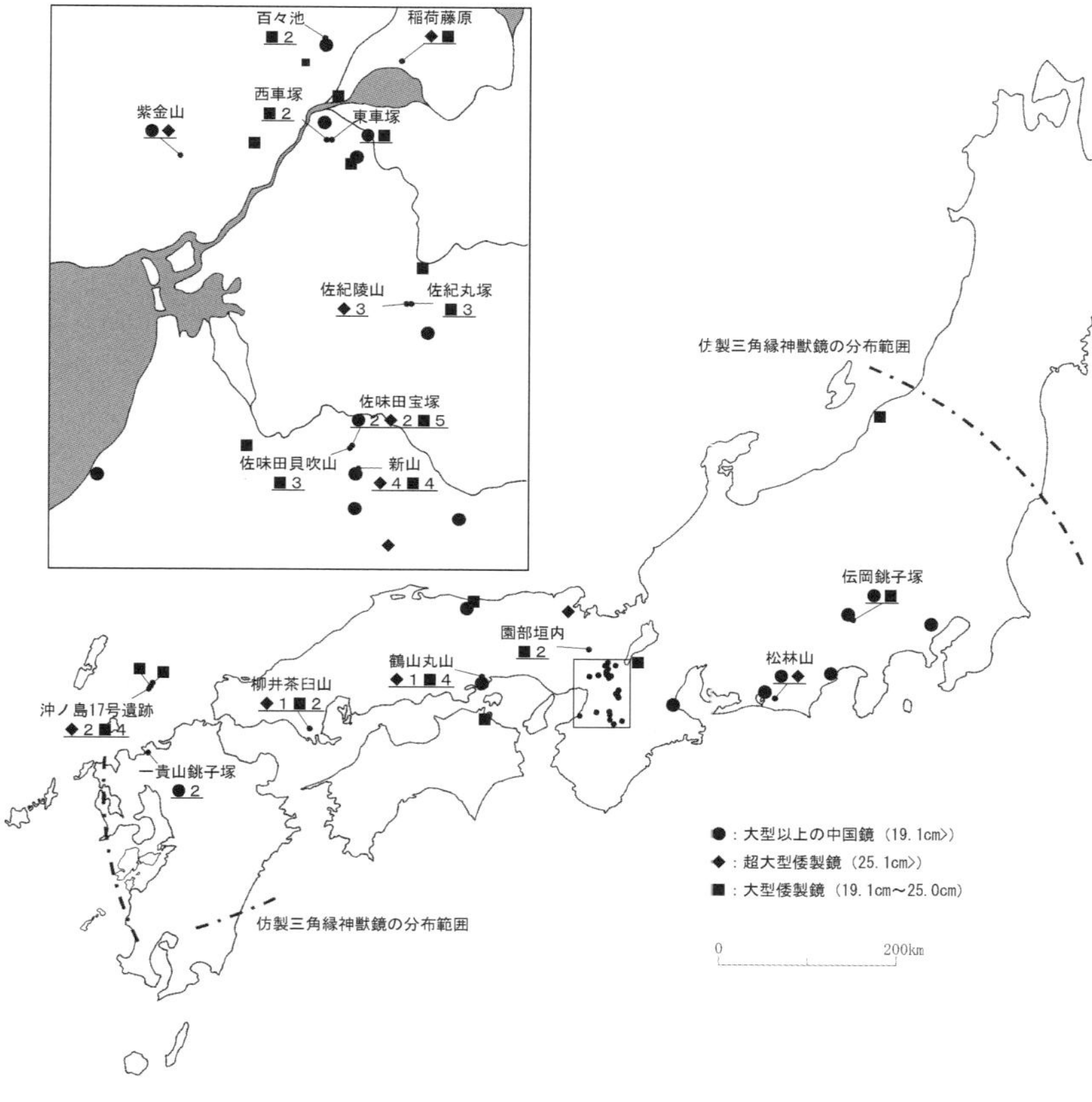

図１－２　古墳時代前期後半における大型鏡と三角縁神獣鏡の分布　辻田(2007)

倭製鏡をより重視する方向に軸足を移していったものと考えることができる。特に四世紀以降の西晋王朝の滅亡に伴い、大陸からの中国鏡の舶載が大幅に減少して以降は、大小さまざまな倭製鏡の流通が主体となっていった。

これらの事実が示しているのは、古墳時代前期においては、近畿を中心として列島各地に鏡が広域に流通したこと、また近畿周辺ではより大型の鏡が好んで用いられ、その最上位層においては、極大で特殊な鏡や多量の鏡を副葬することなどが行われていたという点である。列島各地の上位層は、前方後円墳などの古墳築造を行い、そこで共通の副葬品である鏡や鉄製武器類をはじめとした各種の威信財を副葬することによって、近畿地域を中核とした政治的同盟関係のネットワークに参加していることを表現したものと考えられる。筆者はこの過程を「古墳時代前期威信財システム／求心的競合関係モデル」と呼んでいる（辻田二〇〇七・二〇一九）。こうした大量の鏡の流通と消費は、古墳時代前期の三・四世紀代を通して行われており、この時期の社会を特徴付けるものとなっている。

(2)古墳時代中期の同型鏡群

同型鏡群の種類と大きさ　その後、前期末から中期にかけて、大阪平野で百舌鳥・古市古墳群が造営されるようになると、主要な副葬品が鉄製武器・武具類へと変わる中で、鏡の生産・流通量は大きく減少した。ところが、中期中葉（五世紀中葉）になると新たな鏡が出現し、再び鏡の副葬が活発となった。ここで新たに用いられるようになるのが、冒頭で述べた「同型鏡（群）」と呼ばれる一群の鏡である。

同型鏡群は、前述のように約三〇種約一四〇面が存在している（図1－3）。表1－1は左が原鏡の鏡式の年代順に並べたもの、右が面径が大きい鏡種から順に並べたものである。同型鏡群全体の約七割が一九センチ以上であり、大型の鏡が多いという特徴がある。これらは中国の後漢代～西晋代の鏡を原鏡としており、鏡式名の後にアルファベットを付す形で分類されている。これらの同型鏡の多くは同一文様鏡が数面程度のものであるが、中には画文帯同向式《どうこうしき》神獣鏡Cのように、二八面もの同型鏡が存在する鏡種もある。また一面しか存在しないものの同型鏡として認定されている資料については、後述する鈕孔形態・製作技術の特徴などから同型鏡群の一種と位置づけたものである。

これらの同型鏡群は、主に五世紀後半から六世紀代の各地の古墳で副葬されている。分布は日本列島に集中してお

表１－１　同型鏡群の鏡種と面径　辻田(2019)

鏡式名	面径	面数
方格規矩四神鏡A	17.8	2
方格規矩四神鏡B	16.5	1
細線式獣帯鏡A	22.3	7
細線式獣帯鏡B	24	2
細線式獣帯鏡C	20.6	1
細線式獣帯鏡D	18.1	1
細線式獣帯鏡E	23.6	1
浮彫式獣帯鏡A	17.5	12
浮彫式獣帯鏡B	23.2	4
浮彫式獣帯鏡C	17.8	1
浮彫式獣帯鏡D	20.6	1
浮彫式獣帯鏡E	20.3	1
盤龍鏡	11.6	2
神人龍虎画象鏡A	20.5	5
神人龍虎画象鏡B	18.2	1
神人歌舞画象鏡	20.3	12
神人車馬画象鏡	22.2	3
神獣車馬画象鏡	20.1	1
画文帯環状乳神獣鏡A	14.8	10
画文帯環状乳神獣鏡B	15.3	6
画文帯環状乳神獣鏡C	21	7
画文帯環状乳神獣鏡D	14.8	1
求心式神獣鏡	11.7	1
画文帯対置式神獣鏡	20.2	4
画文帯同向式神獣鏡A	14.8	2
画文帯同向式神獣鏡B	19.4	6
画文帯同向式神獣鏡C	21	28
画文帯仏獣鏡A	21.5	4
画文帯仏獣鏡B	23.6	7
八鳳鏡	18.8	2
	合計	**136**

※面径は平均

鏡式名	面径	面数	
画文帯仏獣鏡B	24.2	7	
細線式獣帯鏡B	24	2	
細線式獣帯鏡E	23.6	1	
細線式獣帯鏡A	23.3	7	
浮彫式獣帯鏡B	23.2	4	
神人車馬画象鏡	22.5	3	
画文帯仏獣鏡A	22.1	4	
画文帯環状乳神獣鏡C	21.9	7	
画文帯同向式神獣鏡C	21.2	28	
画文帯対置式神獣鏡	20.8	4	
神人龍虎画象鏡A	20.7	5	
神人歌舞画象鏡	20.7	12	
浮彫式獣帯鏡D	20.6	1	
細線式獣帯鏡C	20.6	1	
浮彫式獣帯鏡E	20.3	1	
神獣車馬画象鏡	20.1	1	小計
画文帯同向式神獣鏡B	19.6	6	94
八鳳鏡	18.9	2	
神人龍虎画象鏡B	18.2	1	
細線式獣帯鏡D	18.1	1	
浮彫式獣帯鏡A	18.1	12	
方格規矩四神鏡A	17.8	2	
浮彫式獣帯鏡C	17.8	1	
方格規矩四神鏡B	16.5	1	
画文帯環状乳神獣鏡B	15.6	6	
画文帯環状乳神獣鏡A	15.5	10	
画文帯同向式神獣鏡A	14.9	2	
画文帯環状乳神獣鏡D	14.8	1	
求心式神獣鏡	11.7	1	小計
盤龍鏡	11.6	2	42
	合計	**136**	

※面径は現存の各鏡種の同型鏡中最大のもの

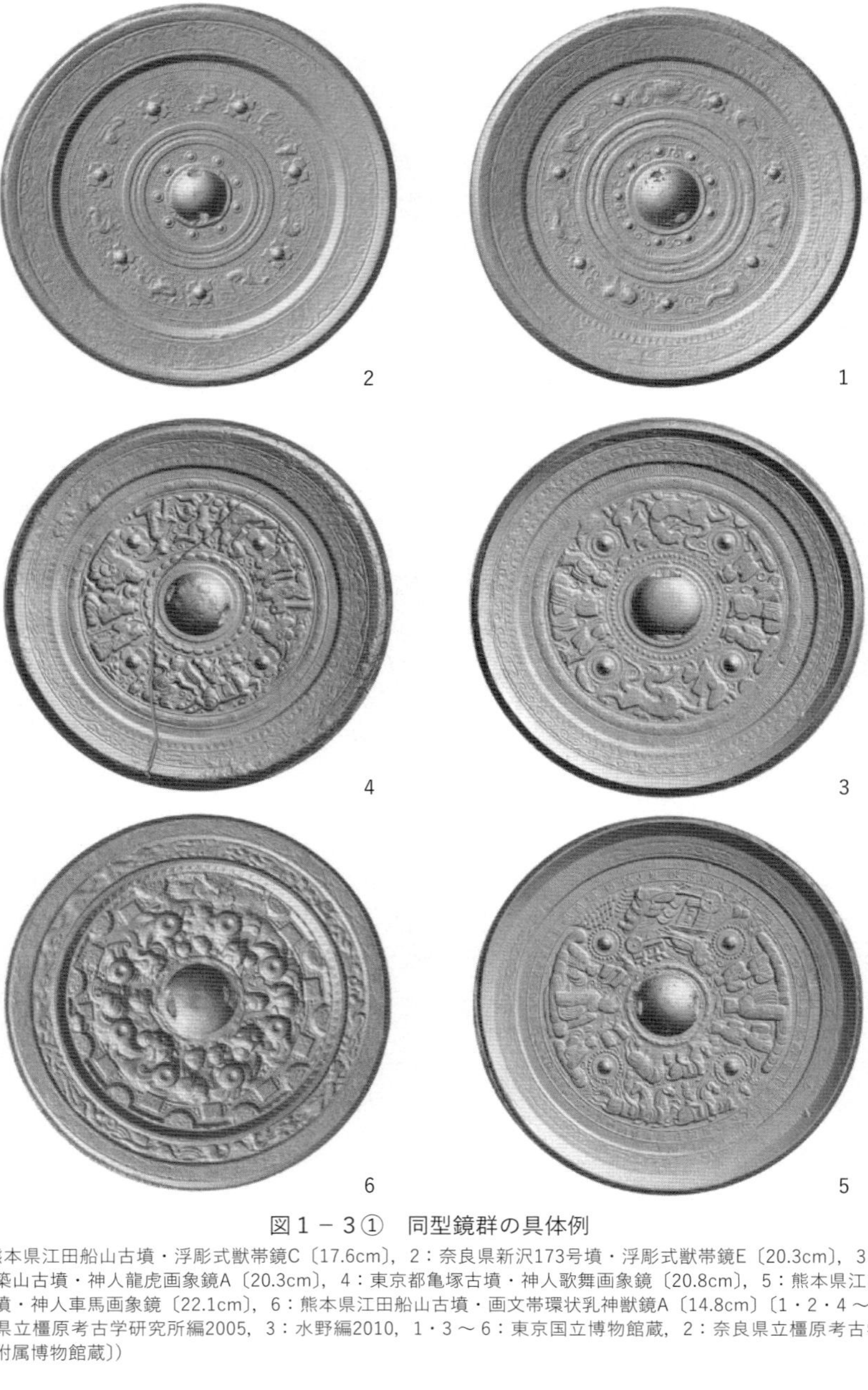

図１－３①　同型鏡群の具体例

1：熊本県江田船山古墳・浮彫式獣帯鏡C〔17.6cm〕，2：奈良県新沢173号墳・浮彫式獣帯鏡E〔20.3cm〕，3：岡山県築山古墳・神人龍虎画象鏡A〔20.3cm〕，4：東京都亀塚古墳・神人歌舞画象鏡〔20.8cm〕，5：熊本県江田船山古墳・神人車馬画象鏡〔22.1cm〕，6：熊本県江田船山古墳・画文帯環状乳神獣鏡A〔14.8cm〕〔1・2・4～6：奈良県立橿原考古学研究所編2005，3：水野編2010，1・3～6：東京国立博物館蔵，2：奈良県立橿原考古学研究所附属博物館蔵〕）

8

7

10

9

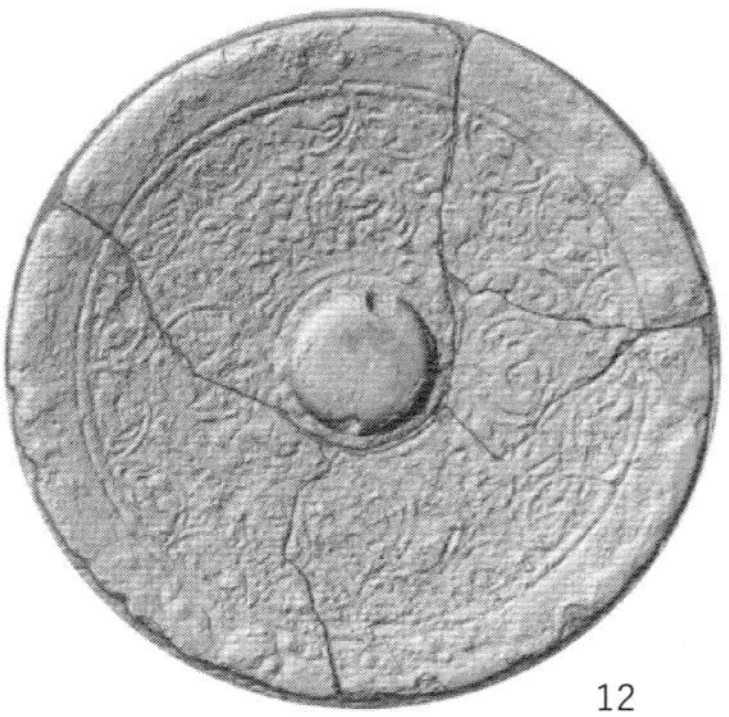

12

11

図１－３②　同型鏡群の具体例

7：熊本県江田船山古墳・画文帯対置式神獣鏡〔19.9cm〕, 8：群馬県恵下古墳・画文帯同向式神獣鏡A〔14.8cm〕, 9：奈良県新沢109号墳・画文帯同向式神獣鏡C〔20.9cm〕, 10：熊本県江田船山古墳・画文帯同向式神獣鏡C〔20.9cm〕, 11：岡山県王墓山古墳・画文帯仏獣鏡A〔21.5cm〕, 12：兵庫県奥山大塚古墳・八鳳鏡〔18.9cm〕〔7～12：奈良県立橿原考古学研究所編2005, 7・8・10～12：東京国立博物館蔵, 9：奈良県立橿原考古学研究所附属博物館蔵〕)

り、それ以外にも七面の朝鮮半島での出土資料がある（表1―2）。中国・北京の故宮博物院蔵鏡の中にも一面この種の鏡（画文帯仏獣鏡A）が含まれていることが知られている。前期の三角縁神獣鏡と同様に、分布が日本に偏る点で、製作地について議論がある一群である。出現時期についても議論があるが、千葉県祇園大塚山《ぎおんおおつかやま》古墳出土鏡（画文帯仏獣鏡B、三〇・四センチ、本書コラム参照）などが副葬時期が古く、五世紀中葉前後と考えられている。同型鏡群が副葬された五・六世紀代の古墳は、現在も未調査のまま保存されている古墳も多く、同型鏡群が出土した古墳の多くは、戦前あるいはそれ以前の不時発見などによるものであり、前述のように戦後の緊急発掘調査などによる資料の増加が少ない点で、前期の三角縁神獣鏡とは資料状況が大きく異なっている点も特徴である。

同型鏡群の製作地　具体的な製作地については諸説あるが、小林行雄氏（一九六二・一九六五）が倭の五王の遣使に伴い南朝から下賜されたという見方を提唱して以降、基本的にはこの中国南朝製説が支持されてきている。ただし、上記のような踏み返し技法による踏み返しの世代差の観点から、踏み返しの初期のものについては中国製で、踏み返しの世代が新しいものについては列島製とする説や、百済・武寧王《ぶねいおう》陵での出土事例をもとに、百済製説あるいは百済を経由して列島にもたらされたとする説などもある（同型鏡群の研究史の詳細は川西二〇〇四、辻田二〇一八、同型鏡群に関して南朝と百済との関係に注目した見解として上野二〇一九、福永二〇二一を参照）。

　この問題について、同型技法による傷の有無をもとに、同型鏡の製作順序についての検討を行った川西宏幸氏（二〇〇四）は、列島出土鏡の中に踏み返しの原鏡にあたる鏡がほとんど含まれていないことを明らかにし、これらは文様の精緻な鏡であるため輸出に供されなかった可能性を指摘した。この結果、同型鏡群が基本的に南朝産であることを示すとともに、外交上で大きな進展のあった四三八年の珍の遣使（倭隋等十三人の将軍号除正を求めて認められる）もしくは四五一年の済の遣使（軍郡二十三人の除正等）の際に与えられた可能性を論じている。小林行雄氏以来の中国南朝製説を補強したものということができる。

この川西氏説は鏡研究者を中心に広く支持されているが、踏み返し技法などの観点から、一部については列島製や百済製の可能性を想定する意見もある。この点を踏まえ、筆者は、同型鏡群の製作技術について検討することで中国南朝製説の検証を試みた。このときに具体的な検証方法として考えたのが、鈕孔製作技術の観察という点である。踏み返し技法による製作では、文様は原鏡から鋳型に転写されるが、鈕孔《ちゅうこう》に関してはそれぞれの鋳型で土製などの中子《なかご》を設置することが必要となる。鈕孔形態については、前期の三角縁神獣鏡が長方形を呈することがよく知られているが（福永二〇〇五）、同型鏡群では楕円形もしくは円形の中子を用いたものが主体で、鈕孔自体は半円形もしくは円形を呈するものが多い。他方、同時期の倭製鏡では長方形の角張った鈕孔を有している。また同型鏡群では、鈕孔の幅が七〜八ミリ以上のものが大半で、大きいものでは高さ・幅ともに一〇ミリ以上のものが存在する。このような特徴を踏まえ、同型鏡群の鈕孔形態を観察することにより、例えば踏み返しの古い世代と新しい世代とで製作技術が異なる場合があるのかどうかの検証が可能になると考えたのである。この点を確認すべく、各地に所蔵されている同型鏡群の実物資料を観察した結果、鈕孔の形態・製作技術の特徴は鏡の種類や踏み返しの世代を超えてほぼ共通しており、また同時期の倭製鏡の鈕孔製作技術とも異なっていることなどから、同型鏡群は全体として中国南朝製であるという小林氏・川西氏説の妥当性をあらためて確認した（辻田二〇一八、本書コラムを参照）。

踏み返し技法と製作順序　上記の点について、具体例をもとに説明したい。冒頭で紹介した、千葉県大多喜台古墳群出土の画文帯環状乳神獣鏡Bについて、踏み返しと原鏡との関係を想定したものが図1－4である。本鏡のもとになった原鏡は、上野祥史氏（二〇〇〇）の分類では、二世紀後半〜三世紀初頭に中国の銭塘江流域で製作された画文帯環状乳神獣鏡と考えられている。この資料は、一九三八年頃に発掘され、二〇二三年に千葉県立中央博物館に寄贈

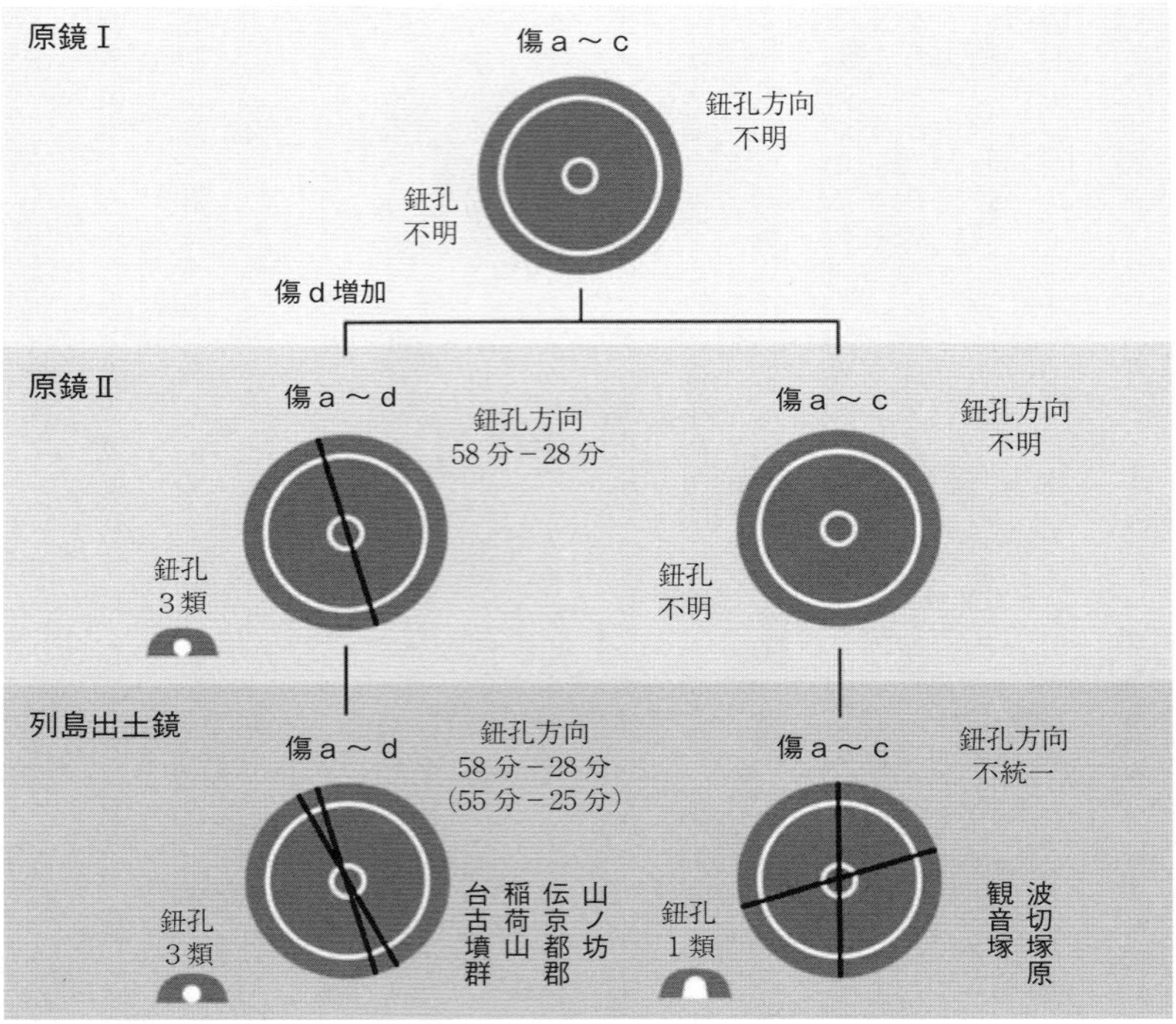

図１－４　画文帯環状乳神獣鏡Bの製作順序案　石井ほか(2024)

されたものである。千葉県大多喜の台地上に存在する台古墳群中の一基から出土したものとされているが、出土古墳の詳細については不明な点も多い。この大多喜台古墳群出土の画文帯環状乳神獣鏡Ｂは、石井友菜・初村武寛・高梨俊夫・鈴木建人氏ら（二〇二四）により、三次元計測とともに同型鏡五面との比較検討が行われた。その中で、鏡の文様周辺に残された「傷」の有無をもとに、大きく傷ａ〜ｄを有する四面（台古墳群・稲荷山・伝京都郡・山ノ坊：Ａ群）と、傷ａ〜ｃを有する二面（観音塚・波切塚原：Ｂ群）の二群に区分できることが判明した。ここでいう「傷」とは、鋳型の一部の剥落などにより、文様の一部の欠落や、文様と無関係な小突起などが認められるものを指す。この図は川西宏幸氏による検討結果をもとに、三次元計測の成果を踏まえて石井氏らが一部修正したものであるが、元来傷a～cを有していた原鏡Ⅰをもとに踏み返しが行われた結果、少なくとも二種の原鏡Ⅱ（A・B）が製作され、その二面の原鏡Ⅱをもとに先のA群とB群が製作されたと考えられている。この結果、列島出土鏡はいずれも踏み返しの「最新世代」に属すること、少なくともこれら六面の同型鏡については、例えば列島出土鏡のうちのどれか一面をもとに踏み返しが行われたといった可能性が低いことが確認されたのである。また筆者が注目する鈕孔形態やその製作技術についても、原鏡Ⅱと列島出土鏡の間で概ね共通していることから、両者の製作地が同一もしくは製作が一連のものであると考えられる。近年では、初村武寛氏（二〇二〇など）が、三次元計測データを元にこうした同型鏡各種の製作順序についての検証を精力的に進めており、今後の研究の進展が期待されている。

外区改変・拡大事例　筆者が同型鏡群の製作地として中国南朝を想定したもう一つの論拠として、倭製鏡にはみられない外区改変・拡大事例という点が挙げられる。これは、踏み返しの際に原鏡の外側に外区を付け足して面径を拡大したもので、岡村秀典氏（二〇一一）により隋唐鏡に類例が認められる中国鏡の技術であることが指摘されている。同型鏡の中には二面があり、一面は千葉県祇園大塚山古墳出土鏡（面径三〇・四チセン、本書コラム参照）、もう一面は旧ベルリン民俗博物館所蔵鏡（面径三三・六チセン）で、いずれも画文帯仏獣鏡Bに該当する。後者（「旧ベルリン鏡」）については、戦前に梅原末治氏が調査したもので、日本の古墳出土と想定されている資料であるが、終戦前後に失われ、現在は拓本のみが残されている（図1－5）。この鏡の拡大された外区には、梅原氏が「曲線的な軟かな唐草様の文様」と呼称した立体的な文様が全体に配されているが、拓本を詳細に観察した結果、頭部に角を持つ龍のような左右対称の図像A・Bと芝草文のような図像Cがランダムに繰り返されたものであることが判明した（辻田二〇一八）。これはおそらく立体的なスタンプ状のものを鋳型に押し当てて繰り返したものと想定され、こうした技術が当時の倭製鏡には全くみられず、上述のように外区の拡大という点自体が中国鏡に求められることから、旧ベルリン鏡

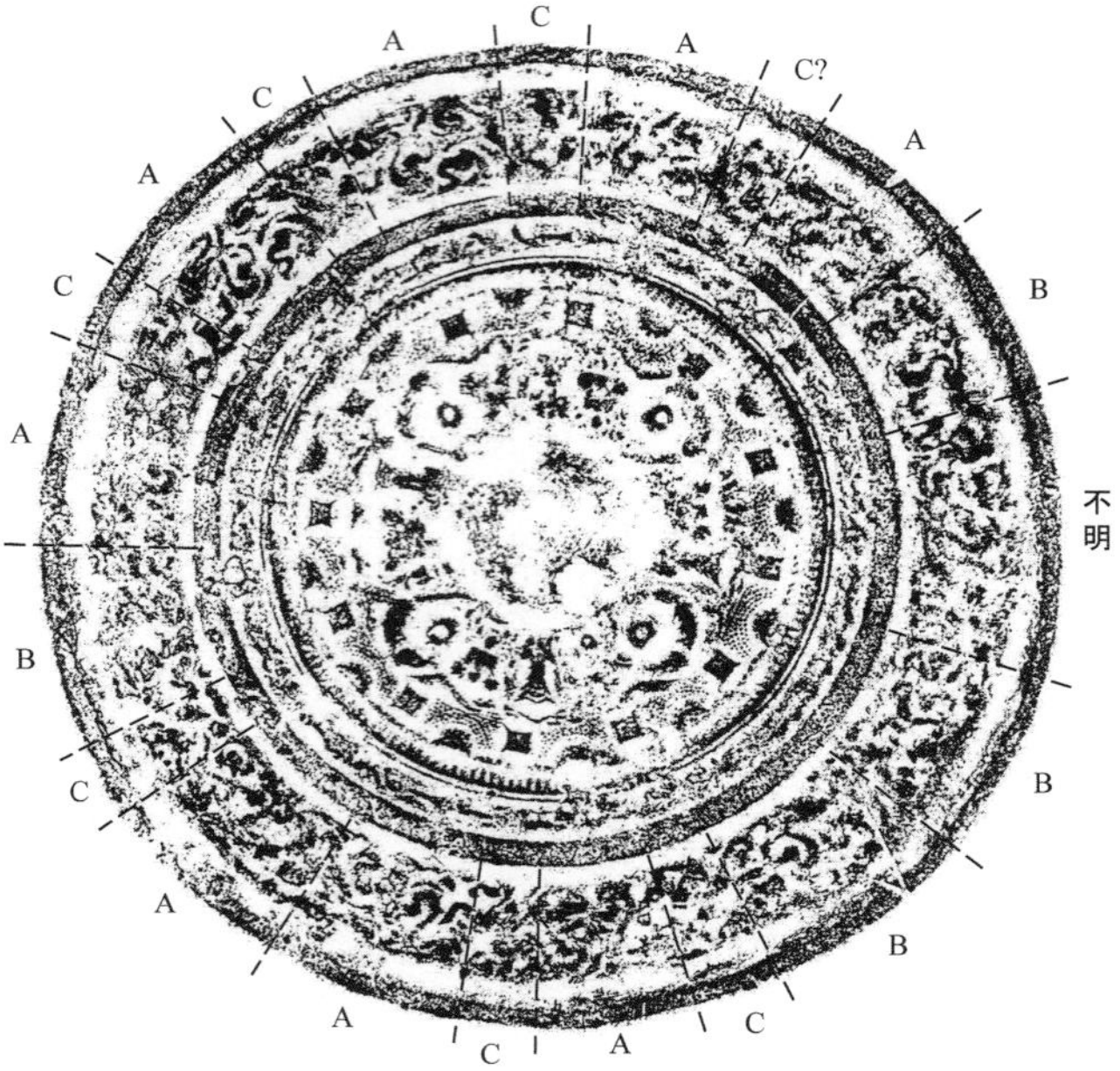

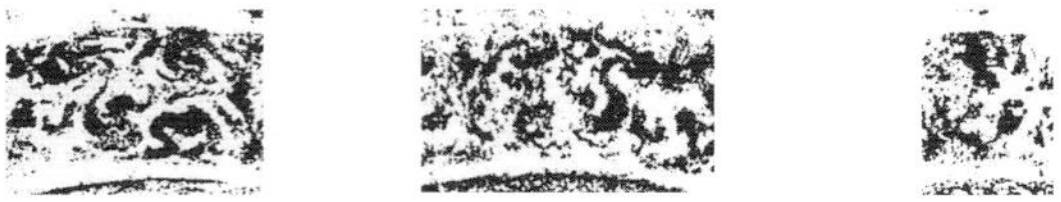

図１－５　外区を拡大した画文帯仏獣鏡B

旧ベルリン民俗博物館所蔵鏡〔梅原1931を改変，面径33.6cm〕

は中国南朝製の可能性が高いと考えられる。さらに重要なのは、川西氏や筆者による傷の観察からみた踏み返し世代の検討により、上記の旧ベルリン鏡も祇園大塚山鏡のいずれも、画文帯仏獣鏡Ｂの中では踏み返しの最新世代にあたるという点であり、このことは、踏み返しの最新世代において外区の拡大が行われたこと、またその最新世代まで中国南朝において製作された可能性が高いことも示すと考えられるのである。

同型鏡群の歴史的背景：「特鋳鏡」説　以上のような検討の結果、列島出土の同型鏡群は、川西氏も指摘するように踏み返しの最新世代に属するようなものが多く、文様の不鮮明なものが多いことがあらためて確認できる。筆者は、そうした点をもとに、同型鏡群がいわば「粗製濫造」鏡でかつ「末端」の鏡であること、また南朝・斉王朝の建武五（四九八）年銘画文帯同向式神獣鏡との技術的な共通性などから、これらが南朝宋の官営工房（尚方）において倭国向けに特別に生産された一群であるという仮説（同型鏡群の「特鋳鏡《とくちゅうきょう》」説）を提示している。これは、同型鏡群の原鏡において、「倭人が好みそうな鏡種」が選択されていること、また大型鏡が多数派を占めることなどから、そうした鏡を求める倭国側からの要望に応える形で生産が行われたとする見方である。ここでいう「倭人が好みそうな」とは、古墳時代前期以来列島でみられる諸鏡式を指し、これらは華北に由来するものが多く、南朝が位置する中国江南地域に特徴的な鏡種とは必ずしも一致しないことを指している。あわせて、同型鏡群自体は踏み返しによって文様が不鮮明なものが多いが、踏み返しの原鏡として使用された鏡は文様が精緻な優品であったことが想定されることから、これらは当時の南朝の市中においてどこにでも存在していたというよりは、南朝膝下で保管・継承された鏡であったものと想定している。

また同型鏡群は同一文様鏡が多く存在する点が特徴であるが、その中には、上述のように同一文様鏡が二八面存在する画文帯同向式神獣鏡C（面径二一チセン前後）と呼ばれる一群もあり、これらは前期の三角縁神獣鏡と同様の性格が期待された可能性もある。製作年代については、多数の鏡種について、踏み返しの最新世代のものが五世紀後半の早い時期の古墳に副葬されていることから、五世紀中葉前後の短期間に集中して生産が行われた可能性を想定し、倭王・済が遣使した四五一年や四六〇年が賜与された機会として重要であるものと考えている。四五一年の遣使は、安東大将軍への将軍号進号の有無について意見が分かれているが、「軍郡二十三人」など、倭王以外の多くの有力者に対して将軍号・郡太守号が授与されている（本書第二章〈田中〉）。またこの前年の四五〇年は、百済が南朝に遣使している点が注目される。当時の大陸では、北魏の太武帝により華北が統一されたことにより、南朝の宋と緊張関係が高まっていた。その中でも四五〇年前後における北魏の南侵と宋による北伐の失敗がその後の南朝衰退の始まりとされている（川本二〇〇五）。百済はこの四五〇年に宋に遣使する際に、「易林《えきりん》・式占《しきせん》・腰弩《ようど》」などの戦争に用いる器物を要望して、当時の文帝が実際に賜与したとする記録がある（『宋書』百済伝）。前之園亮一氏は、文帝がこのときに百済の要望を認めたのは、百済を対北魏戦線に組み込むためであったと想定している（前之園二〇一三）。倭王済による四五一年の遣使は、北魏南侵の終戦直後であり、直前の百済の遣使時における「易林・式占・腰弩」の要望と文帝による賜与という点からも、同型鏡群の特鋳鏡説を考える上で重要な機会である可能性が高いといえよう。

なぜ再び鏡が求められたか　同型鏡群についてさらに問題となるのは、なぜ五世紀中葉前後の時期に、再び鏡が求められるようになったか、またなぜそこにおいて列島内の倭製鏡の生産ではなく、中国南朝製の鏡が求められたか、という点である。これについては、前期の鏡と入れ替わる形で五世紀前半において鉄製武器・武具類の生産・流通・消費が行われるようになった結果、前期以来の伝統的価値観を持った各地の地域集団から軍事的側面の偏重に対する反動があったことが考えられる。筆者は、同型鏡群の授受とは、それに対して王権中枢の側が採ったいわば「懐柔策」であった可能性を想定している。またその場合も、列島内で製作される倭製鏡でなく、中国南朝製の同型鏡群が求められた理由としては、列島の最上位層内部の関係が比較的拮抗している中で、外交上の代表権者として倭王に独占的な差配が可能な器物という点において、将軍号の除正などと深く結びついた形での「外部」に権威の源泉を求めたものと考えることができる。この点で、そのような政策を発案したブレーンの存在（渡来系の府官層など）が想定されるところであり、外的権威としての南朝遣使に打開策を求めたものと考えられる。

倭製鏡との関係　五世紀代におけるこれらの同型鏡群の価値付けの高さを裏付けるものとして、倭製鏡との関係という点が挙げられる。同型鏡群の出現と前後して、中期中葉には倭製鏡の生産が再び活発化する（森下一九九一・二

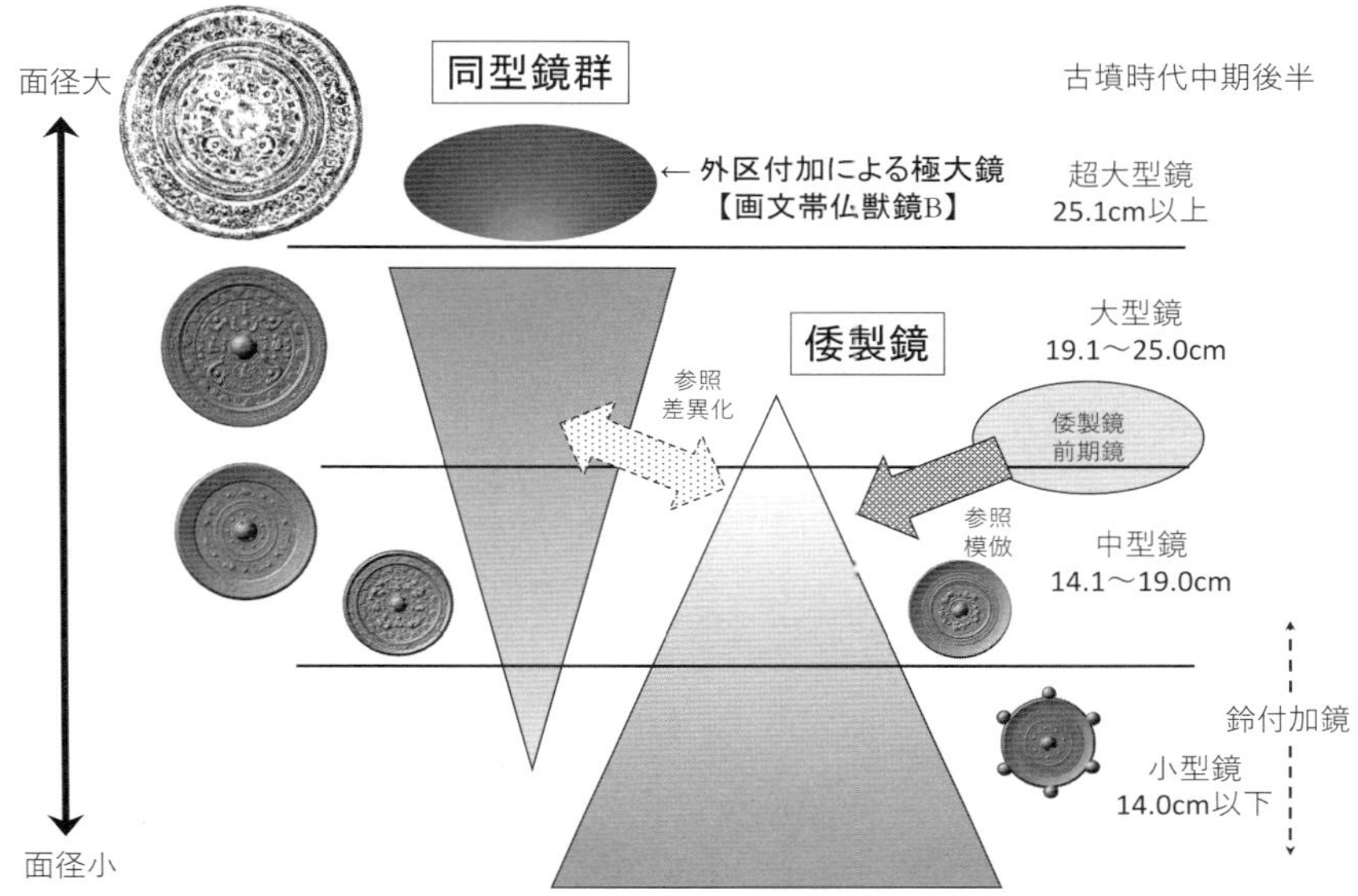

図１－６　古墳時代中期後半における鏡の秩序模式図
辻田（2018）を改変〔左上から順に，図1－5・図1－3－10・1・8，右は愛知県山神出土鏡および茨城県上野古墳出土鏡，後二者は東京国立博物館所蔵，奈良県立橿原考古学研究所編2005・水野編2010〕

○○二、辻田二〇一八）。これは、同型鏡群とともに列島各地からの需要に対応するべく王権中枢からの倭製鏡生産への梃子入れが行われたことを示しているが、前期の倭製鏡生産との間には大きな違いがある。それは二〇㌢を超すような大型鏡の生産が非常に限られており、特に中期後葉〜末（五世紀後葉〜末）に生産された旋回式獣像鏡系や乳脚文鏡系と呼ばれる一群は、一四㌢以下の小型鏡を主体としているという点である。このことは、前期においては倭製鏡の面径の大型化を通じて、超大型の倭製鏡をより上位に格付けすることが行われたのに対し、中期後半においては、大型鏡を主体とする同型鏡群を上位とし、倭製鏡は面径という点でそれに準ずるものという位置づけがなされたことを意味している（上野二〇〇四、下垣二〇一一、辻田二〇一八）。またこれらの小型の倭製鏡の中には、外区に鈴をつけた鏡もあり（一般的に「鈴鏡」と呼ばれている）、この前後の時期に製作された鈴付の馬具類との関連が想定されている。このような同型鏡群と倭製鏡の関係を模式的に表したものが図1－6である。以上のようなあり方からみて、外的権威を背景とした同型鏡群の価値を高めるために、あえてそれに匹敵するような大型の倭製鏡を多量に生産するようなことを行わなかったものと考えられるのである。このような小型の倭製鏡との差異化という点が、五世紀後半において、同型鏡群がいかに重視されていたかを物語っているといえよう。

二　同型鏡群の授受と「人制」――「参向型」一類と二類――

(1)同型鏡群の流通の三段階

こうした同型鏡群は、列島内部に流入した後、五世紀後半～六世紀代における列島各地の古墳（および朝鮮半島の墳墓）に副葬された（図1－7）。流通時期については、五世紀後葉の時期が中心とみる意見が多いが、筆者は大きく以下の三つの時期それぞれにおいて異なる意味合いを付与されながら各地に流通したものと考えている。

一段階：五世紀中葉（ON46～TK208型式）※括弧内は須恵器の型式名
二段階：五世紀後葉（TK23～TK47型式）
三段階：六世紀前葉（MT15～TK10型式）

このうち、一段階は同型鏡群の出現期であるが、現状で各地の中小規模の古墳での出土がみられない。筆者は、代表的な事例として千葉県祇園大塚山古墳（上野編二〇一三、若狭二〇一七、本書第五章〔若狭〕）や三重県神前山一号墳、福岡県勝浦峯ノ畑古墳および同沖ノ島二一号遺跡などを想定しており、近畿地域も含めて各地の最上位層に保

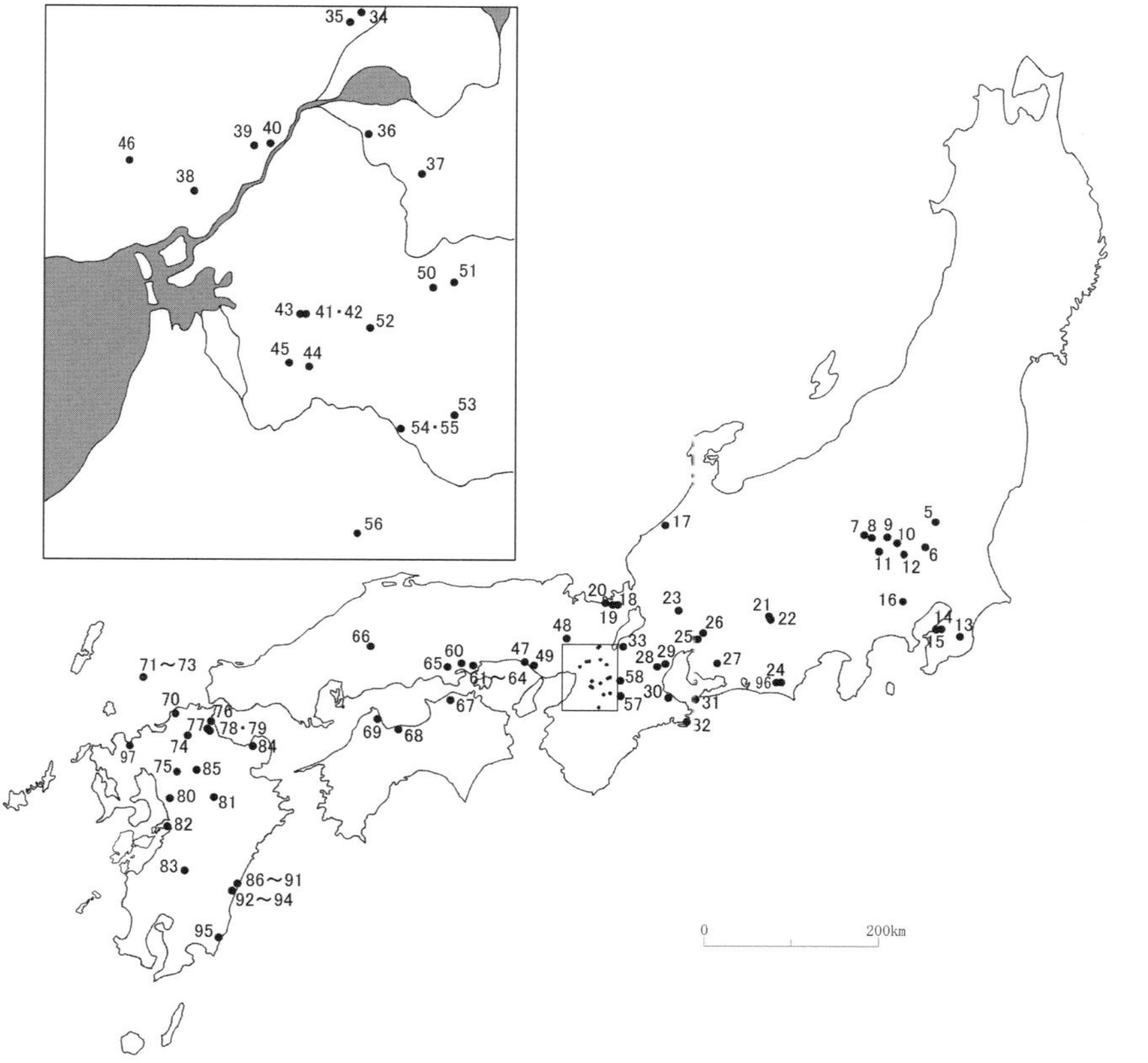

図１－７　同型鏡群の分布　辻田(2019)

有・副葬が限定されていたものと考えられる。

二段階は、同型鏡群副葬のピークであり、大型古墳のみならず、中小規模墳での出土例も多いことから、各地の最上位層だけでなく、中間層をも取り込む動き（前之園二〇一三）として理解することができる。上述の埼玉県稲荷山古墳や熊本県江田船山古墳などの「ワカタケル大王」や「杖刀人《じょうとうじん》」「奉事典曹人《てんそうじん》」などの人制に関わる職掌を刻んだ銘文刀剣が出土する古墳が含まれることから、倭王武の時代、いわゆる「雄略朝」期の政治的動向を示す器物と考えることができる。半島系遺物との共伴事例が多く、各地の被葬者の対半島交渉への関与といった点についての王権中枢の評価を示す資料と考えられる。

三段階は、上述の「雄略朝」期以後、六世紀初頭から前葉段階において、新たに樹立された継体政権が各地域集団との政治的関係を示すために、五世紀代の「倭の五王の時代」以来の伝統的器物である同型鏡群や、それをモデルとした倭製鏡を各地の上位層に贈与した時期と考えることができる（高松二〇一一、辻田二〇一八）。同型鏡群はその後、近畿周辺や東日本を中心として副葬事例が知られているが、六世紀の後半～末を最後に副葬されなくなる。この時期は古墳時代的な銅鏡の副葬の終焉時期でもあり、前方後円墳の築造停止とともにその意義が失われていったものと考えられる。

(2)同型鏡群の出現時期をめぐって

現在問題となっている点として、同型鏡群の副葬開始時期が上記の一段階ではなく二段階ではないかという意見がある（岩本二〇二四）。列島で同型鏡群が出土する古墳は五世紀後葉～末（須恵器でいうTK23・47型式）のものが多いことから、同型鏡群の舶載は、倭王武（ワカタケル大王）が遣使し、安東大将軍への進号が確実とみられる四七七・四七八年とする見方とも関連している（加藤二〇二〇など）。後者は五世紀中葉前後の同型鏡群の副葬事例が少ないこととも関わるが、逆に言えば五世紀中葉時点では同型鏡群は列島にはもたらされていない、とする理解である。ただ、同型鏡群が全て四七八年前後以降の舶載とみた場合は、五世紀代の資料は全て四八〇年代以降の二〇年間に流通して副葬されたと考えることになる。筆者は、四五一年および四六〇年の遣使機会などに舶載され、それから四〇年近くの間に流通したものが五世紀後葉～末の古墳に副葬された可能性を想定している。この中には、埼玉県稲荷山古墳礫槨から出土した画文帯環状乳神獣鏡Bも含まれている。礫槨出土資料は、副葬品の組合せとして須恵器のTK23～47

型式の資料と想定されている。この中に含まれる銘文刀剣の「辛亥年」は四七一年であるが、この辛亥年に比較的近い時期に他の副葬品も礫槨被葬者に贈与された可能性が考えられる。また稲荷山鉄剣の銘文における「治天下」「ワカタケル大王」「杖刀人」にみられる天下観や「人制」は、五世紀中葉の千葉県稲荷台《いなりだい》1号墳出土「王賜」銘鉄剣にみられるような、倭王済の時代における王権中枢と列島各地の上位層・中間層の関係性を継承・発展させたものと想定され、それは四七七・四七八年遣使時の安東大将軍への進号を根拠とするものではなく、それ以前の四七一年に刻まれたものである点に注意する必要がある。四六〇年の遣使の後、四六二年の遣使が倭王済の死後に新たに即位した倭王興によるものであり、そこから四七一年までの間に興の死と武の即位があったものとみられるが、四七一年時点でワカタケル大王を中心とした天下観と「人制」の成立が認められる点からいえば、そこから新たに同型鏡群が「特鋳鏡」として必要とされたとするよりは、それ以前にすでに同型鏡群は王権中枢に存在していたと考えた方が整合的である。また四七七年・四七七・四七八年は二回でなく同一の機会である可能性が指摘されており（廣瀬二〇一四）、筆者もそれに賛同するが、この四七七・四七八年の遣使は、四七五年の百済の漢城陥落の後であり、また宋王朝も北魏の勢力拡大に伴い山東半島を失っていることから、この時期の列島からの遣使自体が非常に困難なものであったことが指摘されている（川本二〇〇五）。さらに四七八年の宋王朝の滅亡後、四七九年には斉王朝へと交代しており、この四七九年の遣使の有無についても問題となっているが（田中二〇一三）、いずれにしても四七八・四七九年前後を以て列島からの南朝遣使は途絶したと考えられている。四七八年前後において滅亡寸前の宋王朝が、「特鋳鏡」のような形で列島からの要望に応えることが現実的に可能であったかどうかという点は大きな問題となろう。本書第二章で田中史生氏も指摘するように、四七〇年代前半において倭王武が遣使を行っていないことは、「南朝が、倭国の内政にも直結する朝鮮半島情勢、なかでも高句麗への牽制において、その影響力を大きく低下させたことを意味する」ものであり、同型鏡群の生産やその列島への船載は、そうした四七〇年代以前の事象であったことに意義があるものと考える。

(3)同型鏡群の授受——「参向型二類」と人制——

同型鏡群の流通形態については、前述の埼玉県稲荷山古墳や熊本県江田船山古墳の銘文刀剣のような「人制」関連資料出土事例が参考となる。銘文刀剣が出土した稲荷山古墳礫槨と江田船山古墳石棺のいずれからも同型鏡が出土しているが、川西宏幸氏(二〇〇〇)は、この点を元に、同型鏡群の授受は、こうした「人制」のような脈絡で各地から上番した人々に対して行われたとし、「参向型」とする見方を提示した。他方、前期の三角縁神獣鏡などについて川西氏は、小林行雄氏と同様に、近畿から各地に使者が派遣されて配布されたとする「下向型」と捉えている。この点については、下垣仁志氏(二〇〇三)や森下章司氏(二〇〇五)らにより、前期においても、近畿を挟んだ東西の各地域で副葬品の組合せなどが共通することなどから、「参向型」の授受が基本であったとする可能性が指摘されて以来、筆者も含めてその可能性を想定する研究者が増えている。

この点を踏まえつつ考えた場合、問題となるのが、前期の「参向型」においても、五世紀代の人制のようなイメージで理解することができるかどうかという点である。筆者はこの点をもとに、五世紀代の同型鏡群における「参向型」が、いわば各地から大王のもとに上番・奉仕した有力者およびその子弟などが「個人」として鏡などを贈与されたものと考えられるのに対し、前期の「参向型」は、列島各地の有力集団やそこから派遣された人々が、上位層の代替わりなどを契機として近畿地域に参向し、大型モニュメント築造・儀礼への参加などへの見返りとして鏡などが与えられたものと考えている。

以上の認識をもとに、筆者は前期の「参向型」と中期の「参向型」を区分し、前者を「参向型一類」、後者を「参向型二類」と呼称している（辻田二〇一八・二〇一九）。この点で、前期における地域間関係と中期後半以降の地域間関係とでは、同じ「参向型」の鏡の授受であったとしても、政治的関係の実態などが大きく異なっていた可能性が考えられる。言い換えれば、「参向型二類」のような形で各地の有力者およびその子弟と王権中枢が、鏡などの授受を介して「個人」として直接結びつくことにより、王権を中心とした政治的関係が大きく変容していくことになったと考えることができる。同型鏡群の授受およびそれに関連する考古学的現象は、この点で親族関係の父系化（田中一九九五）や「人制」の問題、古代国家形成の問題（岩永二〇二二、吉村二〇二三、本書第二章〔田中〕、辻田二〇二四）ともつながってくるものと考えられる。

五世紀の倭の五王の時代は、五世紀中葉における前方後円墳の極大化や鉄製武器・武具類の生産・流通、また各種金工品や須恵器生産をはじめとした、渡来系技術による技術革新と開発の時代であった（一瀬ほか二〇一一、菱田二〇〇七、本書第三章〔一瀬〕）。その背後には朝鮮半島の諸政体の間での緊張関係と中国の南朝・北朝を中心とした東アジアの国際秩序が存在し、その中で列島各地の地域集団が朝鮮半島南部の諸地域と多元的に交流を行っていた時代でもあった。倭の五王による南朝遣使は、そうした国際情勢の中で、高句麗との競合と百済への支援を軸としながら行われたものであった（坂元一九七八、川本二〇〇五）。他方で、四三八年や四五一年の遣使において倭王以外の配下に対する将軍号や軍太守号の除正が認められたことは、倭王の南朝遣使が、国際情勢のみならず列島内部の政治秩序の形成に向けて行われたものであったことを意味している。同型鏡群が南朝から賜与されたものであり、また本章でも想定したような「特鋳鏡」説のような理解が可能であるとするならば、同型鏡群はこうした五世紀代の国際社会と列島社会の双方の歴史的脈絡に深く埋め込まれた形で生み出されたものと考えることができよう。

おわりに

本章では、主に五世紀代の同型鏡群の生産・流通とその背景について考えてきた。冒頭で述べた古代国家形成過程という点についていえば、筆者自身は、日本列島で古代国家形成が大きく進展するのは、六世紀前半の磐井の乱（五二七〜五二八年）などを契機として、各地でミヤケ制・国造制・部民制が展開することを大きな画期とすると考えるとともに、そうした秩序が七世紀後半以降に再編されて律令国家が成立したと考える立場を採っている。古市晃氏も指摘するように、倭の五王の時代における王権や列島各地の上位層の結びつきは不安定なものであり、六世紀代においていわゆる世襲王権の確立とともに展開していくものであった（古市二〇二一、本書第四章〔古市〕）。本章で検討した同型鏡群は、五世紀の倭の五王の時代に生み出され、王権中枢と列島各地の上位層を結びつける象徴的器物であり、六世紀前葉にも継承された。その後、六世紀中葉以降は列島内での鏡の生産・流通が再び大きく減少したと考えられることから、本章でみてきた古墳時代前・中期における鏡の流通や授受は、それ以前の段階において、近畿地域を中心とした政治的秩序の形成に深く関わる器物であったと考えられる。

五世紀代の倭の五王の時代については、文献史学と考古学の双方において重なる論点も多く、この意味で筆者自身の仮説のいくつかについては、鏡という考古資料の検討を通して、文献史学と考古学の成果を接続する試みであるものと考えている。倭の五王の遣使の時代背景や五・六世紀代における朝鮮半島情勢との関係など、論じることができなかった点は多いが、参考文献とあわせて拙著（二〇一八・二〇一九）などもご参照いただければ幸いである。

【参考文献】

石井友菜・初村武寛・高梨俊夫・鈴木建人 二〇二四「千葉県夷隅郡大多喜町台古墳群の一円墳から出土した画文帯環状乳神獣鏡について」『千葉中央博研究報告』一七（一）
一瀬和夫 二〇〇五『大王墓と前方後円墳』吉川弘文館
一瀬和夫・田中俊明・菱田哲郎（上田正昭監修） 二〇一一『巨大古墳の出現 仁徳朝の全盛』文英堂
岩永省三 二〇二二『古代国家形成過程論―理論・針路・考古学―』すいれん舎
岩本 崇 二〇二〇『三角縁神獣鏡と古墳時代の社会』六一書房
岩本 崇 二〇二四「中期古墳の相対編年と暦年代」『中期古墳編年を再考する』六一書房
上野祥史 二〇〇〇「神獣鏡の作鏡系譜とその盛衰」『史林』八三―四
上野祥史 二〇〇四「韓半島南部出土鏡について」『国立歴史民族博物館研究報告』一一〇
上野祥史編 二〇一三『祇園大塚山古墳と5世紀という時代』六一書房
上野祥史 二〇一九「朝鮮半島南部の鏡と倭韓の交渉」『国立歴史民俗博物館研究報告』二一七
梅原末治 一九三一『欧米に於ける支那古鏡』刀江書院
岡林孝作編 二〇二四『桜井茶臼山古墳の研究』奈良県立橿原考古学研究所
岡村秀典 二〇一一「東アジア情勢と古墳文化」広瀬和雄・和田晴吾編『講座 日本の考古学 古墳時代（上）』青木書店
岡村秀典 二〇一七『鏡が語る古代史』岩波書店
加藤一郎 二〇二〇『古墳時代後期倭鏡考』六一書房
加藤一郎 二〇二一『倭王権の考古学』早稲田大学出版部
河上邦彦 二〇〇六「中・後期古墳出土のいわゆる舶載鏡について」『3次元デジタルアーカイブ 古鏡総覧（Ⅱ）』学生社
川西宏幸 二〇〇〇「同型鏡考」（川西二〇〇四に所収）
川西宏幸 二〇〇四『同型鏡とワカタケル』同成社

川本芳昭　二〇〇五『中国の歴史05 中華の崩壊と拡大』講談社
熊谷公男　二〇〇一『日本の歴史03 大王から天皇へ』講談社
車崎正彦編　二〇〇二『考古資料大観5 弥生・古墳時代 鏡』小学館
河内春人　二〇一五『日本古代君主号の研究』八木書店
小林行雄　一九六一『古墳時代の研究』青木書店
小林行雄　一九六二「古墳文化の形成」（小林一九七六『古墳文化論考』平凡社に所収）
小林行雄　一九六五『古鏡』学生社
近藤義郎　一九八三『前方後円墳の時代』岩波書店
坂元義種　一九七八『古代東アジアの日本と朝鮮』吉川弘文館
清水康二　二〇一三「古墳時代中後期に見られる同型鏡群製作の一様相」『FUSUS』6
下垣仁志　二〇〇三「古墳時代前期倭製鏡の流通」（下垣二〇一一に所収）
下垣仁志　二〇一一『古墳時代の王権構造』吉川弘文館
下垣仁志　二〇一八『古墳時代の国家形成』吉川弘文館
下垣仁志　二〇二二『鏡の古墳時代』吉川弘文館
白石太一郎　一九九七「有銘刀剣の考古学的検討」『新しい史料学を求めて』吉川弘文館
鈴木靖民　二〇一二『倭国史の展開と東アジア』岩波書店
高松雅文　二〇一一「三重県の鏡（1）―同型鏡群―」『研究紀要』二〇
田中晋作　二〇〇一『百舌鳥・古市古墳群の研究』学生社
田中史生　二〇一三「倭の五王と列島支配」『岩波講座日本歴史第一巻 原始・古代一』岩波書店
田中史生　二〇一九『渡来人と帰化人』KADOKAWA
田中良之　一九九五『古墳時代親族構造の研究』柏書房

辻田淳一郎　二〇〇七『鏡と初期ヤマト政権』すいれん舎
辻田淳一郎　二〇一八『同型鏡と倭の五王の時代』同成社
辻田淳一郎　二〇一九『鏡の古代史』ＫＡＤＯＫＡＷＡ
辻田淳一郎　二〇二四「ヤマト王権の威信財とレガリア」吉村武彦・吉川真司・川尻秋生編『古代王権　王はどうして生まれたか』岩波書店
都出比呂志　二〇〇五「前方後円墳と社会」塙書房
都出比呂志　二〇一一『古代国家はいつ成立したか』岩波書店
東野治之　二〇〇四『日本古代金石文の研究』岩波書店
奈良県立橿原考古学研究所編　二〇〇五『三次元デジタル・アーカイブを活用した古鏡の総合的研究』奈良県立橿原考古学研究所
西川寿勝　二〇〇八「継体天皇、四つの王宮の謎」『継体天皇二つの陵墓、四つの王宮』新泉社
初村武寛　二〇二〇「３Ｄデータを用いた同型鏡群の比較検討Ⅰ」『元興寺文化財研究所研究報告２０１９』
樋口隆康　一九六〇「画文帯神獣鏡と古墳文化」『史林』四三―五
樋口隆康　一九七二「武寧王陵出土鏡と七子鏡」『史林』五五―四
樋口隆康　一九八一「埼玉稲荷山古墳出土鏡をめぐって」『考古学メモワール』学生社
菱田哲郎　二〇〇七『古代日本　国家形成の考古学』京都大学学術出版会
廣瀬憲雄　二〇一四「倭の五王の冊封と劉宋遣使―倭王武を中心に―」鈴木靖民・金子修一編『梁職貢図と東部ユーラシア世界』勉誠出版
福永伸哉・岡村秀典・岸本直文・車崎正彦・小山田宏一　二〇〇三『シンポジウム三角縁神獣鏡』学生社
福永伸哉　二〇〇五『三角縁神獣鏡の研究』大阪大学出版会
福永伸哉　二〇〇七「継体王権と韓半島の前方後円墳」『勝福寺古墳の研究』大阪大学文学研究科
福永伸哉　二〇二一「武寧王陵出土鏡の系譜と年代」『百済研究』七四

古市　晃　二〇一九『国家形成期の王宮と地域社会』塙書房
古市　晃　二〇二一『倭国』講談社
前之園亮一　二〇一三『「王賜」銘鉄剣と五世紀の日本』岩田書院
水野敏典編　二〇一〇『考古資料における三次元デジタルアーカイブの活用と展開』奈良県立橿原考古学研究所
水野敏典　二〇一二「三次元計測技術を応用した銅鏡研究」『考古学ジャーナル』六三五
村瀬　陸　二〇二三「造出し粘土槨から出土した蛇行剣と鼉龍文盾形銅鏡」『季刊考古学』一六五
森　公章　二〇一〇『倭の五王』山川出版社
森　公章　二〇一二「五世紀の銘文刀剣と倭王権の支配体制」『東洋大学文学部紀要』史学科篇第三八号
森下章司　一九九一「古墳時代仿製鏡の変遷とその特質」『史林』七四―六
森下章司　二〇〇二「古墳時代倭鏡」車崎正彦編『考古資料大観5　弥生・古墳時代　鏡』小学館
森下章司　二〇〇五「器物の生産・授受・保有形態と王権」前川和也・岡村秀典編『国家形成の比較研究』学生社
森下章司　二〇一一「伝仁徳陵古墳出土鏡と東アジア」『徹底分析・仁徳天皇陵―巨大前方後円墳の実像を探る―』堺市
吉村武彦　二〇二三『日本古代国家形成史の研究：制度・文化・社会』岩波書店
若狭　徹　二〇一七『古代の東国1　前方後円墳と東国社会』吉川弘文館
和田晴吾　二〇一五『古墳時代の生産と流通』吉川弘文館

表１－２　同型鏡群一覧

	鏡式名	面径	番号	県名・国名	出土遺跡	分布図番号
1	方格規矩四神鏡A	17.8	1	韓国	武寧王陵	——
2		——	2	——	出土地不明・鏡研搨本	——
3	方格規矩四神鏡B	16.5	——	佐賀	島田塚古墳	97
4	細線式獣帯鏡A	約22.3	1	大阪	桜塚古墳群	38
5			2	大阪	土室石塚古墳	40
6			3	奈良	今井1号墳	56
7			4	奈良	伝・大安寺古墳	50
8			5	福岡	伝・八女市吉田	75
9			6	福岡	勝浦峯ノ畑古墳	70
10			7	大分	日隈1号墳	85
11	細線式獣帯鏡B	23.5	1	大阪	伝・仁徳陵古墳（ボストン美術館蔵）	——
12		——	2	——	出土地不明・鏡研搨本	——
13	細線式獣帯鏡C	20.6	—	岐阜	南出口（城塚）古墳	23
14	細線式獣帯鏡D	18.1	—	韓国	武寧王陵	——
15	細線式獣帯鏡E	23.6	—	愛媛	樹之本古墳	69
16	浮彫式獣帯鏡A	約17.5	1	韓国	斗洛里32号墳	——
17			2	韓国	伝・慶尚南道	——
18			3	愛知	笹原古墳	26
19			4	三重	木ノ下古墳	28
20			5	奈良	藤ノ木古墳	52
21			6	福岡	沖ノ島21号遺跡	73
22			7	福岡	沖ノ島21号遺跡（推定）	73
23			8	熊本	国越古墳	82
24			9	宮崎	伝・持田1号墳	86
25			10	宮崎	伝・持田古墳群	90
26			11	宮崎	伝・新田原山ノ坊古墳群A	93
27			12	宮崎	伝・新田原山ノ坊古墳群B	94
28	浮彫式獣帯鏡B	約23	1	韓国	武寧王陵	——
29			2	群馬	綿貫観音山古墳	8
30			3	滋賀	三上山下（推定・甲山）A	33
31			4	滋賀	三上山下（推定・甲山）B	33
32	浮彫式獣帯鏡C	17.8	—	熊本	江田船山古墳	80
33	浮彫式獣帯鏡D	20.6	—	奈良	伝・大和	——
34	浮彫式獣帯鏡E	20.3	—	奈良	新沢173号墳	55
35	盤龍鏡	破片	1	福岡	沖ノ島7号遺跡	71
36		11.6	2	福岡	沖ノ島8号遺跡	72
37	神人龍虎画象鏡A	約20.5	1	京都	鏡塚古墳	35
38			2	大阪	高井田山古墳	44
39			3	奈良	米山古墳（愛宕山古墳）	57
40			4	岡山	築山古墳	62
41			5	福岡	伝・馬ヶ岳古墳	77
42	神人龍虎画象鏡B	18.2	——	静岡	石ノ形古墳	96
43	神人歌舞画象鏡	約20.3	1	埼玉	伝・秋山古墳群	11
44			2	東京	亀塚古墳・第2主体部	16
45			3	福井	西塚古墳	18

	鏡式名	面径	番号	県名・国名	出土遺跡	分布図番号
46	神人歌舞画象鏡	約20.3	4	京都	トヅカ古墳	37
47			5	大阪	伝・長持山古墳	45
48			6	大阪	郡川西塚古墳（伝八尾市郡川）	41
49			7	大阪	伝・八尾市郡川	43
50			8	岡山	朱千駄古墳	60
51			9	福岡	番塚古墳	76
52			10	——	出土地不明・根津美術館蔵A	——
53			11	——	出土地不明・根津美術館蔵B	——
54			12	——	出土地不明	——
55	神人車馬画象鏡	約22.2	1	京都	トヅカ古墳	37
56			2	福岡	伝・京都郡（仲津郡）	78
57			3	熊本	江田船山古墳	80
58	神獣車馬画象鏡	20.1	—	大分	鑑堂古墳	84
59	画文帯環状乳神獣鏡A	約14.8	1	奈良	吉備塚古墳	51
60			2	宮崎	持田20号墳	87
61			3	熊本	迎平6号墳	81
62			4	熊本	江田船山古墳	80
63			5	香川	津頭西古墳	67
64			6	岡山	西郷免（古墳？）	64
65			7	福岡	山の神古墳	74
66			8	熊本	国越古墳	82
67			9	栃木	伝・野木神社周辺古墳	6
68			10	北朝鮮	出土地不明（伝・開城）	——
69	画文帯環状乳神獣鏡B	約15.3	1	群馬	観音塚古墳	7
70			2	埼玉	稲荷山古墳	12
71			3	千葉	大多喜台古墳	13
72			4	三重	波切塚原古墳	32
73			5	福岡	伝・京都郡（仲津郡）	79
74			6	宮崎	伝・新田原山ノ坊古墳群	92
75	画文帯環状乳神獣鏡C	約21	1	京都	伝・八幡市内里	36
76			2	奈良	藤ノ木古墳	52
77			3	奈良	伝・都祁村白石古墳	58
78			4	岡山	釜ヶ原瓢箪式塚古墳	63
79			5	宮崎	油津古墳	95
80			6	——	出土地不明	——
81			7	奈良	伝・金ヶ崎（等彌神社蔵）	53
82	画文帯環状乳神獣鏡D	14.8	—	大阪	青松塚古墳	39
83	鍍金求心式神獣鏡	11.7	—	熊本	才園古墳	83
84	画文帯対置式神獣鏡	約20.2	1	兵庫	よせわ1号墳	48
85			2	愛媛	金子山古墳	68
86			3	熊本	江田船山古墳	80
87			4	——	出土地不明	——
88	画文帯同向式神獣鏡A	約14.8	1	群馬	恵下古墳	9
89			2	——	出土地不明・韓国梨花女子大所蔵	——
90	画文帯同向式神獣鏡B	約19.4	1	——	出土地不明・旧ブリング氏蔵鏡	——
91			2	愛知	大須二子山古墳	25

	鏡式名	面径	番号	県名・国名	出土遺跡	分布図番号
92	画文帯同向式神獣鏡B	約19.4	3	石川	狐山古墳	17
93			4	——	出土地不明	——
94			5	——	渡邉正氣氏拓本鏡	——
95			6	宮崎	伝・持田古墳群	91
96	画文帯同向式神獣鏡C	約21	1	群馬	古海原前1号墳	10
97			2	栃木	雀宮牛塚古墳	5
98			3	静岡	奥ノ原古墳	24
99			4	愛知	亀山2号墳	27
100			5	福井	丸山塚古墳	19
101			6	三重	井田川茶臼山古墳A	29
102			7	三重	神前山古墳A	30
103			8	三重	神前山古墳B	30
104			9	大阪	郡川東塚古墳	42
105			10	奈良	新沢109号墳	54
106			11	兵庫	勝福寺古墳	46
107			12	福岡	勝浦峯ノ畑古墳A	70
108			13	福岡	勝浦峯ノ畑古墳B	70
109			14	福岡	沖ノ島21号遺跡（推定）	73
110			15	熊本	江田船山古墳	80
111			16	宮崎	持田25号墳	89
112			17	——	出土地不明・黒川古文化研究所所蔵鏡	——
113			18	——	出土地不明・五島美術館所蔵鏡	——
114			19	長野	伝・飯田市下川路	22
115			20	三重	井田川茶臼山古墳B	29
116			21	三重	伝・神島	31
117			22	兵庫	里古墳	49
118			23	岡山	牛文茶臼山古墳	61
119			24	広島	酒屋高塚古墳	66
120			25	宮崎	持田24号墳	88
121			26	——	出土地不明・奈良国立博物館所蔵鏡	——
122			27	三重	神前山古墳C	30
123			28	京都	天塚古墳	34
124	画文帯仏獣鏡A	約21.5	1	千葉	鶴巻塚古墳	15
125			2	愛知	大須二子山古墳	25
126			3	岡山	王墓山古墳	65
127			4	——	出土地不明・北京故宮博物院所蔵鏡	——
128	画文帯仏獣鏡B	約30.4（23.5）	1	千葉	祇園大塚山古墳	14
129		約23.6	2	長野	伝・御猿堂古墳	21
130		約23.6	3	福井	国分古墳	20
131		約23.6	4	大阪	旧金剛輪寺蔵鏡	——
132		約23.6	5	——	出土地不明・キヨソーネ・コレクション鏡	——
133		約33.6（23.5）	6	——	出土地不明・旧ベルリン民俗博物館所蔵鏡	——
134		23.5	7	——	出土地不明・古鏡今照	——
135	八鳳鏡	18.9	1	兵庫	奥山大塚古墳	47
136		18.9	2	——	出土地不明	——

コラム

同型鏡群の鈕孔形態と製作技術

辻田淳一郎

本文中でも述べたように、筆者は同型鏡群の製作地を考えるに際し、鈕孔形態および製作技術という点を重視している。これは、同型鏡の製作において、踏み返しの技術で多数の複製品が製作される場合にも、鈕孔に関してだけは必ず一つの鋳型につき一つの鈕孔中子が用意されることに注目したものである。例えば、もし踏み返しの世代が古いものと新しいものとの間で鈕孔形態や製作技術が異なることがあれば、両者の間で製作地が異なる可能性が想定されるかもしれない。あるいは、鏡種によって鈕孔形態が異なる場合などについても、特定の種類のもののみ日本列島で製作された、といった可能性も考えられる。このような観点から同型鏡群の各資料について観察を行った結果、結論から先にいえば、世代の新旧にかかわらず、また複数の鏡種を横断して、全体として同型鏡群の鈕孔形態と製作技術については共通性が高いことを確認した。その特徴は、大きく以下の五点にまとめることができる（辻田二〇一八）。

同型鏡群の製作地と鈕孔製作技術

①鈕孔の底辺が鈕座面と一致する

②「鈕孔痕跡」――原鏡の鈕孔の痕跡と「ずれ」（柳田二〇〇二）

③非常に大型の鈕孔がみられる

④中子の形状が楕円形もしくは円形である

⑤鋳型に鈕孔の中子を設置する際に段を彫り込まない

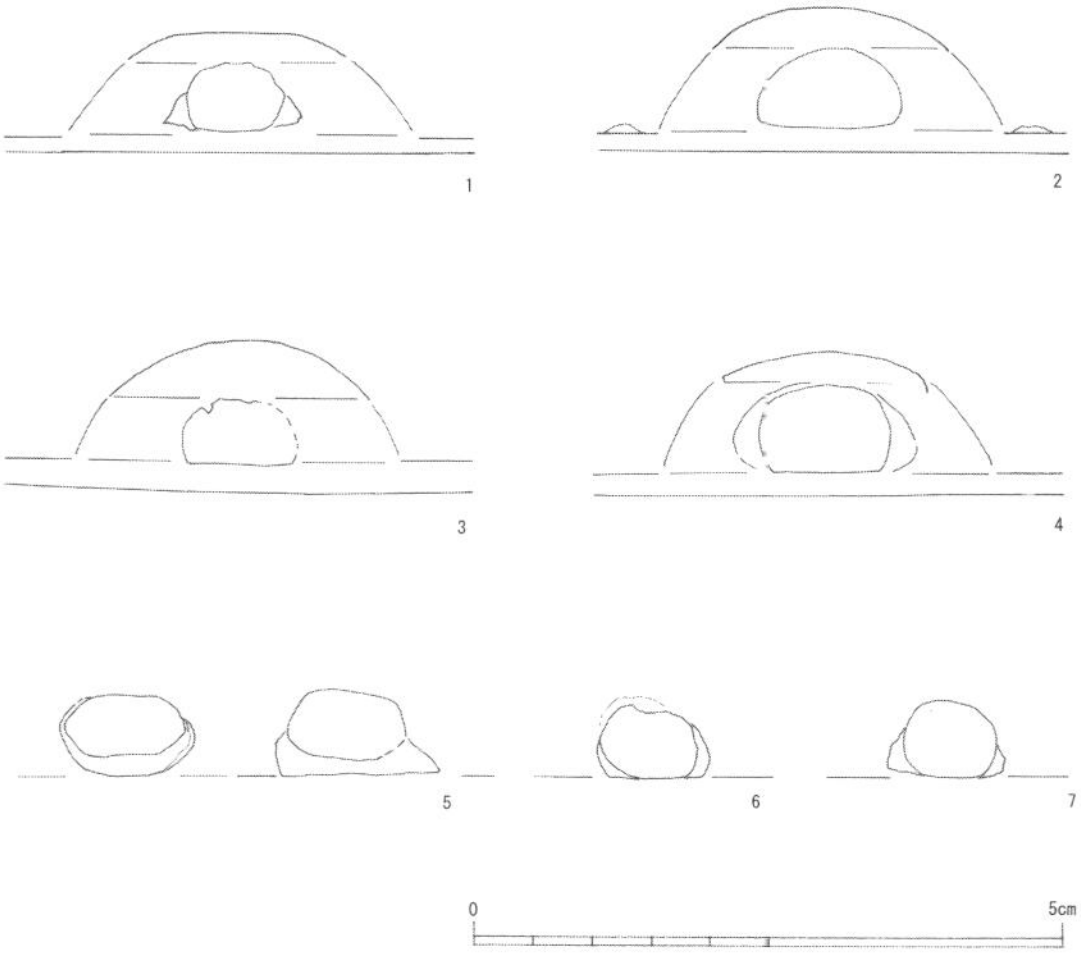

図１－８　画文帯環状乳神獣鏡Aの鈕孔実測図　（辻田2018）

具体例として、画文帯環状乳神獣鏡Ａの鈕孔形態について示す（図１－８）。いずれも半円形もしくは楕円形に近い鈕孔形態で、内部を観察すると楕円形の中子の痕跡が確認できる。中には幅が一二㍉というような大きな鈕孔も含まれる。本文中に挙げた千葉県大多喜台古墳群出土画文帯環状乳神獣鏡Ｂについてみていただくと、円形の鈕孔であることがわかる。このように同型鏡群では、楕円形もしくは円形の鈕孔形態を基本としている。筆者はこのような鈕孔の形態と大きさを基準として、同型鏡群の鈕孔を大きく１類から４類に分類している。１類は半円形もしくは楕円形を呈する幅七㍉前後の鈕孔で、最も多くみられる。２類は幅一〇㍉以上の大型の楕円形鈕孔で、面径が大きい一群に多い。３類は円形の鈕孔である。４類は棒状中子を複数連結したとみられる大型の鈕孔である。図１－８でいえば、大半が１類であり、一部２類がみられる。本文中の千葉県大多喜台古墳群出土鏡は３類である。

これに対し、同時期の倭製鏡では角張った形の長方形鈕孔が多い。また上記の①は共通するが、それ以外の②～⑤については倭製鏡とは異なる特徴である。

祇園大塚山古墳出土画文帯仏獣鏡Bの製作地と鈕孔製作技術

　このような鈕孔形態の特徴をみたときに、注目される資料がある。本文中でも挙げた、千葉県祇園大塚山古墳出土の画文帯仏獣鏡Bである（以下、祇園大塚山鏡と呼称）。この鏡は、画文帯仏獣鏡Bの外区外周にもう一回り素文帯と断面台形の外縁部を付加して面径を拡大した鏡として注目されてきた（図1―9）。同型鏡にみられる共有傷と面径の縮小から、踏み返しの世代としては最も新しく位置づけられる資料である（川西二〇〇四、辻田二〇一八、初村二〇二二）。

　この鏡の鈕孔は幅約一四ミリ、高さ約七ミリであり、大きさという点では前述の2類に該当する。その一方で、鈕孔形態は「長方形」を呈するという特徴がある（図1―10）。この点からすれば、本鏡は倭製鏡の可能性も想定されることになるが、実際はどうであろうか。

　研究史をひもとくと、祇園大塚山鏡については、従来から大きく列島製説と中国製説の二つの見解がある。梅原末治氏は、本文中に掲げた旧ベルリン民俗博物館所蔵画文帯仏獣鏡B（以下旧ベルリン鏡と呼称）が、すでに存在が知られていた祇園大塚山鏡と外区の拡大という点で共通することに注目しつつ、文様の不鮮明さや銅質の違いという点から、両者を「仿製鏡」（列島製の鏡）と判断している（梅原一九三一）。また田中琢氏は外区素文部の拡張による面径の拡大という特徴をもとに、祇園大塚山鏡を「倭鏡」と認定している（田中一九七九）。樋口隆康氏も、他の画文帯仏獣鏡を中国鏡と認定しつつ、祇園大塚山鏡については銅質の違いや文様の不鮮明さなどからやはり「仿製鏡」と捉えている（樋口一九七九）。

　こうした列島製説が主に一九八〇年代以前に提起されたのに対し、前述の川西宏幸氏（二〇〇四）や岡村秀典氏（二〇一一）、上野祥史氏（二〇一三）などは、中国鏡説を主張している。岡村氏は、隋唐鏡の中に鏡体を共有しながら外区を拡大する同型鏡の事例が存在することを指摘しつつ、祇園大塚山鏡などがそうした南北朝鏡から隋唐鏡の系譜の中に含まれるものと想定している。上野氏も、氏のいう「踏み返し模倣」鏡の一種として祇園大塚山鏡を位置づけている。筆者自身も、前述の旧ベルリン民俗博物館蔵鏡の外区における立体原型を用いた文様改変の事例が中国鏡の脈絡で理解される点から、同様の特徴を持つ祇園大塚山鏡も含めて全て南朝製であると想定してきた（辻田二〇一八）。

実物資料の観察による検証

他方で、上述のように祇園大塚山鏡については、一見すると鈕孔形態が長方形を呈することをどう理解するかという点が懸案事項であった。この点について検証を行うべく、所蔵機関の宮内庁書陵部と、現在長期貸出により常設展にて展示されている東京国立博物館の御協力のもと、実物を観察させていただく機会を得た。この結果、祇園大塚山鏡の鈕孔は、通常の製作技術と大きく異なるものであることが判明した。具体的には、図1－11に示すように、鈕の内側が広い空洞状になっており、中子の形態は、平面的には「双方中円形」を呈することがわかったのである。通常の鈕孔形態は、棒状の中子の形態を反映して、まっすぐトンネル状に鈕を貫通しているが、祇園大塚山鏡の場合は鈕の内側の空間がそれらとは全く異なる形状となっていた。残念ながら内部にライトを照射するだけでは立体的な形状が確認できなかったが、可能性としては鈕の内側は「ドーム状」に空間が広がっているものと想定される。

なぜこのような特殊な形状をしているのか。中子が大きい理由としては、大型化した鈕に流れ込む青銅原料の量を減らすため、といった可能性が考えられるが、その場合もなぜ鈕孔形態が長方形となるのかについては説明できない。

この問題について、筆者は観察の結果から以下のような仮説を立てている。鈕の中の空間の底面は平坦な形で面的

図１－９　千葉県祇園大塚山古墳出土画文帯仏獣鏡B
（宮内庁書陵部所蔵，奈良県立橿原考古学研究所2005，面径30.4cm）

図１－10　千葉県祇園大塚山古墳出土画文帯仏獣鏡Bの鈕孔写真　（左：下側，右：上側）

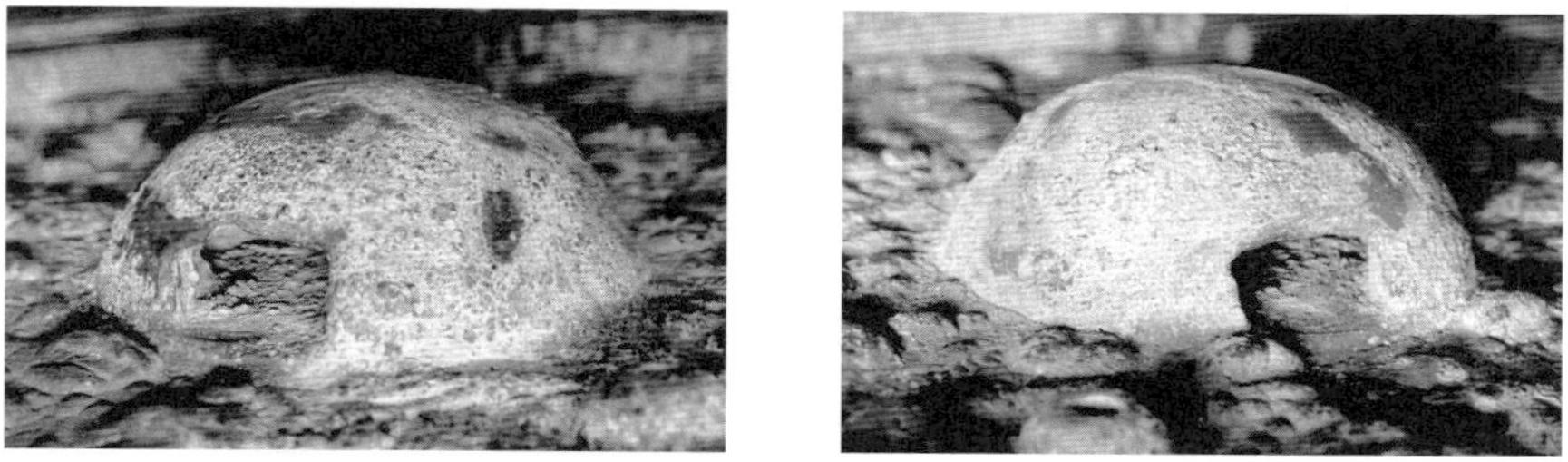

図１－11　祇園大塚山鏡の鈕の内側　（左：下側，右：上側）

図１－13　祇園大塚山鏡の文様細部

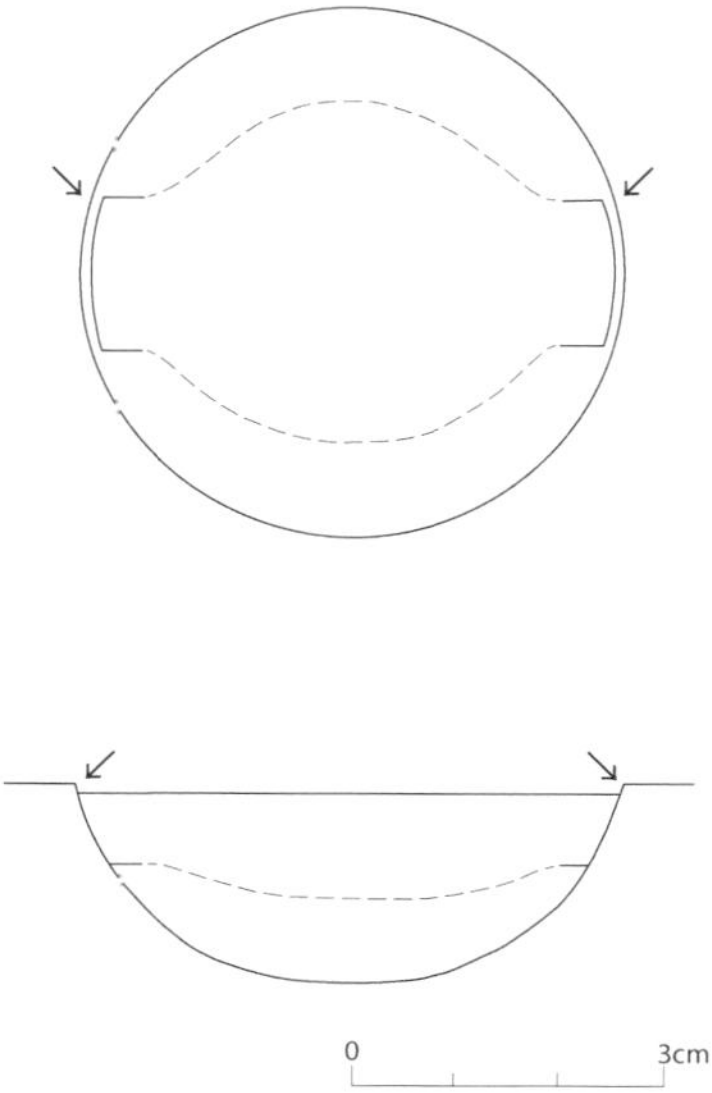

図１－12　祇園大塚山鏡の鋳型への鈕孔
中子設置方法模式図

図１－14　祇園大塚山鏡の外区拡大部分

に広がっており、そのように中央部が楕円形状に広く面的な形態の中子が用いられたと考えることができる（図1－12）。また画文帯仏獣鏡Bの通常の鈕は周囲に有節重弧文を配しているが、旧ベルリン鏡や祇園大塚山鏡では、鈕自体を拡大するため、この有節重弧文の部分まで鈕の径が約五・二チセンまで拡張されている（例えば大阪府旧金剛輪寺蔵鏡などでは鈕の径は約三・八チセンである）。観察の結果、鈕自体は半球状の形態であるので、鏡本体の踏み返しの後、土製の鋳型の中心に位置する鈕の部分を挽型の回転などにより拡張したものと考えられる（この際、内区の仏像表現にぎりぎり重ならないよう拡大する鈕の範囲が配慮されている：図1－13）。その後、「双方中円形」で平坦な面を上に向けた大きめの中子を鋳型の中央部にブリッジ状に渡したとみられる。

この際に、「双方中円形」の「双方」にあたる中子の両端部分が、同型鏡群で通例の楕円形や円形でなく「長方形」であったために、鈕孔形態が長方形になったと考えられる。ここでなぜ長方形となったかについて考えるに際し、もう一点注目すべき特徴がある。それは、鈕孔の底面が鏡背内区の地面よりも僅かに高い位置にあるという点である（図1－12の矢印部分）。この特徴は、同型鏡群の中でみられるもので、鋳型中央の鈕部分の凹みに中子を設置するに際し、文様部分に中子を固定するための段状の彫り込みなどを設けずにそのまま中子を渡すという、同型鏡群の一般的な鈕孔製作技術（上記の⑤）で製作された可能性が高いと考えられる。少なくとも、文様部分に影響が出るような形で大きく段状の凹みを設けたような形跡は認められない。その際に、中子の平面形が「双方中円形」で通常よりも大きく、またその平坦面が鏡背文様の地面と平行で全体として確実に「水平」に設置される必要があることから、中子端部を長方形に加工したものと考えることができる。中子の端部が円形や楕円形では、広い中子上面（製品では鈕孔内部の底面）を水平に設置することが困難であったため、あえて中子の端部を長方形にして鋳型に設置したと考えられるのである。

やや煩雑な説明となったが、同型鏡群の中でもイレギュラーな「長方形」の鈕孔であり、また広い鈕孔底面を有する祇園大塚山鏡の鈕孔製作技術は、鈕を大型化するに際して中子を「双方中円形」で製作し、それを水平に設置するための方策であった、という理解が導かれる。このように考えることが許されるならば、祇園大塚山鏡については、鈕孔形態が「長方形」ではあるものの、上述のように大型の中子という点でやや特殊な事例として、同型鏡群全般と同様に中国南朝製という理解が可能であると考えている。このことと、外区の拡大という点は矛盾せず、むしろ中国製説を補強する特徴といえるものである（岡村二〇一一、辻田二〇一八）。祇園大塚山鏡以外で同様の事例が認められるか否かについて、特に鈕を大型化した他の事例についても検証が必要である。

まとめと課題

今後の課題としては、外区の素文帯の拡大（図1－14）がどのようにして行われたのかという点が挙げられる。画文帯仏獣鏡Bの鏡体部分を踏み返した上で、さらに外区を拡大していることは従来も十分に認識されているが、挽型の回転によるものとみた場合に、前述のような鈕の拡大と同時にあるいは連動したものであるのか、またこの外区拡大部分も含めて全体として鏡面の反りなどに影響が出ない形での鋳造がどのようにして可能であったのか、といった点については未だ不明な点も多い。旧ベルリン鏡の所在が不明な中、現存する同型鏡群の資料で最大の面径となる祇園大塚山鏡については、同型鏡群の製作背景を考える上での重要資料として、今後のさらなる研究の深化が期待される。

【参考文献】

上野祥史編　二〇一三『祇園大塚山古墳と5世紀という時代』六一書房
梅原末治　一九三一『欧米における支那古鏡』刀江書院

岡村秀典　二〇一一「東アジア情勢と古墳文化」『講座 日本の考古学 古墳時代（上）』青木書店
川西宏幸　二〇〇四『同型鏡とワカタケル』同成社
田中　琢　一九七九『日本の原始美術⑧ 古鏡』講談社
辻田淳一郎　二〇一八『同型鏡と倭の五王の時代』同成社
初村武寛　二〇二二「3Dデータを用いた同型鏡群の比較検討Ⅲ」『元興寺文化財研究所 研究報告2021』
樋口隆康　一九七九『古鏡』新潮社
柳田康雄　二〇〇二「摩滅鏡と踏返し鏡」『九州歴史資料館研究論集』二七

第二章　倭の五王の南朝遣使とその背景

田中史生

はじめに

三一三年、朝鮮半島北部の高句麗《こうくり》が楽浪郡《らくろうぐん》と帯方郡《たいほうぐん》を滅ぼし、四〇〇年以上続いた中国による当地の直接支配を終焉させると、その勢力を南に伸ばし始めた。この高句麗南進に百済は強く抵抗し、倭と軍事的な同盟関係を締結する。一方、緊迫した東アジア情勢への関与を求められた倭の首長層は、「倭王」を核に結集し、軍事を含む王権の対外活動の実務を担う体制を整えていった。また首長層は、その活動を利用して独自に国際交流を行い、威信財や渡来技術者を獲得して、これらを自らの家産に組み入れた。当該期の倭王は、倭人の外交を主導し、各地の首長層に国際交流の機会を分配する大首長であった（田中二〇〇五）。

この中で、五世紀に「倭の五王」が登場する。「倭の五王」とは、中国史書が伝える、中国南朝に冊封された讃《さん》・珍《ちん》・済《せい》・興《こう》・武《ぶ》の五人の倭国王の総称である。史書で知られる倭王の中国への遣使は、四世紀以前は二六六年に西晋に入貢した「倭女王」までさかのぼり、五世紀後は六〇〇年の遣隋使まで下る。つまり「倭の五王」とは、前後一世紀以上の空白に挟まれて、継続的に中国に入貢した倭王をひとまとまりとして捉える概念であり、そこに当該期の倭王権の特徴をみる学術的用語でもある。

その歴史的背景を具体的に把握しようとするとき、諸説で解釈が大きく分かれている以下の論点を、避けて通ることはできないであろう。

・論点1　四一三年の倭国から東晋への遣使をどうみるか。

・論点2　倭国内における中国官爵の意味をどう捉えるか。

・論点3　武王後に中国への入貢が途絶するのはなぜか。

本章では、上記の論点を中心に文献史学の主要な説・議論を整理した上で、倭の五王の南朝遣使の展開とその背景についてあらためて考えてみたいと思う。

一　東晋に遣使朝貢した「倭国使」をめぐって（論点1）

(1)東晋への遣使朝貢

倭の五王が外交関係を結んだ宋は、東晋の軍官劉裕《りゅうゆう》が、自らが擁立した恭帝《きょうてい》から禅譲を受けて四二〇年に開いた中国南朝の国である。直前の中国は、北魏が華北統一に向けた動きを本格化させる一方、江南を支配する東晋は反乱を抱えて著しく疲弊していた。劉裕は同年六月、宋の武帝として即位すると、翌七月には高句麗王高璉《こうれん》と百済王余映《よえい》に、ともに除授（任官）を行う。これは東晋が両王に与えていた官爵を追認しつつ、さらに「高句麗王」の「征東将軍」を「征東大将軍」に、「百済王」の「鎮東将軍」を「鎮東大将軍」に進めるものであった（『宋書《そうじょ》』武帝紀、同高句麗伝）。この除授は、両国からは遣使のないまま、自ら新王朝樹立を慶賀した一方的なものであったとみられてい

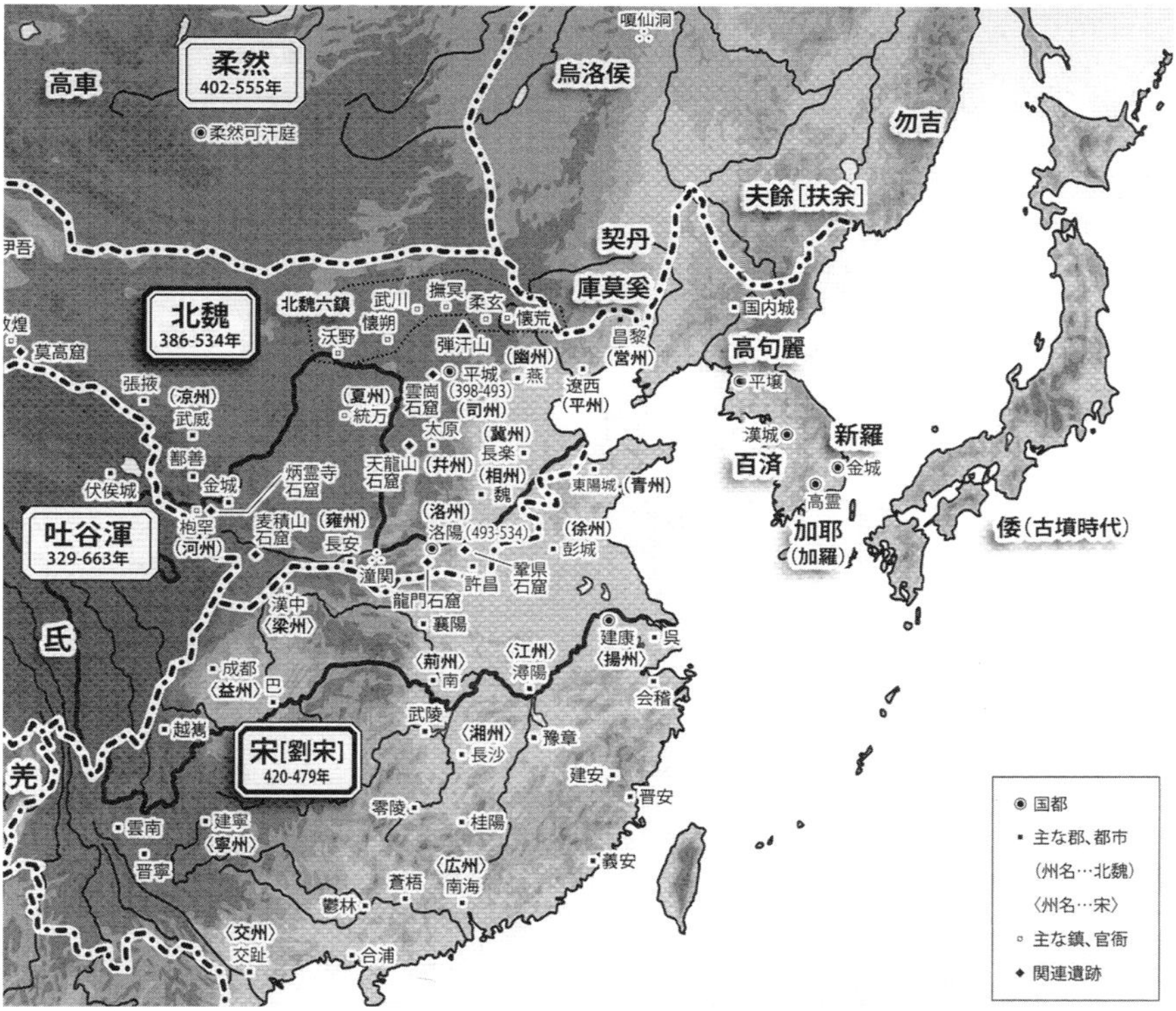

図２－１　五世紀中葉の東アジア　『古代日本対外交流史事典』（八木書店、2021年）より

る（坂元一九七八）。

『宋書』倭国伝などによれば、翌永初二（四二一）年、倭讃が初めて宋朝に遣使し除授を受けた。宋からの除授は高句麗・百済に遅れたが、遣使は高句麗が景平元（四二三）年、百済が翌二（四二四）年だから（『宋書』少帝紀、同百済国伝）、両国に先行する。そしてこれが倭の五王による遣中使の確実な初見である。

ただし讃には、これ以前の東晋の時代から遣使朝貢を行っていたことを示す史料がある。けれどもその解釈をめぐっては、倭国が単独で入貢したとする説（単独入貢説）のほか、高句麗と倭国が共同で入貢したとする説（共同入貢説）、また高句麗が倭人捕虜を引率して入貢したとする説（倭人捕虜説）などが提起されており、定説がない。そこでまずその基本となる史料を以下に掲げた上で、この点について考えてみたいと思う。

①『梁書』巻五四・倭伝

晋の安帝の時、倭王賛あり。賛死して、弟の弥立つ。弥死して、子の済立つ。済死して、子の興立つ。興の死して、弟の武立つ。

②『晋書』巻一〇・安帝紀・義熙《ぎき》九（四一三）年是歳条

是歳、高句麗、倭国及び西南夷の銅頭大師、並に方物を献ず。

③『南史』巻七九・倭国伝

晋の安帝の時、倭王讃あり、使を遣わし朝貢す。

④『太平御覧』巻九八一・香部一・麝条

義熙起居注《ききょちゅう》に曰く、倭国貂皮《ちょうひ》・人参等を献ず。詔して細笙《さいしょう》・麝香《じゃこう》を賜う。

⑤『書紀』応神三七年二月戊午朔条

阿知使主《あちのおみ》・都加使主《つかのおみ》を呉に遣わして、縫工女《きぬぬいめ》を求めしむ。爰に阿知使主等、高麗国に渡りて、呉に達さんと欲す。則ち高麗に至れども、更に道路を知らず。道を知る者を高麗に乞う。高麗の王、乃ち久礼波《くれは》・久礼志《くれし》の二人を副えて、導者と為す。是に由りて、呉に通ずること得たり。呉の王、是に、工女兄媛・弟媛、呉織、穴織の四の婦女を与う。

このうち①〜③は中国正史だが、③の『南史』倭国伝は①の『梁書《りょうしょ》』倭伝や『宋書』の影響のもとに作文されていて、オリジナリティはない（坂元一九七八）。一方④⑤は、これら中国正史と対応するものではないかとされる史料で、このうち④は東晋朝廷の義熙年間（四〇五—四一八）の記録「義熙起居注」の逸文を、一〇世紀に成立した『太《たい》平御覧《へいぎょらん》』が伝えたものとして、特に重視されている。

(2)倭国使の実態をめぐって

さて、高句麗・倭国の共同入貢説は、②で高句麗、倭国がいずれも義熙九（四一三）年に晋に方物を献じたとあることに加え、⑤において、応神天皇派遣の使節が高句麗の支援を受けて「呉」に到達したとあることに着目した説である（橋本一九五六）。この説に有力な根拠を与えたのが池田温氏であった。④は中国正史②と対応するとみられるが、④の晋への献物「貂皮・人参」が高句麗の特産物である一方、晋からの賜物の細笙は小笙（和）を指し、「和」は同韻国名の倭国への賜物としてふさわしいとして、これを高句麗・倭国の共同入貢を裏付けるものとみなしたのである（池田二〇〇二）。

一方、これに対して坂元義種氏は、⑤の応神紀は干支二運をくり下げても四二六年で②とは結びつかず、また倭国が敵対する高句麗のもとで晋に共同入貢することも考え難いとし、④の「倭国」は正式な倭国使ではなく、高句麗が遠夷入貢を誇示するために、倭国との戦闘で捕虜にした倭人に高句麗の特産品を持たせて入朝させたものと解した（坂元一九八一）。

以後学界では、池田氏の補強した共同入貢説と、坂元氏の倭人捕虜説のいずれかが有力とみなされるようになる。ところが近年、石井正敏氏が、この両説の重要な根拠である④に対し重大な疑義を提起した。④は高句麗の音楽・仏教事情からみて、献物だけでなく賜物の細笙・麝香も高句麗に対するものとみるべきとし、「倭国」は高句麗の誤記・誤引の可能性が高いとしたのである。そして②の四一三年の倭国使を、同年の高句麗による遣使とは別に、倭王が単独で東晋に使節を派遣したものと解した（石井二〇一七）。

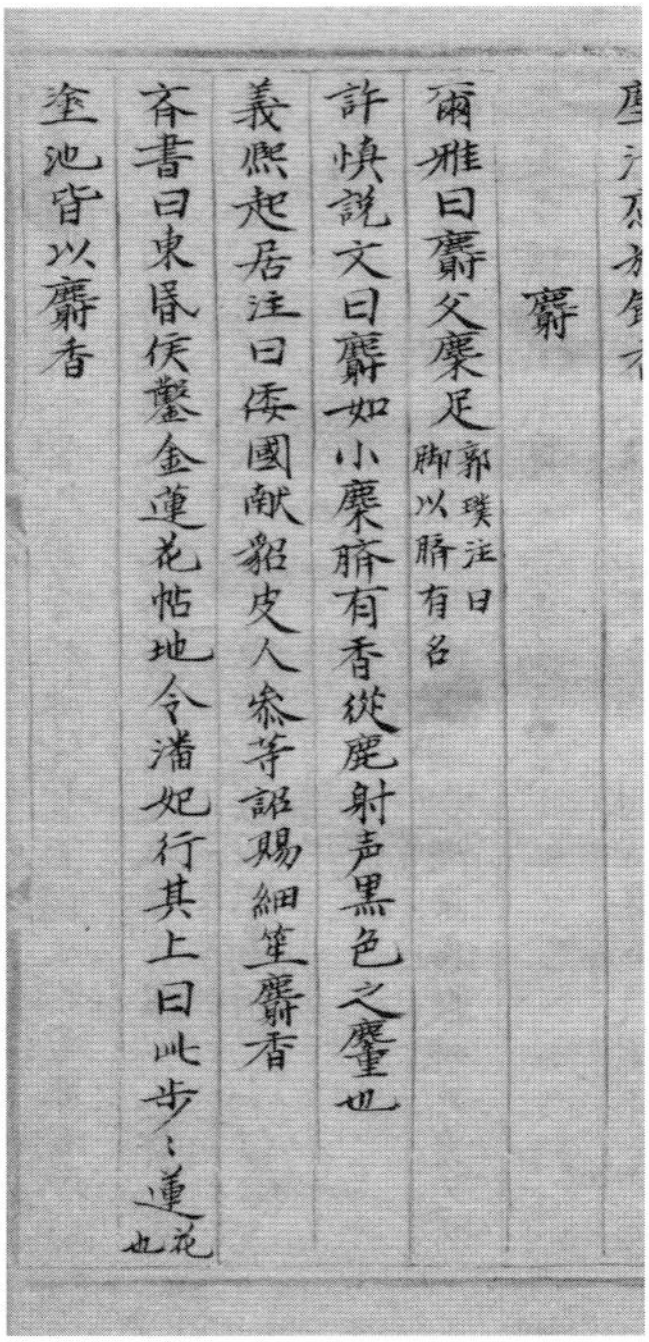
麝
爾雅曰麝父麇足郭璞注曰脚以臍有名
許慎説文曰麝如小麇臍有香從鹿射声黒色之麞也
義熙起居注曰倭國献貂皮人参等詔賜細笙麝香
斉書曰東昏侯鑿金蓮花帖地令潘妃行其上曰此歩々蓮花也
塗池背以麝香

図２－２　『太平御覧』巻九八一（内閣文庫）
国立公文書館デジタルアーカイブより

この石井説に対しては、⑤に高句麗経由で呉と通交した記載があることを軽視すべきではないとの批判がある（仁藤二〇二四）。けれども実は⑤には、『書紀』雄略一四年正月戊寅条に類似の記事がある。⑤は、この雄略紀の伝承をもとに、六世紀以降に新たに創作されたものに過ぎない（田中二〇二三）。しかも縫工女の出身地の「呉」は、宋朝のことではなく加耶の久礼にちなむものと考えるのが妥当で（李一九九三）、⑤の伝える高句麗と「呉」の関係も、こうした朝鮮系渡来技術者の伝承に高句麗との関係が伝えられていたことが影響したものだろう。⑤を②と結びつけて解釈する場合の年紀上の齟齬については、前述のように坂本氏の指摘があるが、そもそも⑤は②とは無関係とすべきものだろう。

一方、④の賜物が高句麗にふさわしいとする石井説を認めつつも、賜物は捏造した倭国偽使を通して高句麗が求め得たものと解し、倭人捕虜説をあらためて支持する見解もある（河内二〇一八）。けれども献物・賜物とも高句麗にふさわしいとすると、④に記された外交上の贈答関係は東晋─高句麗関係を象徴するモノだけで構成されていたことになり、ここに倭国の入る余地がない。献物・賜物の贈答は外交儀礼と不可分の関係にあるのだから、ここでの外交儀礼も東晋と高句麗との間のものとして繰り広げられていたと考えるべきである。

また単独入貢説を否定する立場からは、『魏志』や『晋書』の倭人伝が倭の所在を「帯方東南大海中」とするのに対し、『宋書』倭国伝がこれを「高麗東南大海中」とすることも重視されている（河内二〇一八、仁藤二〇二四）。倭国使が高句麗主導のもとに入貢したことで、倭国の地理観が高句麗を起点とするものに変化したとみるのである。けれども宋の時代、帯方郡はすでに滅亡し、その領域は高句麗に組み込まれていた。したがってこれも、地理的起点が変更されたのではなく、朝鮮半島情勢の変化の反映と解すのが自然ではなかろうか。

以上によって、信憑性の薄れる③④⑤を除いても、倭国が四一三年に東晋に遣使したとする②は動かない。また、他書と五王表記が異なるなど独自性を持つ①が、「倭王」を晋の安帝の「賛」から列記することも無視できない。少なくとも『梁書』の編者は、「倭王」の南朝への遣使の淵源を、安帝時代（三九六年－四一九年）の「賛」に求めているのである。この記述が他書と異なる系統の史料に基づく可能性を否定できない以上、四一三年の遣使が讃による可能性も否定できない。②によればそれは高句麗入朝と同年だが、共同入貢・倭人捕虜説を支える信頼すべき史料はなく、史料批判上は単独入貢とするのが最も妥当な解釈ということになる。

（3）四一三年の遣使の背景

では、四一三年に倭国が単独で東晋に入貢した背景は何か。この点に関しては、まずは石井氏も参照した川本芳昭氏の見解が注目される。共同入貢説に立つ川本氏は、高句麗が七〇年ぶりに再開した四一三年の東晋入貢を、東晋が航路上の要衝山島半島をおさえたことを警戒したものだとし、このために倭国にとっても東晋との交渉開始が「宿敵高句麗を牽制」しうる意味を持ちえたこと、さらに山東ルートの開通で倭国と東晋との交渉が一気に容易となったことを指摘する（川本一九九八）。高句麗を牽制したとするその遣使の目的は、高句麗との共同入貢ではなく倭国単独入貢の背景としてこそ説得力を持ちうる（田中二〇一三）。川本氏が共同入貢説を支持するのは⑤に一定の信を置くからだが、これを根拠とはしえないことはすでに述べたとおりである。

ただし、高句麗と対立する百済の東晋入貢は、すでに三七二年、三八六年にもあった（『晋書』）。したがって倭国の東晋入貢が四一三年と遅れたのは、東晋の山東半島攻略の影響だけではないだろう。この点で、直前の倭国の対外関係に関して記した「広開土王碑文」は、あらためて注目されるのである。それによると高句麗は、「辛卯年」（三九一）以来新羅・百済に侵攻する倭を永楽一〇（四〇〇）年に新羅から退け、「任那加羅」「安羅」にも打撃を与え、この四年後、百済と通じて高句麗の帯方界に侵入した「倭寇」を壊滅させており、これらの記述には、当時の国際情勢が反映されているとみられている（武田二〇〇七）。同一七（四〇七）年には「歩騎五万」で敵を討滅したともある。高句麗の守墓役体制とかかわる碑の中で、王の武勲を称揚するため強大な敵として描かれた倭の姿は史実そのままではないにしても、南進の勢いを保つ高句麗が、倭国を完全に圧倒していたのは間違いない。

この問題とも関連し留意したいのは、新羅が、倭国で「質」となっていた王弟を計略によって奪還し、倭国と軍事衝突したとする『書紀』神功皇后摂政紀五年三月己酉条の話である。同様の話は『三国史記』『三国遺事』にもあり、そこでは同時期に高句麗からも質を帰国させたことになっているが、新羅・高句麗間に衝突はなかった。これらの話は、高句麗・倭両国に質を派遣し両属的外交をすすめていた新羅が、四一七年に即位した訥祇《とつぎ》王の時代、高句麗南進の圧力を前に、外交政策を転換して倭と対抗する一方、高句麗とは一定の自立性を保ちつつ従属する路線に転換した史実を反映しているとみられている（木村二〇〇四）。

以上のように、東晋入貢直前の倭国は、対高句麗関係で圧倒的劣勢に追いやられ、新羅からも完全に見限られつつあった。外交を主導する倭王が倭人首長層の結集核となり、その成果を分配する王権の構造は、危うくなっていたと想定される。こうした状況下で倭王権の体制保証と国際的優位性を付与できる外部勢力は、中華王朝以外に存在しない。要するに倭国の対中外交の軸は、対中関係そのものにあるのではなく、倭王を結集核として展開する支配層の朝鮮半島諸勢力との関係にあったと考えられる。この点において、五世紀の倭国が中国南朝に求めた官爵は、王権にとって極めて重要な意味を持ったはずである。

二　中国官爵の意味をめぐって（論点2）

（1）中国官爵と府官

『宋書』倭国伝によると、四二五年、讃は司馬《しば》の曹達《そうたつ》を宋へ派遣した。魏晋期以後の中国では、方面軍を指揮して征・鎮・安・平を冠した諸将軍に府を開くことが認められ、長史《ちょうし》・司馬・主簿《しゅぼ》・功曹《こうそう》・参軍《さんぐん》の府官がおかれた。曹達の冠した司馬も、讃が宋に「安東将軍」に除せられたことを根拠とする、安東将軍府の府官の肩書である（坂元一九七八）。また四三八年に珍は臣僚の倭隋ら一三人への「平西・征虜・冠軍・輔国将軍」号の除正を宋に求め、承認された。このうち、倭王族とみられる倭隋の「平西」将軍は、倭王権の所在地を軸とした方位を表す将軍号で、九州北部に遣わされ駐留した将軍とされる（武田一九七五）。これらのことは、倭王が臣僚に将軍号を独自に仮授する体制があり、その有効性が中国王朝の承認によって保証されるべきものであったことを示している。さらに四五一年には、倭王済が二三人に将軍号・郡太守号（「軍郡」）の除正を求め、宋はこれも認めた。

以上の史的意義について、文献史学ではこれまで多くの言及がなされてきた。その今日的議論の出発点は、坂元義種氏の研究に求められよう。坂元氏は、「司馬」が府官であることを明らかにした上で、これが百済と同じく外交使節のために採用された実官とはしえないものとした。また、倭国王や王族・豪族の求めた中国の称号は、王の国内での地位を固め、支配階層内の秩序化の道を開くものではあったが、その主な目的は、あくまで朝鮮半島南部の「軍事

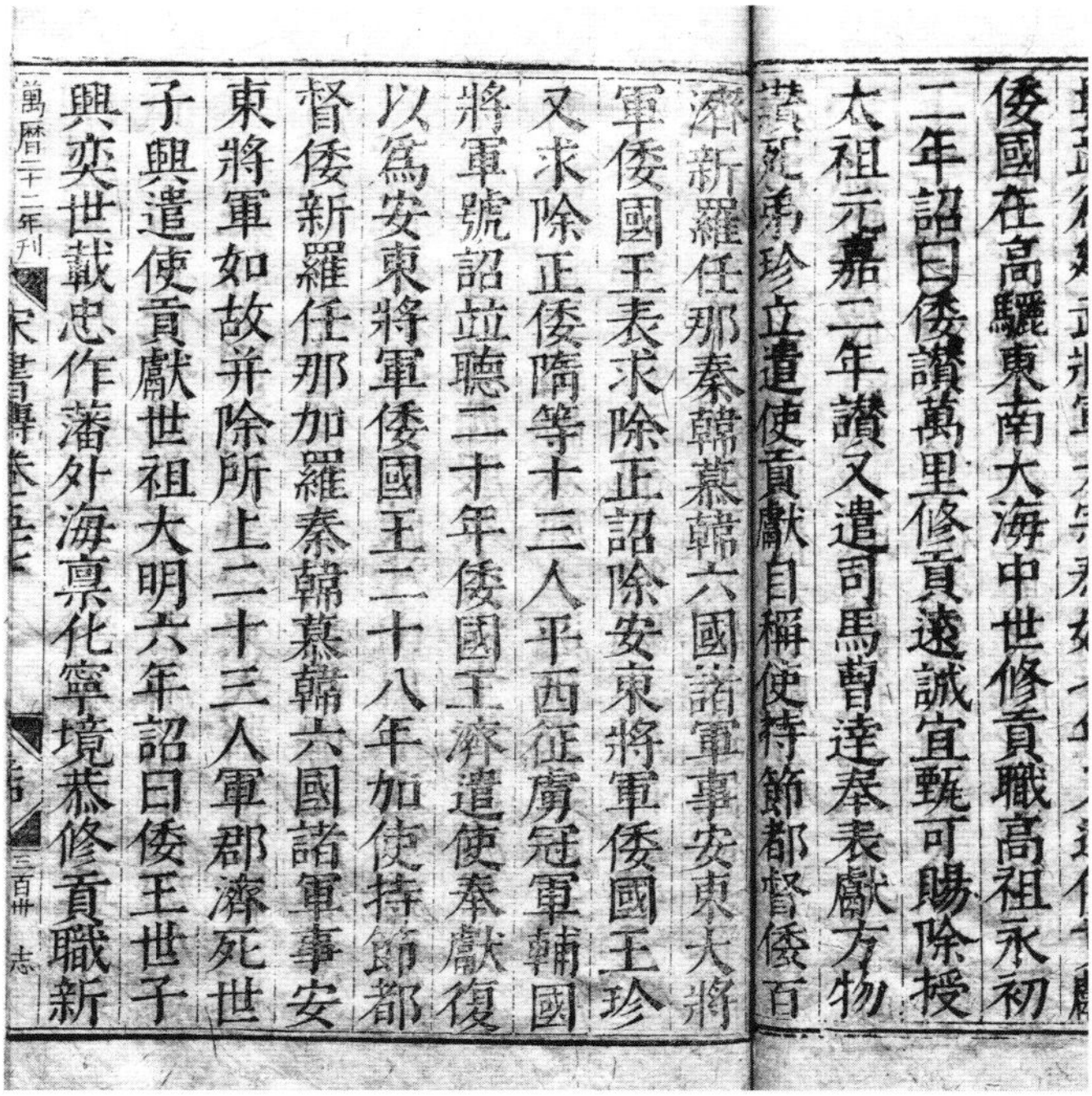

倭國在高驪東南大海中世修貢職高祖永初
二年詔曰倭讃萬里修貢遠誠宜甄可賜除授
太祖元嘉二年讃又遣司馬曹達奉表獻方物
讃死弟珍立遣使貢獻自稱使持節都督倭百
濟新羅任那秦韓慕韓六國諸軍事安東大將
軍倭國王表求除正詔除安東將軍倭國王珍
又求除正倭隋等十三人平西征虜冠軍輔國
將軍號詔並聽二十年倭國王濟遣使奉獻復
以爲安東將軍倭國王二十八年加使持節都
督倭新羅任那加羅秦韓慕韓六國諸軍事安
東將軍如故并除所上二十三人軍郡濟死世
子興遣使貢獻世祖大明六年詔曰倭王世子
興奕世載忠作藩外海稟化寧境恭修貢職新
萬曆二十二年刊

図２－３　『宋書』倭国伝（内閣文庫）　国立公文書館デジタルアーカイブより

支配」に役立てることにあったとした（坂元一九七八・一九八一）。

その後、東アジア世界論を提唱した西嶋定生氏も「倭の五王の遣使朝貢の主目的は、もはや自国内における倭王の地位を強化することよりも、むしろ朝鮮半島における倭国の地位を強化することにあったことが明らかである」と述べたように（西嶋一九八五）、こうした見方が有力な学説となっていった。

しかしこれに対して国際的契機論の立場から、府官や中国官爵と王権の支配秩序との関係性をより積極的に評価したのが鈴木靖民氏である（鈴木二〇一二）。すなわち百済では、中国系の府官が将軍・太守などの官にも任じられ、軍事と不可分な外交を主とする執政を分掌する一方、在来の百済人は将軍・王・侯の号を授与されて王権中枢部で実務を担当していたとし、これを踏まえて、倭国における司馬の存在や倭王の臣僚への中国官爵仮授を捉えなおしたのである。そして、百済・倭国などの中国周辺国では、中国官爵の継受を契機に府官を持つ将軍府が開府されると、臣僚らに諸将軍・諸郡太守の任官を行い、これらを包括する「広義の将軍府とも命名すべき僚属制的政治秩序」が形成され、一定程度、実質的な国家的な支配機構の機能・役割を果たしていたとし、これを「府官制秩序」と呼んだ。また、五世紀の人制《ひとせい》も、この府官制の下に組織されるものであろうとした。なお人制とは、江田船山《えたふなやま》古墳出土大刀銘の「典曹人《てんそうじん》」や稲荷山《いなりやま》古墳出土鉄剣銘の「杖刀人《じょうとうじん》首」などから知られるもので、ある一定の職掌をもって王権のもとに上番・参集する体制のことである。

（2）「府官制秩序」をめぐって

以上の鈴木氏の「府官制秩序」は、坂元氏の研究を批判的に発展させたものとして、考古学も含めて、広く支持されるものとなった。しかし文献史学では近年、これへの疑問や見直しを求める研究も出されるようになっている。

鈴木氏が人制を府官制の下部組織とみることに対しては、この二つは「異なるシステム」と捉えるべきで、むしろ「府官制が解消され新たな支配組織の編成がなされた時に人制へと制度的に展開した」とする河内春人氏の批判的見解がある（河内二〇一五a）。河内氏の提起する鈴木氏の見解への疑問は二つある。一つは、刀剣銘文には「奉事典曹人」「杖刀首」とあるだけで長史・司馬・参軍などの府官名称がみえないこと、もう一つは、倭の府官は渡来系人士で構成されているが、これを地方豪族の「奉事典曹人」のムリテや「杖刀人首」のヲワケと同一階層とすることも、渡来系人士が彼ら地方豪族を管轄したと想定することも困難である、ということである。また府官制とは、「あくまでも渡来系人士の統治技術を取り込もうとする倭国王との君臣関係の形式」であって、「府官制があることによってヤマト政権に官僚制が出現したかのように過大評価すべきではない」とも指摘する。

また朝鮮史からは、井上直樹氏が東アジアの「府官制秩序」に全面的な見直しを求めている。井上氏は、高句麗の安岳3号墳や徳興里古墳などの壁画古墳の被葬者に墨書された中国的な官爵・職位の一部に、高句麗王の付与した実職とは考えがたいものが含まれており、これらは虚職の可能性が高いことを指摘する。さらに高句麗王都（集安）から出土した広開土王時代の文字瓦の、「趙将軍」「胡将軍」の表記に注目し、そこに序列化された具体的な将軍号ではなく、単に「将軍」とだけあることが、当時の高句麗において序列化された中国的な将軍号が存在しなかったことを示していると論じる（井上二〇二一a）。さらに百済については、五世紀後半の王権構造は在来王族・貴族と漢人系官僚に二分され、これらが中国王朝の将軍号に依拠しながら独自の王号・侯号・太守号を利用しつつ、階層性をもって編成されていたことを明らかにした。そして、鈴木の提起した府官制について、「当該期の百済が百済王を府主とし、その配下に長史・司馬・参軍を恒常的に配し、それによって百済を統治するという支配体制であったとは考えられない」として、長史・司馬・参軍などの府官は「あくまでも対中国王朝外交においてのみ、臨時的に冠されたものであったに過ぎない」として、むしろ坂元説の妥当性を説く。さらに「複雑な様相を呈していた百済王権を、中国王朝の府官制という枠組みで理解しようとすること自体が不可能」とまで述べ、百済の例を踏まえて導き出された倭国の府官制についても見直しの必要性を説く（井上二〇二〇）。

けれどもこれらの批判で問題となるのは、鈴木氏の「府官制」が「中国王朝の府官制という枠組み」などと置き換えられていることである。おそらくここには誤解がある。鈴木説は、将軍府の開設を契機に、王権が将軍号・太守号などの中国官爵を主体的・独自に解釈・利用して軍事的・行政的な政治秩序を形成する体制を論ずるものだから、そもそも中国王朝の府官制の枠組みに限定した議論ではない。一方、井上氏の研究も、百済の長史・司馬・参軍らが併せ持つ将軍号・太守号が百済王権の支配体制・階層構造と結びついて機能したことを明らかにしたものだから、実際は鈴木氏の「府官制秩序」の指摘と重なる点が少なくない。同様に、河内氏も倭国の府官制を「渡来系人士の統治技術を取り込もうとする倭国王との君臣関係の形式」と、府官に限定して定義しているから、鈴木説への批判としてはかみ合っていない。

一方で、高句麗に関する井上氏の指摘は「府官制秩序」の存在を否定しうるもので、これを踏まえ、日本史からも倭国の「府官制秩序」の再検討の必要性が主張されている（廣瀬二〇一七）。けれども倭国は百済同様、倭王が中国官爵を臣僚に仮授し、倭王を軸とした平「西」将軍に王族を任じるなど、そうしたこと自体が不明確ゆえに実職・虚職が論争となる高句麗とは次元が異なる。集安出土文字瓦の「将軍」は名も省略されており、具体的な将軍号を省いた可能性が排除できないと思うが、とにかくこの場合は、高句麗より百済の状況が考慮されるべきであろう。

以上のように、研究史上は「府官制」の概念・定義に混乱・齟齬が見られるが、少なくとも百済や倭国では、近年の研究からも、五世紀の王権が対中外交と中国官爵を利用して王を中心とした政治秩序を形成していたことを否定しうる根拠を見いだせない。鈴木氏の「府官制秩序」は、特に仮授・除正体制に注目したものだが、これは対中外交や府官・中国官爵の存在を、対外的意味としてのみ捉える見解が広く受け入れられていた研究状況に対して、国際的契機論の立場から、その内政との不可分性、国内秩序への規定性を論じた点が重要だと考える。また鈴木氏は、これ以前の三世紀、魏が倭王の臣僚に率善中郎将・率善校尉を与えていたことにも触れ（『魏志』倭人伝）、これが皇帝との関係において成立するものであったのに対し、五世紀は「必ず倭王を媒介とする間接的かつ重層的関係をもって授与される形式へと変化した」とする（鈴木二〇一二）。こうした史的段階的差も留意すべきだろう。

ただし「府官制秩序」は、「府官制」という語によって、中国的な府官に限定した論との印象を与えている。そもそも府官の設置も王に将軍号が与えられたことを根拠とする。そこで以下では、これを「中国官爵を利用した王権秩序」として論じたいと思う。

(3)郡太守号と人制

中国官爵を利用した王権秩序は、王統の切り替わりが想定される五世紀半ばの済の時代、臣僚への仮授・除正の数が増え、郡太守号が加えられるなど、拡充する。

一方、百済では、余毗《よひ》（毗有王《ひゆうおう》）時代の四五〇年、府官の長史の馮野夫《ふうやふ》に「西河太守」を仮授し、宋にその除正を求めるまでこうした動きはみえない。しかもそれが積極化するのは、四五五年に即位した次王の余慶《よけい》（蓋鹵王《がいろおう》）の時代まで下る。すなわち余慶は四五八年、王族の余紀ら一一名に「右賢王」「左賢王」などの王号と「征虜」「冠軍」などの将軍号を仮授し、宋に除正を求めたが、このうち王号は認められず各将軍号のみ認められた（『宋書』百済国伝）。また余慶は四七二年の北魏への遣使でも、「冠軍将軍・駙馬都尉・弗斯侯・長史」の余礼と「龍驤将軍・帯方太守・司馬」の張茂を派遣している（『魏書』百済伝）。

このように百済の臣僚への中国官爵の利用は倭国より遅れ、これを倭国の影響によるとする見解もあるように（坂本一九七八）、少なくとも倭国における中国官爵の臣僚への拡充を、百済の影響から説明することはできない。しかも百済の中国官爵の活用は、倭国のような将軍号・太守号だけでなく王号・侯号も用い、百済をとりまく情勢や中国王朝への配慮を踏まえて展開していた（井上二〇二〇）。「王」や「侯」などは官職ではなく爵位にあたるが、倭国の場合、倭「王」以外は爵位を持たず、百済とはその構成も異なっているのである。

したがって、百済や東晋・宋代の中国で太守号が府官に与えられたことを根拠に、済王段階に登場する郡太守号も中国系府官に与えられたものとする見解があるが（河内二〇一五a、井上二〇二四）、こうした議論には疑問がある。中国の太守は府官に限定した官ではないし、構成の異なる百済の例をそのまま倭国にあてはめることも問題があると思われるからである。なお百済王は、東晋からは咸安二（三七二）年に鎮東将軍領楽浪太守を授与されていた（『晋書』簡文帝記）。倭国の太守号が宋制に基づくのは当然としても、その意味については、これを仮授した王権側の状況を踏まえた議論が求められよう。

ここで百済の太守号について少し触れておくと、中国系府官に限定して与えられた太守号は帯方・楽浪のように、中国王朝が東方支配のために設定した地名を冠した。西河・清河・広陽・広陵・城陽などは中国長江以北に求められるから、中国系府官の出自やアイデンティティともかかわるものかもしれない。しかし王号・侯号は、百済南西部を中心とする実際の地名を冠し、これらはまず王権の中枢を担う百済王の近親者・王族に与えられ、次いで王族以外の貴族層に拡大した（井上二〇二〇）。つまり百済では、太守号を持つ中国系府官層を、他の在来支配層と区別して支配者集団を形成させる施策がとられていたのである。これは、彼らに中国由来の姓と文化を継承させることで、対中外交を担う人々を維持・再生産する施策とみられる。一方、倭国では中国系の姓や文化が維持された形跡がなく、こうした施策はとられなかった（田中二〇一九）。しかも倭国において個別の地名を冠した地方官を示す中国官爵の仮授・除正は太守号のみであるから、倭国と百済では、中国官爵を利用した地方官の置き方や意味が大きく異なっていたとしなければならない。

けれども、倭国の郡太守は『宋書』倭国伝で済王が臣僚二三人に「軍・郡」を求めたとあることで知られるのみである。他国の例を参考としえない以上、その具体像を史料から明らかにするのは難しいが、論理的には、地方官たる太守号の冠した地域名は、「南朝鮮の支配にたずさわったもの」か（坂本一九七八）、列島諸地域の地名にちなむものか（鈴木二〇一二）、あるいはその両者をあわせたものとなるだろう。

ただし、この問題と関連して、五世紀中葉の倭王権が、人制に示されるように、地方首長層との結びつきを前代以上に強化していたことは注目してよいと思う。

【江田船山古墳出土大刀銘】
治天下獲□□□鹵大王世、奉事典曹人名无利弖、八月中、用大鐵釜、并四尺廷刀、八十練、□十振、三寸上好□刀、服此刀者、長壽、子孫洋々、得□恩也、不失其所統、作刀者名伊太□、書者張安也

【稲荷山古墳出土鉄剣銘】
(表) 辛亥年七月中記、乎獲居臣上祖名意富比垝、其児多加利足尼、其児名弖已加利獲居、其児名多加披次獲居、其児名多沙鬼獲居、其児名半弖比
(裏) 其児名加差披余、其児名乎獲居臣、世々為杖刀人首奉事来至今、獲加多支鹵大王寺、在斯鬼宮時、吾左治天下、令作此百練利刀、記吾奉事根原也

【稲荷台一号墳出土鉄剣銘】
(表) 王賜□□敬□
(裏) 此廷□□□□

図2－4　五世紀の刀剣銘文

人制は、漢字表記上は「典曹人」だけでなく「書者」「作刀者」(江田船山古墳) のように「△△者」も含んだもので、各地の首長とその配下の人々、渡来系技能者などが「△△」部分に示される職掌をもち大王のもとに上番・参集し、王宮や王権の工房で仕奉する体制である。稲荷山古墳出土鉄剣銘の内容からみても、その成立は五世紀中葉までさかのぼる (田中二〇一三、二〇一五)。三〇㍍規模の円墳に過ぎない千葉県市原市稲荷台《いなりだい》1号墳から出土した「王

賜」銘鉄剣は、五世紀中葉のものとされるから、こうして強化された地方首長層の王権への上番奉仕によって入手されたものの可能性があるだろう。すなわち、五世紀代に属する信頼すべき文献史料からは、王権（中央）と地方の関係を強化する人制の登場時期は、地方官たる郡太守号の登場時期と重なることが確認できる。郡太守号に、列島外の地域名を冠すものが含まれていたかどうかは不明とせざるを得ないが、少なくとも当時の王権と列島各地の関係強化を反映し、列島内地域名を冠するものがあった蓋然性は極めて高いといえるだろう。地方であっても全国屈指の規模の前方後円墳被葬者については、太守号が将軍号などとともに与えられた可能性も考えられてよいように思う。

また以上のように理解するならば、人制の登場は僚属制的政治秩序の拡充の動きとも関連すると考えねばなるまい。筆者は、「杖刀人首」のヲワケを、稲荷山古墳を造営した北武蔵の有力首長の子弟で、中央に出仕し、ワカタケル大王のもとで阿倍氏系前身集団の首長の統轄を受けて活躍した人物と理解する。また一二二㍍の東国屈指の規模を持つ稲荷山古墳を営んだ北武蔵の有力首長は郡太守となりうるクラス、「杖刀人首」の上に立つ阿倍氏系前身集団の首長は有力な将軍号を与えうる階層とみて不自然ではない（田中二〇一三・二〇一五）。稲荷山古墳造営者や阿倍氏系前身集団の首長に将軍号や太守号が仮授されたかどうかを史料から確認できないが、少なくとも「杖刀人首」を、王号・将軍号・郡太守号を含む中国官爵を利用した王権秩序の下部に僚属するとみても、階層的・構造的矛盾は生じないと考えるのである。

三　対中外交の意味とその途絶をめぐって（論点3）

（1）『宋書』の曖昧な記述をめぐって

五世紀の倭国の対中外交と中国官爵を利用した政治秩序の展開については、上記のほか、史料上の曖昧さや内容的なズレについても、いくつか整理・確認しておくべき問題がある。

まず『宋書』の本紀には、宋に遣使した倭王の名がみえず、また『宋書』倭国伝に対応記事もないため、遣使主体が誰なのか不明な記事が三条ある。一つは『宋書』文帝紀・元嘉《げんか》七（四三〇）年正月是月条の、「倭国王」の遣使である。『宋書』倭国伝は元嘉二（四二五）年に讃の遣使を記し、『宋書』文帝紀元嘉一五（四三八）年四月己巳条は倭国王珍が安東将軍に除せられたとあるので、その間に挟まれる「倭国王」は讃か珍のいずれかとなる。二つめは『宋書』孝武帝紀・大明《だいめい》四（四六〇）年一二月丁未条の「倭国」からの遣使である。この使節は、『宋書』文帝紀や『宋書』倭国伝に元嘉二八（四五一）年七月の済の遣使が記され、『宋書』孝武帝紀や『宋書』倭国伝には大明六（四六二）年三月に興が遣使貢献して安東将軍・倭国王に除せられたとあるから、済か興のいずれかとなる。これら上記二条については、珍が初めて除正されたのが四三八年、興が初めて除正されたのが四六二年とみられるから、四三〇年の遣使は讃のもの、四六〇年の遣使は済のものとしてよいだろう（坂元一九七八など）。三つめは『宋書』順帝紀・昇《しょう》明《めい》元（四七七）年一一月己酉条の「倭国」からの遣使である。この使節は、『宋書』倭国伝・孝武帝紀によって大明六（四六二）年三月に興に安東将軍倭国王が授けられ、『宋書』倭国伝・順帝紀によって昇明二（四七八）年五月に武に安東大将軍などの除正があったことが分かるから、興か武のいずれかである。これについては、諸説と関連史料を整理して、武王が昇明元（四七七）年一一月に入朝し、翌年五月に除正されたとする廣瀬憲雄氏の理解が妥当だろう（廣瀬二〇一八）。廣瀬氏が指摘するように、昇明元年の「倭国」の遣使を興とみるのは、上表文の内容からも、ワカタケル大王がみえる「辛亥年」（四七一年）の稲荷山古墳出土鉄剣銘を踏まえても、無理がある。なお、ワカタケルを武とみて問題ないことは、近年、鈴木氏があらためて確認している（鈴木二〇二〇）。

それから、伝と本紀で記述が一致しないものがある。すなわち済王の元嘉二八（四五一）年の遣使に関し、『宋書』倭国伝は「安東将軍は故の如し」とするが、『宋書』文帝本紀・元嘉二八年七月甲辰条は「安東大将軍に進号す」とし、いずれかが誤っていることになる。これについては、石井氏が諸説や関連史料を整理しつつ、伝は「安東大将軍に進号す。王は故の如し」などと記されるべきものが、ある段階で誤脱したとする、史料構造分析上では説得的な説明を行っている（石井二〇一七）。この場合、前王済に認められた安東大将軍号を興は引継げなかったことになるが、興には済の使持節都督諸軍事号も与えられなかったから、前王の地位をそのまま継承できなかったことは間違いない。坂元氏は、興が大明六（四六二）年の遣使で「倭国王世子」（紀）としてみえることに着目し、興は済の要請によって宋朝から「倭国王世子」に叙せられており、四六二年の最初の遣使で父王の済が最初に授爵したのと同じ「安東将軍・倭国王」に封じられたと解釈する（坂元一九七八）。なお、例えば『宋書』大且渠蒙遜《だいそきょもうそん》伝には、北涼の国王蒙遜の王子を宋が「世子」に叙した例などがみえる。また河内氏は、興が安東将軍であるから、前王済も安東将軍にとどまったとみるが、興は「倭王世子」のまま朝貢したとみられ、国内でも即位が容易に認められない状況下で遣使を行ったのではないかとする興味深い指摘を行っている（河内二〇一八）。宋が興にまずは済王の最初の官爵を継がせたのは、やはり「世子」として朝貢していることが関係しているのではなかろうか。

最後に、『宋書』倭国伝が収載する武の上表文に「窃《ひそ》かに自ら開府儀同三司《かいふぎどうさんし》を仮し、其の余も咸《みな》仮授す」とある

「其の余」が何を指すか不明確なことである。しかしこれについては、武による臣下への官爵の授与とみるのが妥当だろう（廣瀬二〇一八）。

(2)五世紀の対中外交の復元

以上までの検討を踏まえて、倭国の対中外交の展開と中国官爵を利用した王権秩序の形成を年表として整理するならば、次のようになる。

・四一三年、倭国（讃か）、東晋へ遣使して方物を献ず。
・四二一年、讃、宋へ遣使して安東将軍に除せらる。
・四二五年、讃、安東将軍府の府官で司馬の曹達を宋に派遣し、表を奉呈し方物を献ず。
・四三〇年、讃、宋へ遣使して方物を献ず。
・四三八年、讃の弟の珍、宋へ遣使貢献し、使持節都督倭・百済・新羅・任那・秦韓・慕韓六国諸軍事、安東大将軍、倭国王と自称して上表し、安東将軍、倭国王に除せらる。倭隋等一三人の平西・征虜・冠軍・輔国将軍号の除正も求め、認められる。
・四四三年、済、宋へ遣使奉献し、安東将軍、倭国王となる。
・四五一年、済、宋へ遣使し、使持節都督倭・新羅・任那・加羅・秦韓・慕韓六国諸軍事、安東将軍大将軍が進号される。また臣僚二三人の将軍号・郡太守号の除正を求め、認めらる。
・四六〇年、済、宋へ遣使して方物を献ず。
・四六二年、「倭国王（倭王）世子」の興、遣使貢献し、安東将軍、倭国王に除せらる。

・四七七―四七八年、興の弟の武、宋へ遣使し、使持節都督倭・百済・新羅・任那・加羅・秦韓・慕韓七国諸軍事、安東大将軍、倭国王と自称し、また自ら開府儀同三司を仮し、臣僚にも官爵を仮授して上表し、使持節都督倭・新羅・任那・加羅・秦韓・慕韓六国諸軍事、安東大将軍、倭王に除せらる。

このように古墳時代中期の対中外交を利用した王権秩序形成の歩みは、四一三年に東晋との交渉を開始し、讃が安東将軍に除されて将軍府を開くと、曹達などを府官に任じ、宋との外交にあたらせたことで軌道にのったことが看取される。讃は宋への遣使間隔も五年以内に三回繰り返すなど、他の五王の中で最も頻繁である。また讃が宋に派遣した司馬の曹達は、百済などを介し渡来した晋をルーツとする中国系人士層で、府官に任用されて対中外交にあたり、外交文書の作成も担った。百済と倭国は、王のもとで対中外交の要となる中国系府官を共有し、外交戦略の歩調を合わせていたとみられる（田中二〇一九）。したがってこうした人々の倭王権への関与は、四二五年の曹達の派遣から始まるのではなく、百済との同盟関係を背景に、それ以前の倭王権の東晋との外交からあったであろう。

次の珍が、自身の臣僚にも将軍号を仮授しその除正に成功して王権の政治秩序を発展しえたのは、讃の「安東将軍、倭国王」と対中外交を担う中国系人士層を引き継ぐことを前提とし、つまりは讃が安定化させた倭王権と中国南朝との外交関係を継承し得たからである。讃―珍と、済―興―武が異なる王統・系譜にあったとみられるにもかかわらず、異姓間の王位継承を王朝交替とみなす中国に対し、「倭」姓を継承して政治権力の継続性を主張したのも（義江二〇〇二）、前王権の中国王朝との関係を引き継ぎ、その土台の上に発展を築こうとしていたからにほかならない。

(3)中国入貢の途絶

では、武王以降、倭王権の対中外交はなぜ途絶したのか。従来、その背景として、倭王権の自立的な成長が想定されてきた。すなわちこれを刀剣銘文の「ワカタケル大王」の「治天下」と結びつけて、王権支配の進展とともに倭国に独自の天下観が生まれ、その世界観と矛盾する中国王朝の天下からは主体的に離脱していった、とする理解が通説的位置を占めてきたのである（西嶋一九八五）。この解釈は、倭王武が上表文において仮授権をふるいながらその除正を求めた記述がないことや、この段階に「大王」号が確認できるようになること、さらには倭国が長期にわたり対中外交を途絶させたこととも整合的とみなされてきた。「大王」号の成立を倭王の倭国内での支配体制強化、権威上昇の反映とみて、武が中国王朝を中心とする「天下」から離脱し、独自の「天下」の支配を構想していたとする理解が、今日の古代史の有力な見方である（森二〇一〇など）。

武の「天下」には、五世紀中葉以降に列島各地の首長層を王権の政治秩序に積極的に取り込んでいったことが前提となっていたことは確かであろう（仁藤二〇二四）。しかし西嶋定生氏に代表される通説的理解には、中国王朝の天下と、それを「矮小化」した「倭国の領域」を意味する「天下」は「明らかに矛盾する」とし、「百済・新羅に優越する国家としての権威を獲得」するためには、「まず国内における倭王の位置を「治天下大王」にまで上昇させるとともに、その世界観と矛盾するところの中国王朝に対する遣使朝貢を廃止することは当然のこと」とする前提がある（西嶋一九八五）。けれども筆者は、倭王が独自の「天下」を構想すれば、それと矛盾する中国への遣使朝貢の廃止は「当然」とする前提は成り立ち難いと考える。なぜなら、倭国に先行して五世紀前半代に独自の「天下」観を形成した高句麗は、この時期、中国の冊封体制に参入し続け、六世紀前半に独自の「天」の思想を持つようになった新羅も、同時期に中国との交渉を開始しているからである。すなわち、当時の東アジアにおいて、中国の天下に参入したまま独自の「天下」を構想することは十分にあり得た。四七一年以前に大王の「治天下」を成立させながら、四七八年に自らを宋の天下の一隅に位置づける上表文を奉呈し、四七九年にも宋にとってかわった南斉に遣使を行ったとみられる武王権の在り方も、これらと同様に理解しうるものである（田中二〇一三）。また高句麗や倭が独自の天下を構想する直前、華北の非漢族諸国が次々と中華意識を形成していたことにも留意が必要であろう（川本二〇〇五）。これら諸国の国家意識は、正統王朝であるべき東晋との距離をどう位置付けるかによって異なり、また変化していたが、なかには成漢のように東晋と天下を分けるという意識を持った国もある（三崎二〇一二）。この時代は中国においても中華や天下が多極化していた。

また、武王権が臣僚へ官爵を仮授しながら、その除正を宋に求めなかったとする理解にも疑問がある。この解釈は、武の上表文が「窃《ひそ》かに自ら開府儀同三司《かいふぎどうさんし》を仮し、其の余も咸《みな》仮授し、以て忠節を勧む」で終わり、除正要求をうかがう文言が無いことによる（山尾一九八三）。けれども「仮授」は「除正」との関係で成り立つ概念であって、「除正」不要な臣僚への官爵授与の事実を、上表文中であえて「仮授」と表現して宋に明示する外交上の意味も必要性も全く見出し難い。『宋書』収載の武の上表文に省略があることは間違いないのだから（熊谷二〇一五）、「仮授」について、その除正を求める文がないのは、「仮」に対応する除正要求の部分が省略されていると考える方が適切であろう。

以上のように理解すると、「天下」を構想しながら南朝への遣使を維持した武王権が、実際は中国の天下からの主体的自立を志向していたと理解できる明確な根拠は見出せないことになる。

けれどもこの頃、倭国にとって対中外交の維持が困難な客観的条件は明らかに存在した。川本氏は、北魏が南朝から四六六年に淮北を、四六九年に山東支配を奪い、四八〇年代初頭にはその支配が淮南にまで達し、南朝の権威失墜が明らかなばかりか、倭国にとっては遣使ルートの確保が困難となっていたことを、遣使途絶の背景として指摘する（川本一九九八）。この指摘は、武王が四七一年以前に即位しながらしばらく遣使を行っていないこと、また上表文中にも百済経由での遣使ルートに困難があると訴えていることなどからも整合的である。ただし通交が不可能だったとまではいえないから、ここに原因を求めることに否定的な見解もある（河内二〇一五b）。けれども、倭国にとってその状況は単なる交通上の問題にとどまらない。南朝が、倭国の内政にも直結する朝鮮半島情勢、なかでも高句麗への牽制において、その影響力を大きく低下させたことを意味するからである。実際、高句麗の中国南朝への遣使は四六〇年代を境に減少し、特に宋滅亡後は極端に減る。一方、北朝への朝貢は四六〇年代から毎年のように行っている（井上二〇二一b参照）。つまり武が即位した頃、北朝は勢力を拡大させ、高句麗も北朝重視の外交を展開したが、南朝は南に押し込まれ、倭王権が内外政治を展開する上での後ろ盾となる力を失いつつあった。四七二年に救援を求めてきた百済を見捨て、高句麗を支持した北朝に乗り換える選択肢もない。筆者はこうした王権の直面する困難が、当時の朝鮮半島情勢の混乱やこれと結びついた首長間対立と相まって、ワカタケル、すなわち武の時代頃から、高句麗の「太王」の「天下」をモデルに、「大王」の「天下」を構想した重要な背景の一つになっていたと考える（田中二〇一三）。

おわりに

以上の考察を踏まえて、「はじめに」で提示した論点に関し、本章の結論をあらためて記すと、以下のようになる。

倭王を結集核として展開した支配層の朝鮮諸勢力との交流関係は、五世紀に入る頃には高句麗の圧倒的優勢のもとに圧迫され不安定化していた。このなかにあって倭王は、東晋との交流ルートが確保される環境が整った四一三年、遣使朝貢して、朝鮮半島との交流関係と密接不可分な倭国の政治体制を、中国の権威のもとで維持・安定化しようとはかる。こうして宋の時代になると、讃が「安東将軍・倭国王」への除正を根拠に将軍府を開き、次の珍は、自身の臣僚にも将軍号を仮授しその除正に成功して、中国官爵を利用した王権秩序を発展させた。五世紀半ばになると、朝鮮半島情勢の変動と連動し、旧来からの有力首長層の間で対立が深刻化して王統も切り替わる。ここにおいて即位した済は、「倭」姓を名乗り前代倭王と中国南朝との関係を継承し、郡太守号を取り入れ、人制も導入して、列島各地の首長層を王権の政治秩序に積極的に取り込んだ。しかし武の時代、権威も領域も縮小した中国南朝は倭王権の十分な後ろ盾とはなりえず、五世紀中葉に拡充された政治的秩序・政治体制を基礎に、高句麗の「太王」の「天下」をモデルとした「大王」の「天下」が構想されていった。こうして、武王後は対中外交自体を途絶させ、倭国では中国官爵も意味を失っていくのであろう。

【参考文献】

池田　温　二〇〇二「義熙九年倭国献方物をめぐって」同『東アジアの文化交流史』吉川弘文館、初出一九七七年
石井正敏　二〇一七「五世紀の日韓関係―倭の五王と高句麗・百済―」『石井正敏著作集』一、勉誠出版社、初出二〇〇五年
井上直樹　二〇二〇「5世紀後半の百済の王権構造―王号・侯号・太守号と将軍号―」上野祥史編『東アジアと倭の眼でみた古墳時代』〈国立歴史民俗博物館研究叢書7〉朝倉書店
井上直樹　二〇二一a「集安出土文字資料からみた高句麗の支配体制―府官制再考―」同『高句麗の史的展開過程と東アジア』塙書房、初出二〇〇七年
井上直樹　二〇二一b「高句麗の対北魏外交と朝鮮半島情勢」同右、初出二〇〇〇年
井上直樹　二〇二三「韓国高敞出土将軍号銅印考―六世紀前半の百済の支配秩序の一側面―」『年報　朝鮮學』二六
川本芳昭　一九九八「倭の五王による劉宋遣使の開始とその終焉」同『魏晋南北朝時代の民族問題』汲古書院、初出一九八八年
川本芳昭　二〇〇五『中華の崩壊と拡大―魏晋南北朝―』〈中国の歴史05〉講談社

木村　誠　二〇〇四「新羅国家生成期の外交」同『古代朝鮮の国家と社会』吉川弘文館、初出一九九二年

熊谷公男　二〇一五「倭王武の上表文と五世紀の東アジア情勢」『東北学院大学論集』〈歴史と文化〉五三

河内春人　二〇一五ａ「倭国における南朝官爵の史的意義―叙任権と叙爵権を中心に―」同『日本古代君主号の研究』八木書店、初出二〇一〇年

河内春人　二〇一五ｂ「倭国における「天下」観念」同右、

河内春人　二〇一八『倭の五王―王位継承と五世紀の東アジア―』中央公論新社

坂元義種　一九七八『古代東アジアの日本と朝鮮』吉川弘文館

鈴木靖民　二〇一二「倭の五王の外交と内政」同『倭国史の展開と東アジア』岩波書店、初出一九八五年

鈴木靖民　二〇二〇「五世紀の倭国と東アジア」同『古代の日本と東アジア』勉誠出版、初出二〇一八年

武田幸男　一九七五「平西将軍・倭隋の解釈」『朝鮮学報』七七

武田幸男　二〇〇七『広開土王碑との対話』白帝社

田中史生　二〇〇五『倭国と渡来人―交錯する「内」と「外」』吉川弘文館

田中史生　二〇一三「倭の五王と列島支配」大津透ほか編『岩波講座 日本歴史』巻一・原始古代一、岩波書店

田中史生　二〇一五「倭の五王の対外関係と支配体制」島根県古代文化センター編『前方後方墳と東西出雲の成立に関する研究』〈『島根県古代文化センター研究論集』一四〉

田中史生　二〇一九『渡来人と帰化人』ＫＡＤＯＫＡＷＡ

田中史生　二〇二三「秦氏と宗像の神―「秦氏本系帳」を手がかりとして―」『「神宿る島」宗像・沖ノ島と関連遺産群特別研究事業成果報告書』

西嶋定生　一九八五「四～六世紀の東アジアと倭国」同『日本歴史の国際環境』東京大学出版会、初出一九八〇年

仁藤敦史　二〇二四「「治天下大王」の支配観」同『古代王権と東アジア世界』吉川弘文館、初出二〇一五年

橋本増吉　一九五六『東洋史上より見たる日本上古史研究』東洋文庫

廣瀬憲雄　二〇一八「倭の五王の冊封と劉宋遣使」同『古代日本と東部ユーラシアの国際関係』勉誠出版、初出二〇一四年
三崎良章　二〇一二『五胡十六国―中国史上の民族大移動（新訂版）』東方書店
森　公章　二〇一〇『倭の五王』山川出版社
山尾幸久　一九八三「倭王権と東アジア」同『日本古代王権形成史論』岩波書店
義江明子　二〇一一『古代王権論―神話・歴史感覚・ジェンダー―』岩波書店
李　永植　一九九三「古代人名からみた「呉」」同『加耶諸国と任那日本府』吉川弘文館

〔付記〕本章は、二〇二三年九月の濱田青陵賞授賞式・記念シンポジウムでの報告によるが、この報告は二〇二二年一二月の中国四国前方後円墳研究会第二五回研究集会での報告「文献からみた古墳時代中期と東アジア」（本報告の一部を中国四国前方後円墳研究会編『中期古墳編年を再考する』六一書房、二〇二四年に収録）の一部に基づいて行ったものである。

第三章　倭の五王と百舌鳥・古市

一瀬和夫

はじめに

前方後円墳は、三世紀に奈良盆地東南部で奈良県桜井市にある箸墓《はしはか》古墳が三〇〇メートルの墳丘の長さで造られてから、六世紀後葉の奈良県橿原市の橿原（見瀬）丸山古墳までその規模を保って造られた。

そのなかでも、古墳の墳丘が最も巨大化したのは五世紀前半である（図3－1）。三・四世紀は墳丘本体に丘陵の起伏をあててそれを利用して形作られていたが、四世紀末になって、平坦な台地の上で墳丘本体周囲に幅広い周濠を掘って内方に土を盛って造られることで墳丘は飛躍的に大きくなった。その広い台地は大阪平野の縁辺に求められた。大阪府藤井寺市津堂城山《つどうしろやま》古墳をモデルとして主導され、水平な台地に濠を掘りこむことで墳丘のかたちのイメージが正確に地形に残された。さらに、周濠外方は水をたたえるよう上面が水平・平坦になるように堤が設けられた。

前方後円墳の墳丘本体は単純な円と三角の組合せだが、その比率をかえることで時期や系譜、古墳間の格差が導き出せる。本体の規模だけでなく、周囲の濠や堤の整備の充実度でより格差は表現された。大阪府堺市の百舌鳥《もず》、藤井寺・羽曳野市の古市《ふるいち》という地はそれを実践、展開する場になった。

中国『宋書《そうじょ》』にある倭の五王の時間帯、古墳時代中期、五世紀の古墳墳丘の築造は、平坦な施工面を確実に手に入れ、その周囲もきれいに整え、三段築成の墳丘の設計が中段の裾もしくは下段の上肩に、まず忠実に現地におとして描かれることからはじまった。周囲に二重の幅広い堤までも設定する古墳もある。そうしたものが大阪府南部、大阪湾に面した台地上に百舌鳥、河内平野の南外縁の丘陵端・台地上に古市の地に群をなして造られたのである。

それらと倭の五王との関係はいかがであろうか。この百舌鳥・古市は同時代の日本列島のほかの地域を圧倒する古墳群となった。ちょうどそのピークに倭王讃は中国の宋に使いを送った。その後、古墳の築造規模が縮小するものの、遣使はかえって続いた。百舌鳥・古市古墳群の古墳築造年代後半期と宋書にある倭の五王の年代は重なり合うのだが、ここでは、一見、華やかな巨大古墳の築造に至るまでと、それとは違う支配方式に転換をうながして築造規模が衰退していった様子にここではくわしくふれる。

一　巨大古墳の築造へ

(1)古市の津堂城山古墳と百舌鳥の乳岡古墳

三世紀中ごろの箸墓古墳が墳丘長三〇〇㍍で出現して以来、奈良県天理市景行陵・奈良市神功陵・奈良市垂仁陵古墳としばらく同じ規模が続くが、その後、大和では二〇〇年ほどそのクラスの古墳築造が途絶え、次は六世紀後半の橿原丸山古墳だけになってしまう（図3－1）。

三七二年ごろ朝鮮半島では高句麗、百済、新羅の三国各勢力がととのい、東アジアでは各地域勢力がそれぞれのアイデンティティをしめし、互いの領有範囲を主張した。日本列島では抜きんでた大きな古墳はなくなり、四世紀後葉

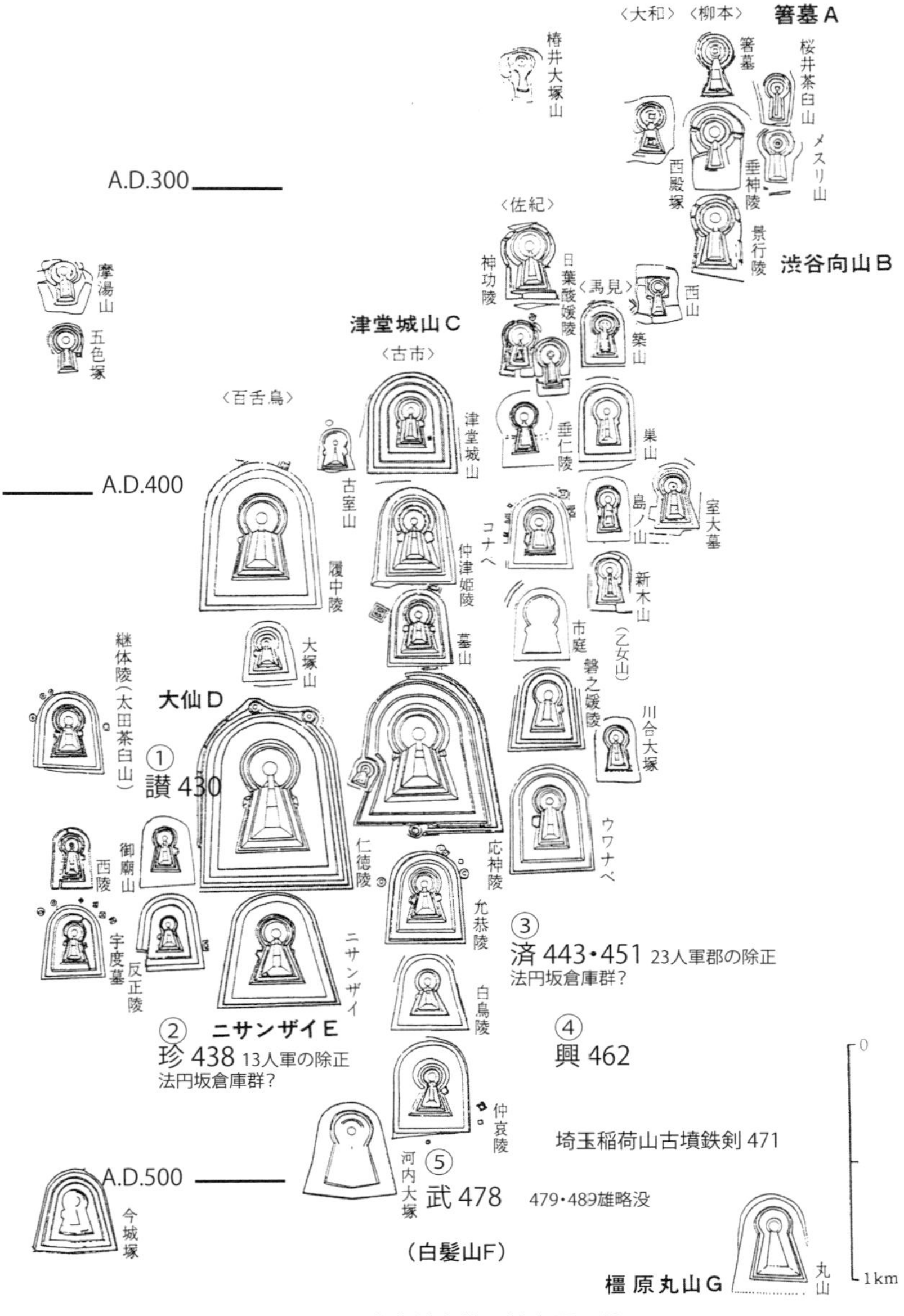

図３－１　畿内前方後円墳変遷・倭五王

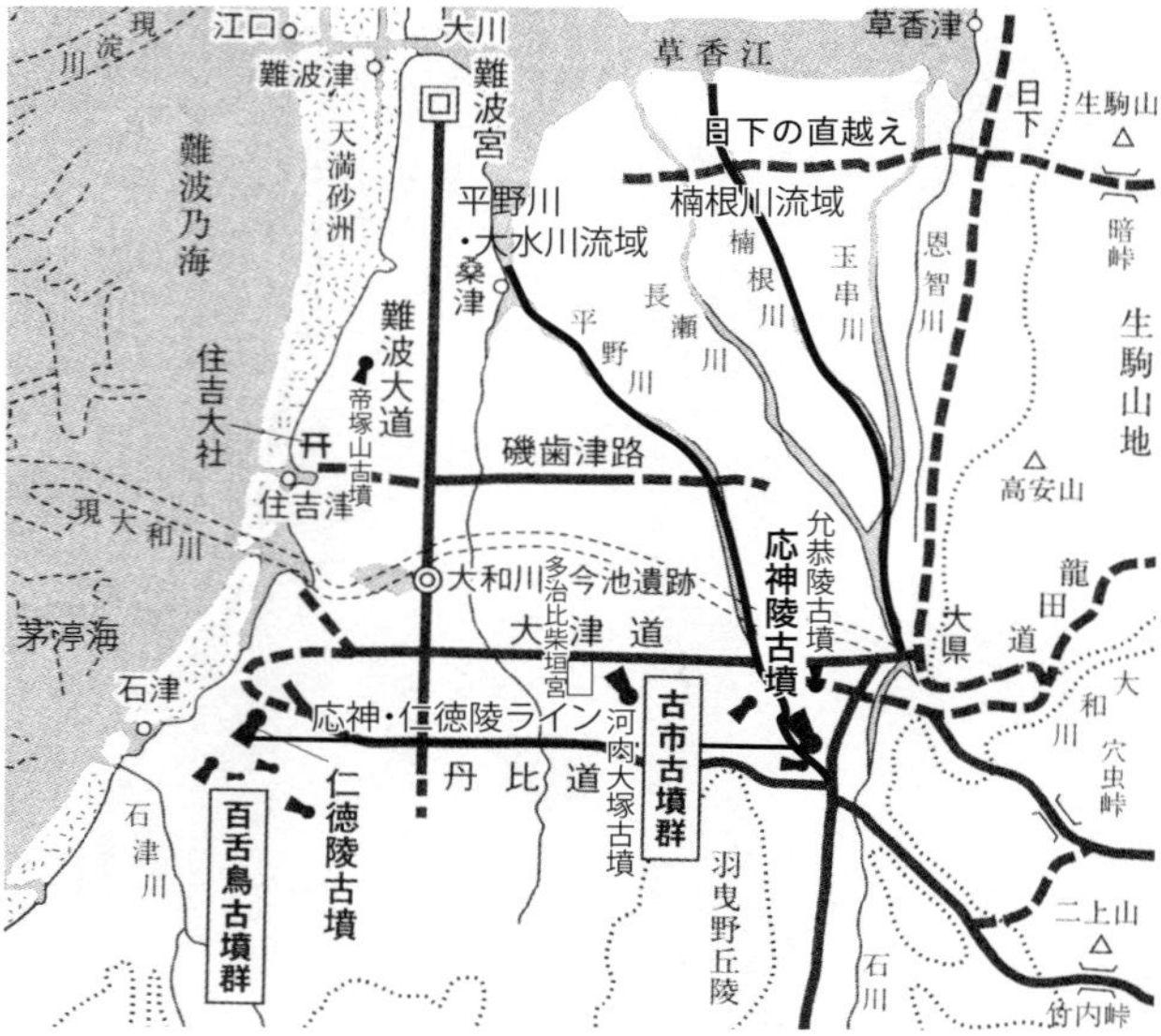

図３－２　百舌鳥・古市と古道と河川

には、大和・河内・和泉で二〇〇㍍ほどの前方後円墳が林立する。一方、前方後円墳が日本列島の北へ南へと波及し、墳丘長一〇〇㍍を大きく超える前方後円墳がさかんに築かれるのもこのころにある。北に一六八㍍の宮城県名取市雷神山《らいじんやま》古墳、南に一五四㍍の鹿児島県東串良町唐仁《とうじん》大塚《おおつか》といった古墳である。前方後円墳は乱立時代に突入していた。

そのつどの支配境界近くに大きな前方後円墳を造る向きがある。南北意識からすれば日本海側は北端という意識もある。近畿地方の丹後半島においては、京都府与謝野町蛭子山《えびすやま》1号墳の一四五㍍、次に京丹後市網野《あみの》銚子山《ちょうしやま》古墳の二〇一㍍と神明山古墳が一九〇㍍と並び築かれる。北陸地方でも福井県永平寺町手繰《てぐり》ヶ城山《がじょうやま》古墳の一三〇㍍、坂井市六呂瀬山《ろくろせやま》1号墳の一四三㍍のものがある。

そうした乱立状態で、大和から西方の河内平野においては、それまで優勢を誇った平野中央を流れる楠根川の流域を主とする東側勢力が衰え、大水川・平野川流域を主とする西側勢力が力を増す（図3－2）。その西側の高台に、農業だけでない専業性のある技術を持つ集団の墓域が新たに設けられる。大形円墳を中心としてまわりに小形方墳が群をなす大阪市長原《ながはら》古墳群に象徴される（図3－4）。同じく河内平野に面して津堂城山古墳は造られる。墳丘本体

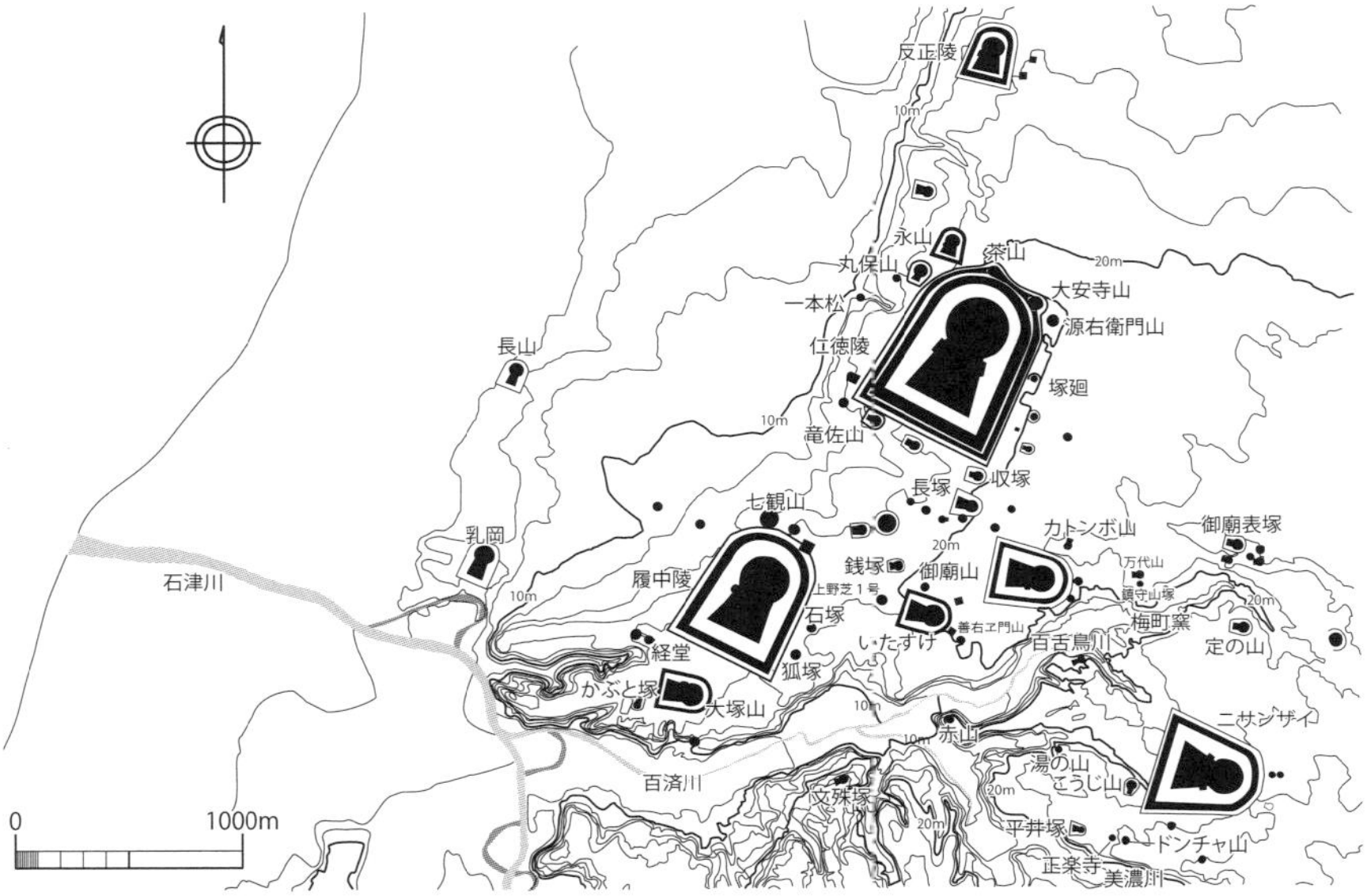

図３－３　百舌鳥古墳群分布

の大きさは二一〇㍍と同じ時期の奈良県広陵町の巣山古墳と変わらないが、周囲が飛躍的に整備される。周濠と堤がきれいに二重に整えられ、その総長は四五〇㍍になる。そして次の時期に、大水川をさかのぼって三〇〇㍍近い藤井寺市仲津姫陵《なかつひめりょう》古墳が他地域の古墳を圧倒して築かれる（図３－１）。弥生時代中期にはすでに、畿内大社会のネットワークの中核エリアとして河内・大和は一体化していた。そのエリア内では、三、四世紀の墳墓の築造は河内平野楠根川と大和盆地大和川の流域が中心主軸となり、その上流の大和に大型墳が造られていた。ところが四世紀末になって和泉・河内の西側にもふくらんだ。

　さて、より西側の大阪湾に面したところにも、新たな勢力の萌芽がみられる。まず当時の海岸線沿いに堺市長《なが》山《やま》古墳が築かれる（図３－３）。すぐ後に、その背後の石津川沿いの台地端上に一五五㍍を超える乳岡古墳が造られる。両者とも、葺石・埴輪を持った本格的なものだ。葺石の白がはえて大阪湾上から石津川の河口をしめ

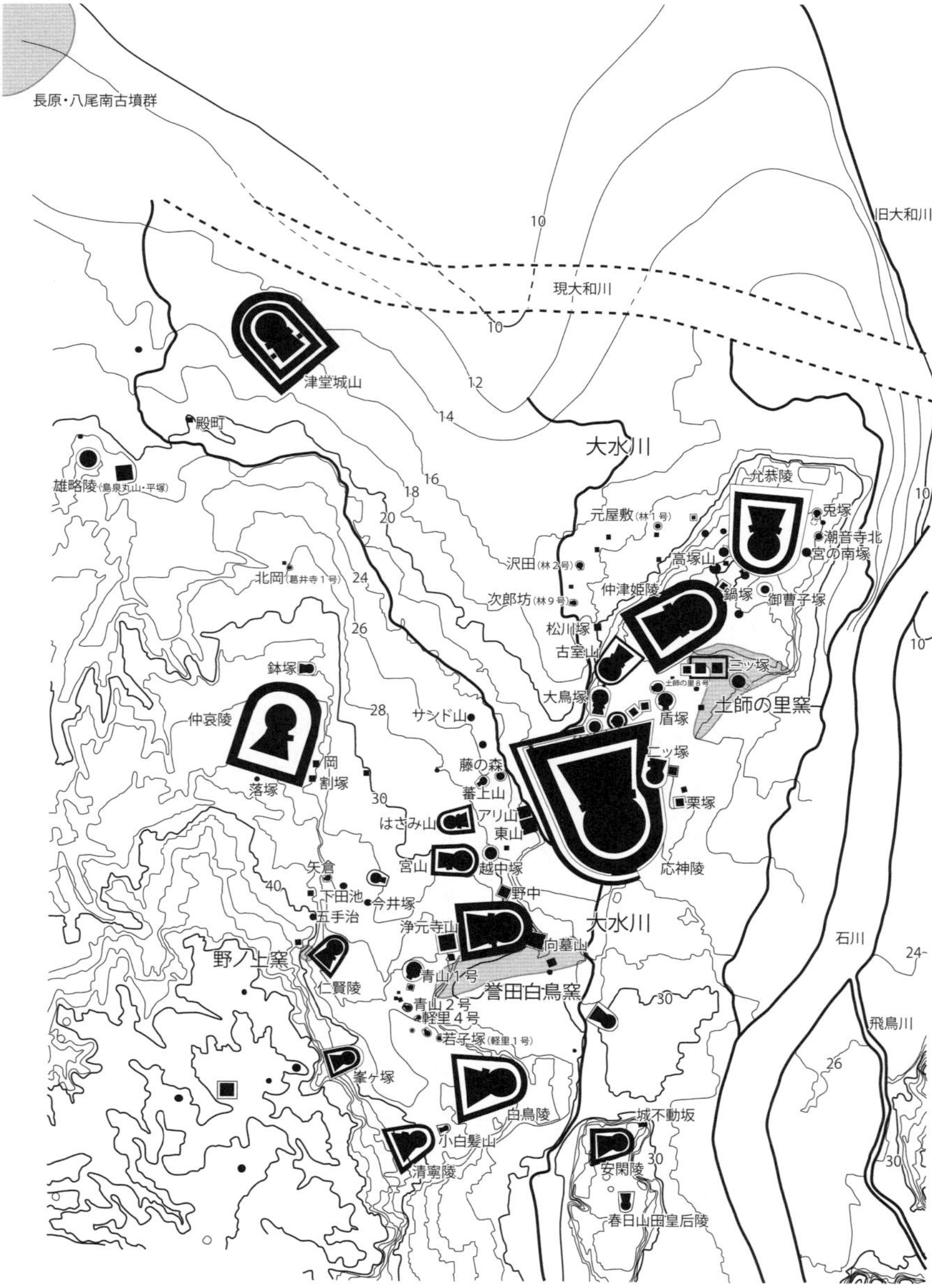

図３－４　古市古墳群分布（等高線の14m以下は古墳時代面を復原）

す灯台のような役割をはたしたことだろう。ここから北東側に進路を選び百済川をさかのぼると百舌鳥古墳群の造営現場に向う。上流には堺市大塚山・履中陵古墳などぞくぞくと古墳が築かれだした。その一方で石津川河口から南東側を選び、さかのぼっていくと森林地帯にさしかかる。そこでは日本最古の大窯業生産地帯である堺市陶邑《すえむら》窯跡群へたどり着く。百舌鳥と陶邑の造営・経営の大規模開発の拠点化の足がかりとなった。

この侵入口は、大阪湾から大和に向かうのに上町台地北端、河内平野中央東側のルートが主軸であったものが、新たに東西のルートの設定を導く。百舌鳥と古市はいち早く馬を利用し、陸路を通じて一体化した。

(2)仲津姫陵・履中陵古墳の巨大化

古市で三〇〇㍍近い仲津姫陵古墳、百舌鳥で三六五㍍の履中陵古墳の巨大化はほかの地域を圧倒した。これにより、二大巨大古墳群による新たなる支配体制ネットワークを象徴させ、方向づけた。これにはそれぞれ先行する古墳の造墓活動による人々の往来の基礎固めがあった。

巨大化した分、百舌鳥・古市の前半期の古墳は築造規模に明らかな差をつけて印象づけ、結果的に百舌鳥・古市古墳群はさまざまな古墳が集合した（図3－3・3－4）。大型墳周囲では田中琢のいう「衛星式陪塚《ばいちょう》」が顕在化する（田中琢一九九一）。陪塚と称される中小古墳が五世紀前半にさかんに造られ、より古墳の重層性を高め、衛星式陪塚は主墳に接して平面分布した（図3－5）。

やや視野を広くすると、百舌鳥古墳群の履中陵・仁徳陵古墳といった超広域型、大王墓が大阪湾にそって南北にならぶのに対して、和泉と上町台地あたりを基盤とした広域地域型が百舌鳥の地に東西にならぶ（図3－3）。これは堺市乳岡・大塚山・イタスケ・御廟山《ごびょうやま》古墳と四代続く系譜となる。日本列島各地が帆立貝式・円墳化して墳丘規模をおとす同時代の古墳に対して、墳丘長一五〇メートルを維持して優勢を誇った（乳岡系譜）（図３－10）。石津川から分かれ内陸に向かう百済・百舌鳥川の両岸に分布する。

以上、細かで相対的な階層性をしめした。具体的には、主従で密接な力関係のもとで、まずは埋葬施設が竪穴式石室でなく粘土槨・石棺直葬、そして墳形について重点的に規制された。

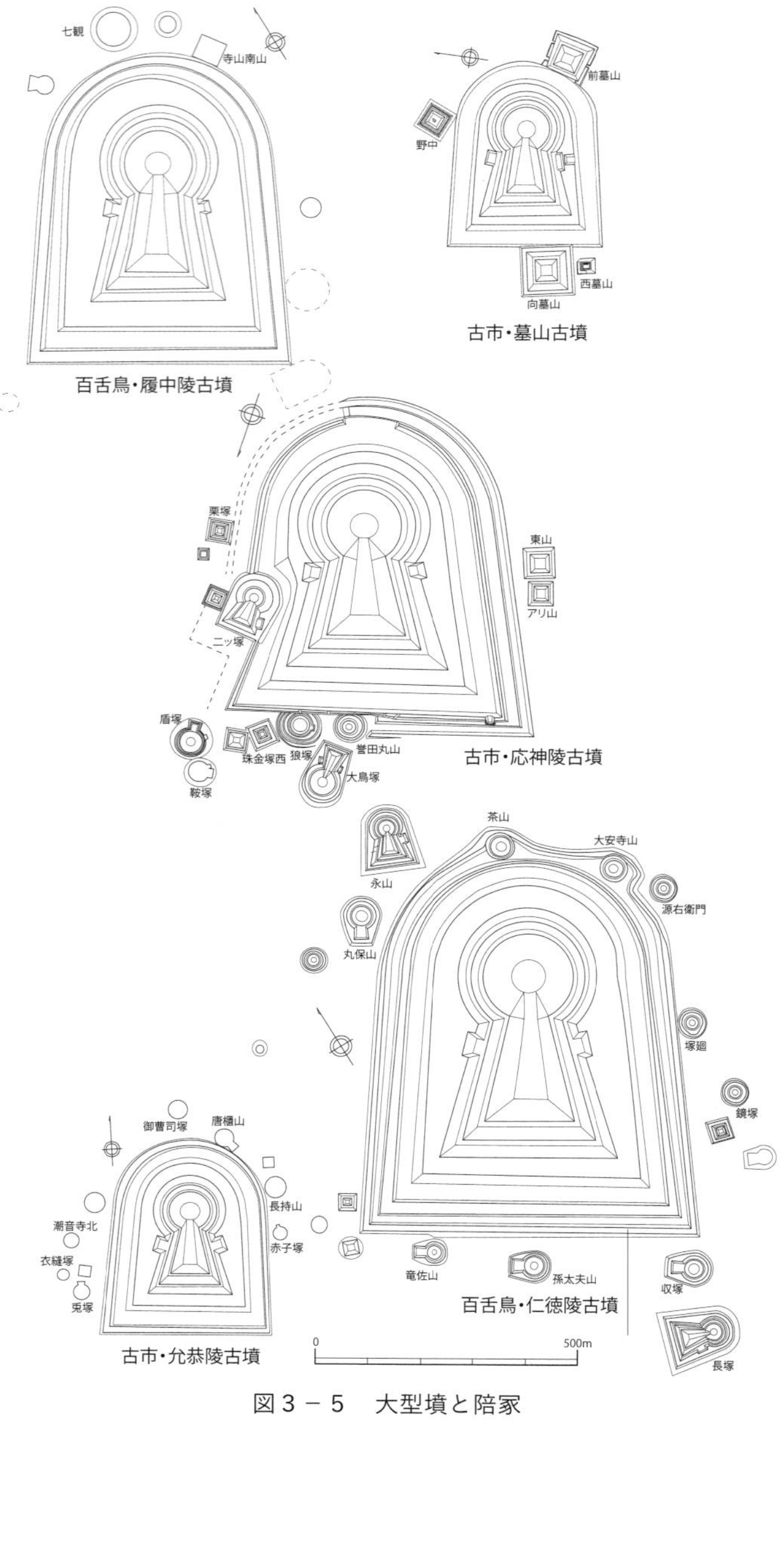

図３－５　大型墳と陪冢

こうした規制で地域的によくわかるのは、東北地方でこの現象が顕著である。西暦四〇〇年を境にして、前方後円墳からの円墳化が日本列島各地で目立つ。それよりもゆるやかに関係性をしめす場合には、その程度にあわせて前方部の大きさを徐々に制限していった。奈良県河合町などの馬見古墳群では、四世紀より墳丘長二〇〇㍍を維持してきたが（図3－1）、この時期になって五世紀初めの奈良県川西町島ノ山古墳から前葉はじめの河合町乙女山《おとめやま》古墳では一三〇㍍になる。両者は後円部径が一〇〇㍍と変わらないにもかかわらず、後者は前方部が短い帆立貝式になる。馬見は規制を受ける側であったことがわかる。

集団関係の状況に応じて、前方後円墳の前方部の縮小、省略、すなわち円墳もしくは造出し付き、または方墳へと墳丘規制が計られた。しかし、それは絶対的なものでなく、相対的にきめ細かい集団間の力関係や親密度を微妙に反映した格差づけにとどまっていた。

大型墳の周囲の「衛星式陪塚」ととらえる中小墳の性格については、まずは主墳と同じ時期の人体埋葬を伴わない副葬庫の役割を持つものが付加施設としてある。殉葬でなく、主墳にやや遅れて築かれるものが多いのが陪葬墳である。さらに、あとの時期に同じ系譜なのだが墳形が変わって縮小して築かれる後続系譜墳、ほかに近接してあった先行墳、時期がかなり外れる後出墳がある。前者ほど計画・規則的な配置で、後出するものは、主墳が利用した微高地もしくは尾根筋から派生する微高地の残地形の高いところに墳丘をあてるために不規則なものがある（図3－6）。

五世紀前葉という時期は、畿内政権の中核が河内南部と大和にあったものが、西側の百舌鳥・陶邑のある和泉北部と強固に結びつくときである。まずその中核内で結びつきが特化される地域がある。百舌鳥・古市と関係が深いのは馬見・佐紀であり、乙女山古墳をのぞき二〇〇㍍規模を維持する。埴輪・墳丘形態からみれば、佐紀の奈良市コナベ古墳などは古市と関係が深い。

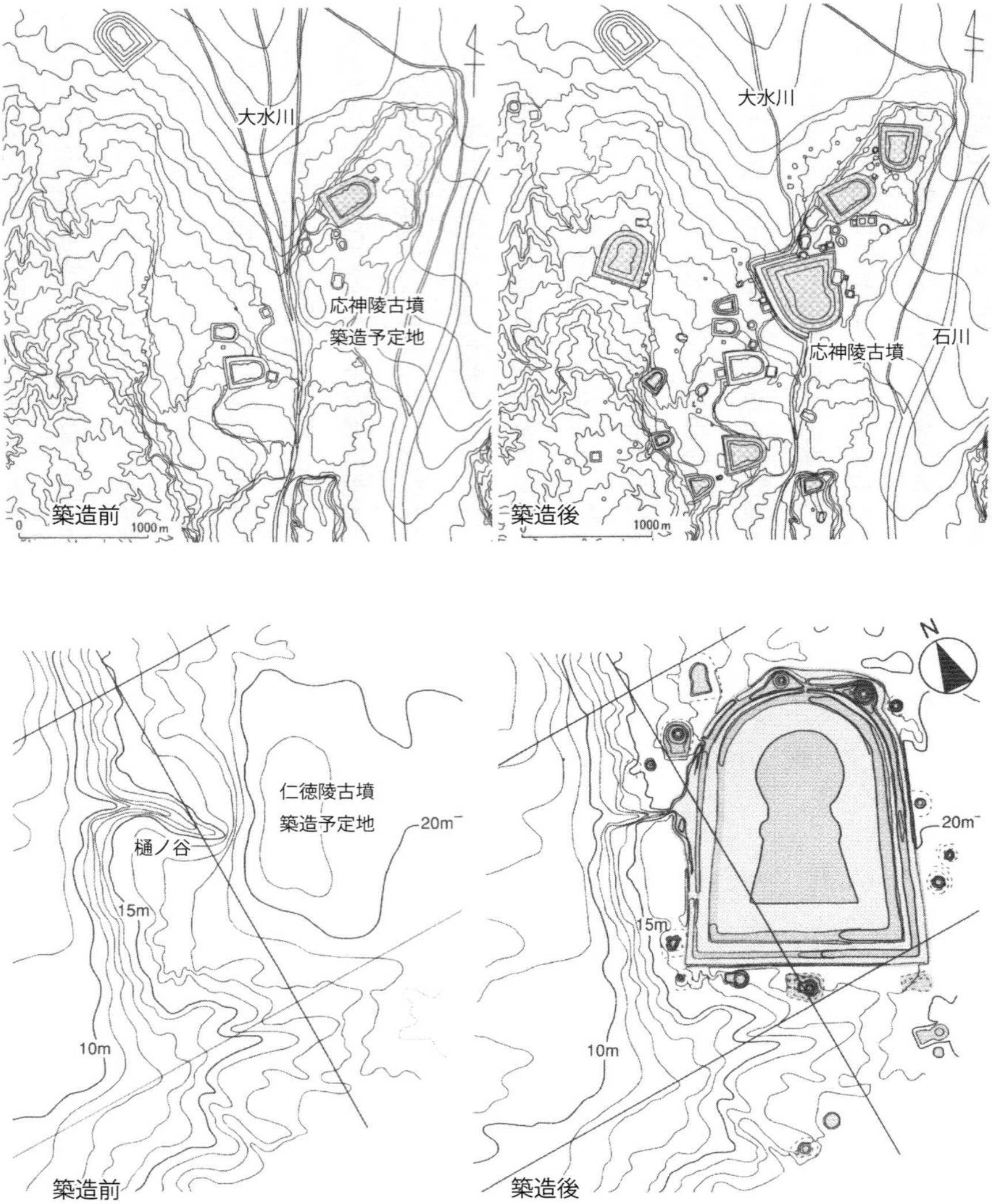

図３－６　応神・仁徳陵築造前後

畿内中核エリアの周囲、北側の淀川水系には三島・山城がある。前者は高槻市郡家車塚古墳の埴輪は古市や河内平野のものと似る。後者は百舌鳥・古市というよりは佐紀のコナベ古墳などとの関係が深く、まずは一二八㍍の京都府長岡京市恵解山《いげのやま》古墳がその影響をうけ、それが地域の墳丘モデルとなって城陽市久津川車塚古墳に引き継がれていく。南方には紀伊の八六㍍和歌山市車駕之古址《しゃかのこし》古墳と、東方には伊勢の三重県名張市美旗《みはた》古墳群がある。

ここでも畿内から遠距離のものに限って規模が大きいという傾向がある。吉備には二八二㍍岡山県総社市作山《つくりやま》古墳がある。墳丘本体は三〇〇㍍級だが、周囲の周濠や外堤は整備されない分、劣勢感が否めない。さらに離れ、関東では上野に二一〇㍍の群馬県高崎市太田天神山《おおたてんじんやま》古墳、九州では日向に一七六㍍の宮崎県西都市女狭穂《めさほ》古墳がある。すべて津堂城山C主導類型の影響をうける。主導類型は前方後円墳の墳丘変化の先端性と周囲に大きく影響力を持つもので、その初現はAの箸墓、Bは景行陵、Cは津堂城山、Dは仁徳陵の各古墳をモデルにする。ニサンザイはその次のEとなる。類型の呼称は、あとでふれる仁徳陵型といった型式名と混同しないように景行陵は渋谷向山《しぶたにむかいやま》、仁徳陵を大仙《だいせん》、清寧陵を白髪山《しらがやま》という地名をとった（図3―1）。

古市は森林資源が容易に手が届く平野周縁に手工業基地を設定した。百舌鳥の巨大古墳づくりと陶邑の最先端技術である窖窯《あながま》で焼く須恵器生産技術は、宮城県から鹿児島県までの地域で魅力的な存在となった。この方向づけは前段階からのもので、日本列島各地の特定地域で巨大化したのはこの段階となる。古市と百舌鳥は馬による往来で、上層階層の意図や情報はより迅速に結びつくようになった。

(3)応神陵古墳と吉備の造山古墳

窖窯で焼いた須恵器と埴輪をもって密集する小形方墳群の造墓活動が活発化するのは、四一五㍍を超える大阪府羽曳野市応神陵《おうじんりょう》古墳が築かれたときである。対する吉備勢力は、三五〇㍍の造山《つくりやま》古墳で肉薄する。両者ともに、墳丘の巨大化のにらみ合いのピークに達した。畿内中核エリアでも、必ずしも単独で安定した支配力には未だ至っていない相対的な位置関係にあった。日本列島はまだまだ同盟関係、そしておのおのの勢力がさまざまなパイプで中国大陸や朝鮮半島とのつながりを持つなかでの西方経営であった。

にもかかわらず、古市での巨大古墳づくりは、群エリア内ではこれ以上の最大の古墳の築造には限界があった（図3－6上）。応神陵古墳墳丘は、いろいろな地形をのみ込んで古市最大となったのである。つまり、墳丘本体は国府台地の西端の微高地にのせ、そのすぐ横を西流していた台地下の大水川の河芯のくぼみを古墳の西側内濠に取りこんだ。西側はそのため、ただでさえ低い堤部分に大幅に盛土し内堤を形づけるだけでなく、さらに西側に幅広い外堤を設けて大水川を迂回させた。一方東側は、内濠を掘削によってつくり出そうとしたが、前方部内堤計画場所にはすでに墳丘長一一〇㍍の前方後円墳の二ツ塚古墳が築かれていたため、内堤をくの字に折り曲げて墳丘内に取りこむ窮屈な設定となった（図3－5中）。

さて、応神陵古墳北東部にある二ツ塚古墳の周囲に集まる古墳を二ツ塚の系列としてとらえると、以降にその系列は順々に墳丘を小さくしていく（図3－5中）。まず、盾塚《たてづか》古墳の帆立貝式古墳化から、応神陵古墳に併行する蔵塚古墳は円墳に、珠金塚《しゅきんづか》古墳の一辺三〇㍍の方墳にまでになる。応神陵古墳もさることながら、周囲の古墳も残置に残った高いところをたくみに利用して、墳丘の規制も受けながら、その土地を埋めつくしていった。これら古墳は応神陵古墳と墳丘と重なるくらいに親密であったろうが、忠実な近親集団ゆえに極端に規制することなく順次、強められて墳丘が縮小した。とともに、この系列は応神陵古墳が完成すると、北北西の河内平野からの眺望は閉ざされ、東側に流れる石川流域だけとなる（図3－4）。古市の地は、畿内中枢、大水川と河内平野西側集団だけでなく、眺望から

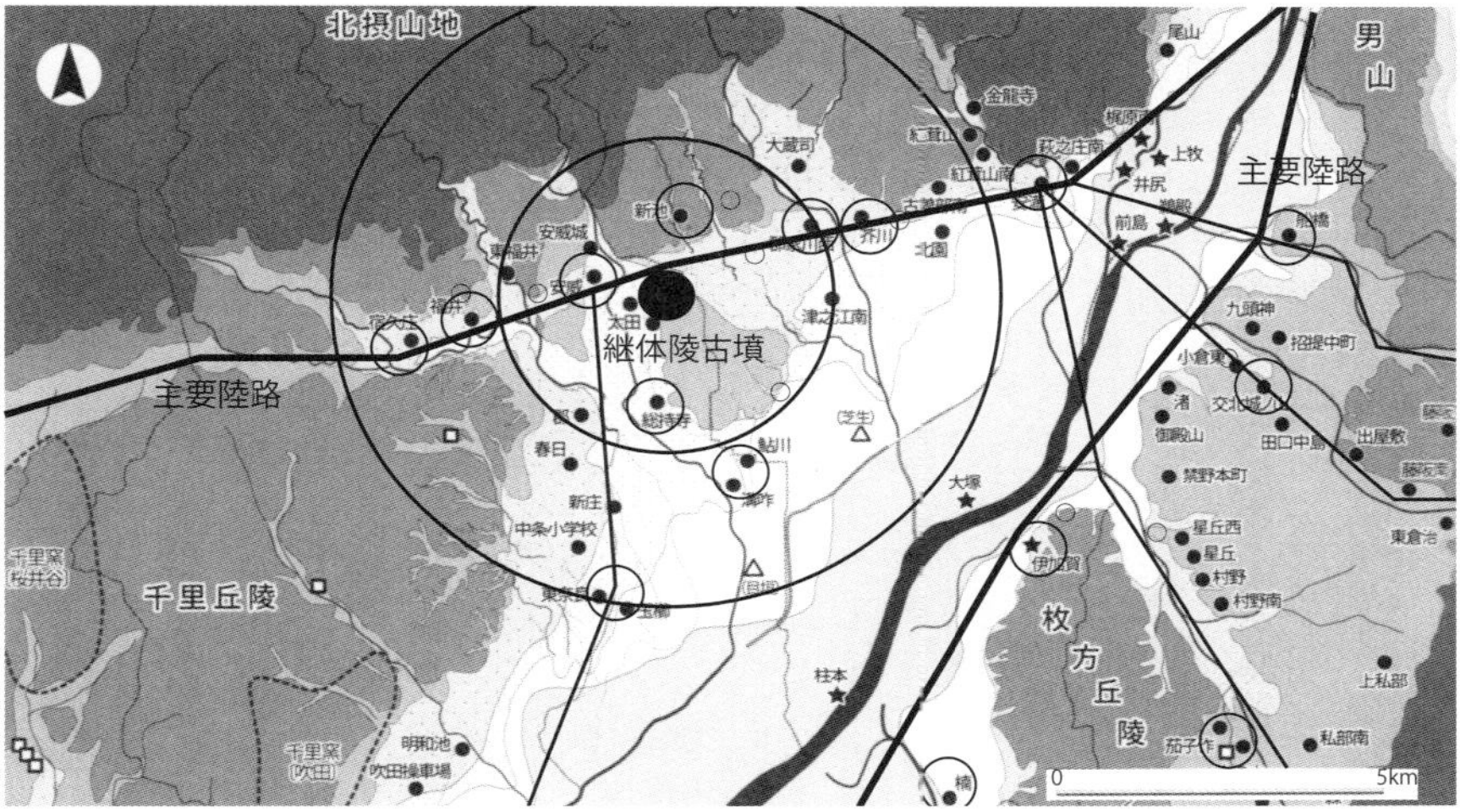

図３－７　継体陵古墳空間構造

みれば大和川や石川流域集団とも重層した古墳群であった。

応神陵古墳の西側側面には東山・アリ山古墳がある（図３－５中）。後者は一五四二本の鉄鏃を中心に武器・農工具を大量に埋納する施設である。左右対称の位置には一辺四五㍍の同規模の栗塚《くりづか》古墳がある。いずれも築造位置に応神陵古墳築造との計画性があることは、同一の埴輪が立つことからわかる。

こうした墳丘の変形や周囲の古墳の墳丘規制、墳丘外の付属方形施設の付加は、応神陵古墳の最大限の墳丘の増大思想と、ゆるやかではあるが、着々と進む他者との隔絶化への道のりが読みとれる。

応神陵古墳と同じころ、古市の西方に堺市黒姫山古墳が築かれる。一一四㍍の前方後円墳ではあるが、三段築成ではなく二段築成という一段少ない規制をうける。その前方部頂には副葬庫があり、二四領の甲冑、付属して鉄刀剣、鉄族、鉄矛がおさまる。鋲留短甲《びょうどめたんこう》をレディメイド化して大量生産した時期であった。整ったユニフォームで大きな単位の軍団を形成し、指揮をとっていたようだ。軍備を重要視する背景を強調する。そのための集中的な生産とそれに伴う手工業基地の存在が浮かび上がる。

三・四世紀段階、河内と大和との交流は、線状居住域化に伴って優勢な楠根川流域群の流域交通を主軸としていた（図3－2）。しかし五世紀はそれだけにたよることなく、大阪湾から南北・東西の直線で結ぶ陸路交通の主軸が加わった。ただし、車馬による大量輸送というわけには至らず、人馬に限定されるものの、支配層の畿内域での空間移動手段は大きく変わった。弥生時代中期以来、拠点となる集落は人の歩行行動パターンでしばられていたが、ここにきて目的によってはその移動距離・速度を飛躍的にのばした。それに引きずられて、地域社会の物質的な移動の集中・拡散をダイナミックなものにした。

『日本書紀』雄略九年条には赤馬伝承がある。応神陵古墳には少なくとも奈良時代まで、内堤の上に馬形埴輪が崩れずに残っていたようだが、にわかに応神陵古墳築造時期に各地で馬形埴輪が多く用いられるようになった。百舌鳥・古市からは北に外れるが、同じ時期の墳丘長二二六㍍の大阪府茨木市継体陵古墳のような占地例がある（図3－7）。この周囲の古墳は三・四世紀では丘陵端であった。五世紀になってその下の台地に移る。ただしその場合、ふつうは平野ぎわの台地端となるが、そうではなく、富田台地の根元なのだ。これは図3－7で主要陸路と示すラインの存在があり、淀川に面した集落でなく、活断層による地形の傾斜変換があり、千里丘陵の付け根を横切るところに位置するのである。今はそこに西国街道が走る。それと交差して安威川が西側に接してある。つまり、陸路が東西の集落をつなぎ、南北は丹波、淀川に通じる流路との十字路となって、物質を集中することができるという好立地を選んだ。

二　最大の墳墓の築造と中国宋への遣使

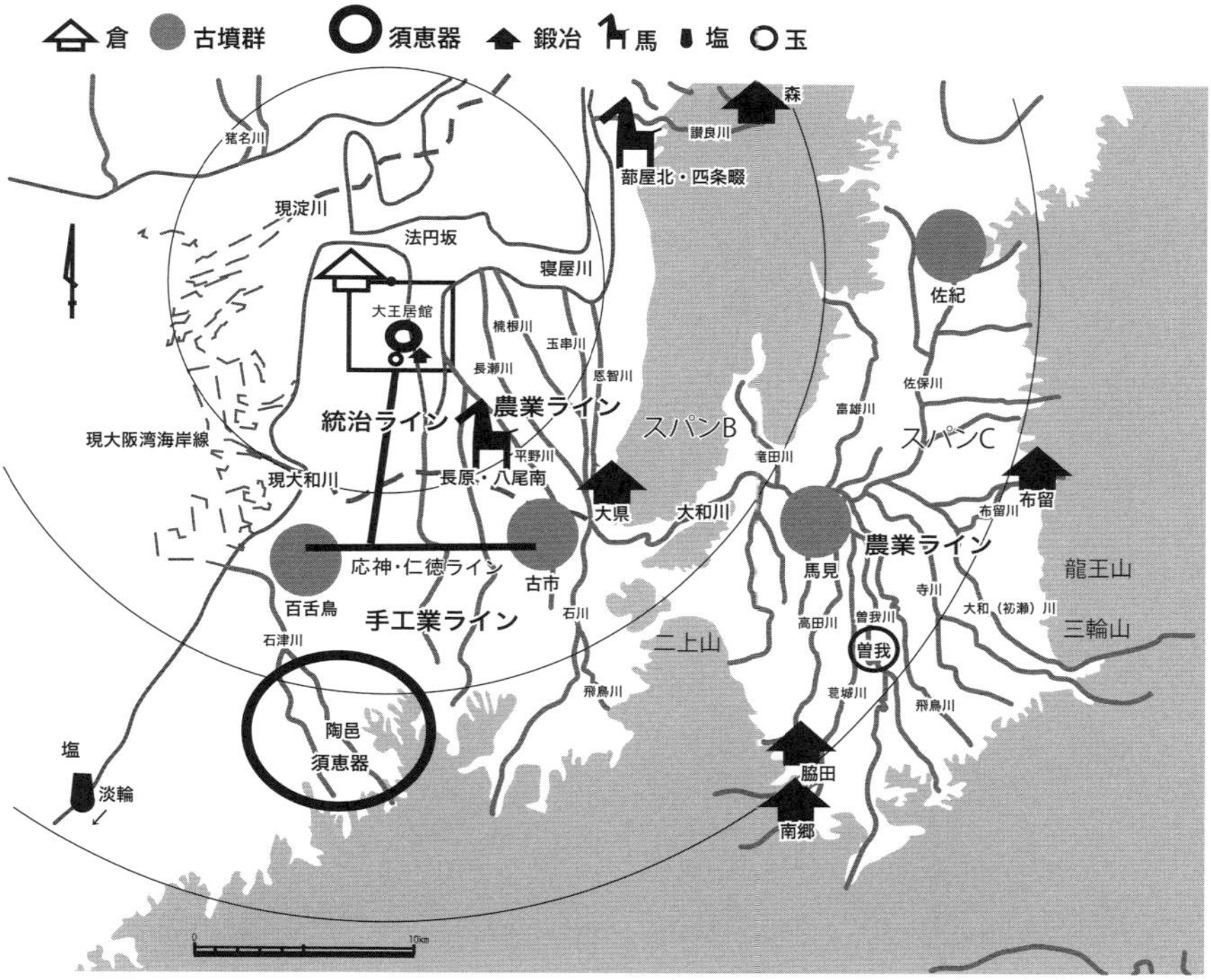

図3－8　仁徳陵古墳築造期の統治

(1)百舌鳥・古市の東西関係

仲津姫・履中・応神陵古墳の築造を通じて、五世紀に和泉北部・河内南部・大和が畿内中核エリアとして強固なまとまりを得るに至った。さらに、日本最大の墳丘規模を誇る仁徳陵古墳築造期には、和泉最南端の大阪府岬町淡輪古墳群まで拡大して五世紀最大枠の中枢部の空間支配コンプレックスを確立する。中核エリアは西縁が中心となって、古墳時代を通じて直接支配圏のつながりが最強となった（図3－8）。

その一翼を担った理由は、海上すぐの大阪湾を拠点としたことと、そこから内陸部への陸路の主軸が固まりつつあったことである。まず、四世紀末以降、大阪湾海上からの目標は、湾岸に葺石に白く覆われた乳岡・履中陵古墳が灯台的な役割を演じた。一九七一年に宮川徏氏などが百舌鳥・古市の主要古墳に連関規制があったと指摘した（石部正志ほか一九七一）。このときの相互の東西関係の設定は、後の長尾・竹之内街道を参照（図3－2）、基準にし、その推察では応神陵後円部背面・仁徳陵前面中央の両古墳を結ぶ線をほのめかしていた。この二古墳の築造は、和泉・河内のアップダウンのある南北に長くのびる台地・丘陵の連続に対して東西の見通しをつけて、東西を横切るための格好の精度の高いランドマークとなった（応神・仁徳ライン）。さらに、古市から大和に向くとき、東西に見通しがきく二上山、大和東南部の龍王・三輪山が目標となり、陸路はそれを目指して馬見の奈良県大和高田市築山古墳を東へ、流域では河合町川合大塚山・川西町島ノ山古墳を過ぎて東へ、布留川をたどると天理市布留《ふる》へ、そのまま初瀬川で山麓へは盆地にせり出す視認性のいい箸墓古墳がターゲットになった。王者のステータスシンボルとなった人馬の往来は、大阪湾からのこうした陸路を設けて活気づいた。

大きく西に向かった大和・河内の畿内中核エリアは、大和盆地での五世紀の三〇〇㍍級の古墳築造空白期をつくり、東西陸路を経由して造墓活動を大きく西側に偏心させた。古市・百舌鳥で巨大古墳の造墓域の東西ベルト地帯を設定するが、ここでやはり確認できるのは、弥生時代中期につちかわれた畿内大社会（酒井一九八二）、なかでも河内南・大和面帯の中心線にその由来を持つことである。弥生時代から古墳時代への過渡期にある二・三世紀の庄内期には、河内平野中央の流域交通主軸の活性化で、取り残されていたような位置にあった西の和泉は、五世紀に畿内中枢部のなかに明確に組み込まれた。それとともに、陶邑の須恵器生産の大型化が軌道にのり、大阪湾に面した石津川河口は古墳時代で最も人々の往来する、古墳造営と手工業の核となったのである。

(2)仁徳陵古墳の築造と統治空間配置

仁徳陵古墳は、応神陵古墳の前方部を長くすることで最大になった。最大であるということは墳丘規模増大のピークであったことを意味する。その造墓エネルギーを得るため、畿内中核エリアのまとまりがより強化された。しかも、この時期には応神陵古墳のときのように他地域で相並ぼうとする目立った古墳はなくなる。そのエネルギーをも自己造営のために吸収し得たときでもあった。二〇〇㍍級で相前後して築造されるのは、短期モデルである仁徳陵型（前方部が長い墳丘本体で、墳丘長：後円部径が二：一の長期の馬見型だが、それに加わって周囲に完周する周濠・堤が整備される）の墳丘型式のものである。畿内中核内の佐紀の奈良市ウワナベ、馬見の河合大塚、そしてこの段階でにわかに参入する淡輪の西陵古墳だけとなった。これらは中核圏内で大王と親密につながる豪族に限定された。

その時期は、埴輪や墳丘形態から五世紀第2四半期にあたる。似た時期に、墳墓以外ですこぶる巨大なものに一六棟からなる大阪市法円坂遺跡の倉庫群がある。これが完全に廃絶したあと、竪穴建物が建つが、それにとりつくカマドの芯に据えられた須恵器高杯は五世紀後葉（ＴＫ23型式）をさし、建物群はそれ以前に使用されており、同時期性はすこぶる高い。時期幅を広くみて五世紀前葉（ＯＮ46型式）〜中葉（ＴＫ208型式）が日本列島においての造墓エネルギーが最大に一カ所に集中した時間帯とみなして、同時期の関連遺跡を追うことができる。

仁徳陵古墳築造は当時の政権のなかで頂点に至った事業であり、数々の遺跡にその影響力を持った。その時、広瀬和雄氏は「真の政治センター＝王宮」というものを考える（広瀬二〇一八）。その政治センターは、時期的にも規模的にも大阪市難波宮、大坂城があった地の下層にある法円坂遺跡あたりが最大の候補となる。これを中心に見立て、統治構成要素と配置を模式化したのが図３―８である。そこから上町台地上を南方へアプローチすれば、迅速に東西の応神・仁徳ラインに接触できる。

居館を中心にした統治空間については、群馬県高崎市三ツ寺Ｉ遺跡を参考にすると、広い屋敷地、周濠や柵列による防御施設、高殿的な主屋たる大型建物が中央で群をなし、周囲には倉庫や長屋・厩などの附属建物、導水祭祀と庭的な広場といった祭祀執行施設や祭祀遺物、従者などの住い、須恵器・鉄鍛冶・武器・玉工房の施設群などが思い浮かぶ。古墳時代の難波宮下層の方は、飛鳥・奈良時代の難波宮跡より、ひとまわり大きい範囲で同時期の須恵器も散布する。この大きさは、まだまだ空間機能が特化されない段階、つまり基本生活領域を基盤にした居住と施設の集合体を丸呑みにして群をなす。そういう範囲にとどまっていた。しかしここは一大拠点となり、大阪湾、淀川、そして寝屋川、楠根・長瀬川、平野川、そして上町台地を通じたアクセス道が放射状に拡がっている（図3－2）。これらルートが届く範囲はもはや直接支配下にあった。

図3－8の空間支配コンプレックスは、一日で余裕をもって往復可能な距離の半径五～一〇㌔圏内（スパンA）にある強固な統治ラインがまずセンターを囲む。周囲は一日でかろうじて往復可能な半径一五㌔（スパンB）と、一日で到達可能な三〇㌔（スパンC）がある。

スパンAには、環境帯に散らばる地域首長構成員の居住に伴った農業・祭祀ラインがある。つまり、農作地や牧などの生育ラインを伴った居住地区が点在して周辺を囲む。おそらく外郭の直接警護をもかねた。さらにそれらを環状に囲む森林資源がある台地と山地がある。大がかりな鉄鍛冶や武器製造地点が間隔をおいてスパンBに配備される。その背後にはさらに火力燃料の消費がはげしい、コンビナートのように大型化した須恵器生産などで囲んだ手工業ラインがある。併行して埴輪工房を併設した造墓ラインがある。そして、スパンCの最も外縁に、それぞれ特化した工房機能が、それまでの農業基盤をおびやかさない範囲で、河内の北・中・南部や大和中・南部の各豪族に割りふられ、それぞれの丘陵や谷あいで展開した。

中枢部には、農耕に加わって手工業や官人的な職能集団などの機能集落が農耕領域に接してとりついた。水没して農耕領域から放棄された土地の水位を下げて、牧をかかえる集落スペースを新たに設けた寝屋川市蔀屋北遺跡例は好例であろう（一瀬二〇二四）。すなわち、最も物量的な支配力が強まった五世紀第2四半期に畿内の構造は政治センターとスパンBと直結した支配ゾーンが固められた。スパンCを超える距離になってしまうが、大阪湾上輸送も手伝って塩生産は特化され、労働力を支える基盤整備の必需品として、にわかに友ヶ島水道に面する大阪湾南岸の大阪府岬町小島東や和歌山市西庄の遺跡付近で集中的に大量生産された（図3－9）。

造墓にあっては、農業生産と農閑期労働を吸収する仕組みが萌芽していたと菱田哲郎氏は指摘する。五世紀に王権膝下に生産が集められ、年の内に期間限定ながらも継続的で大規模な手工業生産がはじまるとした。王権周辺に労働が集められる背景は、布、塩や玉など、貢納制の及ぶ範囲がほぼ畿内地域に限られていたからとみる（菱田二〇一三）。材料入手はともかく、日々の必要品はスパンCの範囲内、すなわち畿内中枢内において手堅く確保できるエリアから安定・恒常的に調達された。つまり、畿内中核エリアを衛星的に配置、構成する周囲の諸集団に委ね、衣食が支えられていた。このとき汎日本列島的におよぶのは、労働力確保を中心にした支配段階にとどまった。ただし、人間行動の法則性から逸脱した遠距離の移動を各地に求め、きめ細かく人を掌握する労働環境をエリア内で短期居住を整えようとする成熟度には到達していた（一瀬二〇二四）。

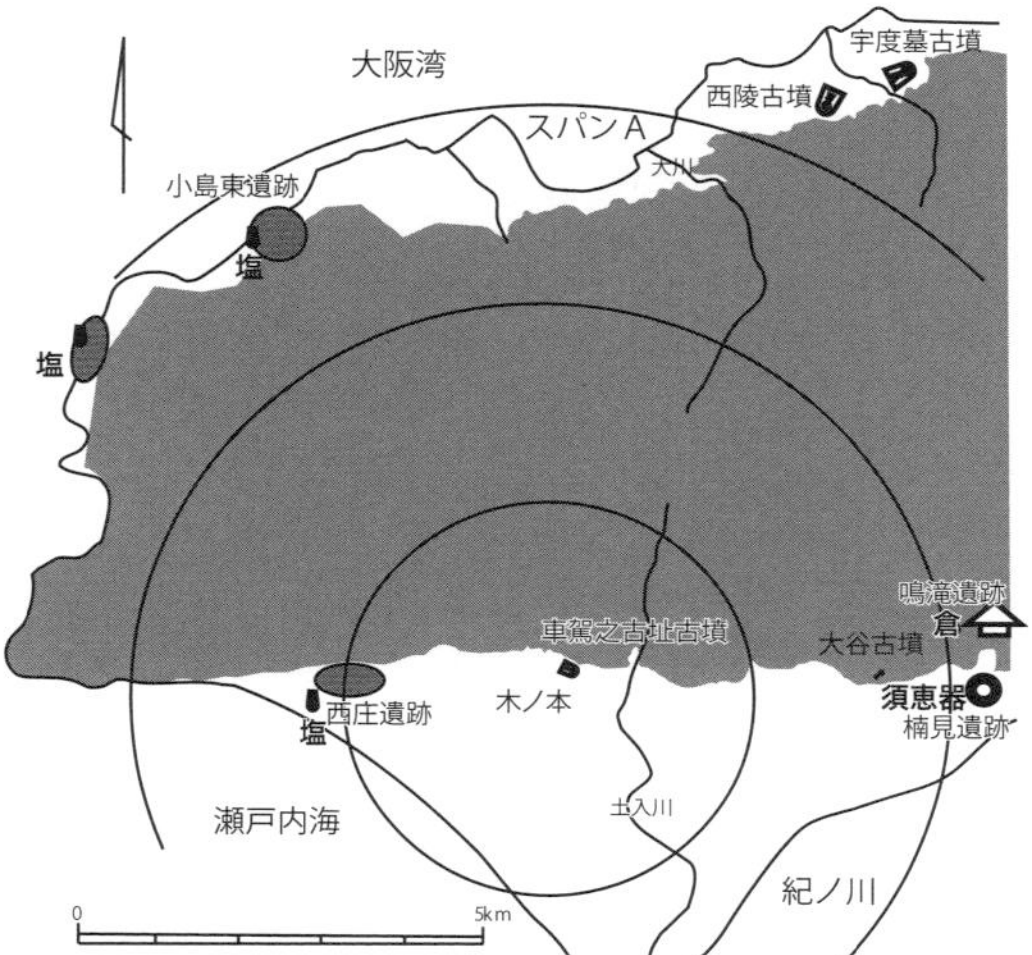

図3－9　淡輪古墳群と紀伊

弥生時代中期の畿内大社会で生じたネットワーク中枢は、その後期に船による水上輸送の船団化、そして五世紀に至って馬

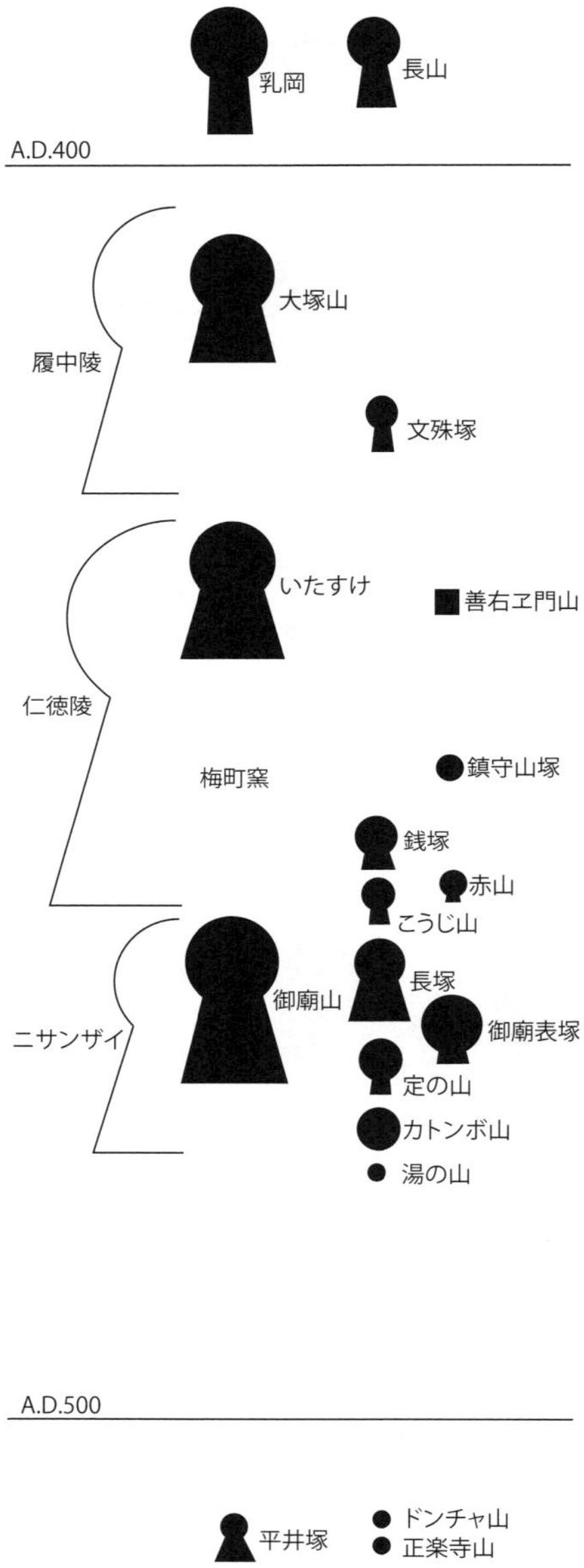

図３－10　百舌鳥階層系譜

による陸上交通の利用し、管理速度とその移動範囲は大いにのびた。それに引きずられて、相互間の人の往来に伴う陸路整備に大きな変化をもたらした。遠距離への情報伝達範囲は、前方後円墳の形、須恵器・埴輪の窯業生産の分布によって知ることができる。岩手県から鹿児島県に至る日本列島での相互の接触機会もまた飛躍的に増やしたことがわかる。しかし、その際の貢納的な方法については、伝達に誘導された労働力の移動が中心であった。これには、それまでの分布幹線、線状居住域による流域交通、中核エリアが西を向くことで朝鮮半島・中国大陸のみならず、東日本各地への海上交通なども、さまざまな手段が駆使された。

　これをもって畿内中核エリアの範囲は、おおむね摂南、和泉、河内、大和で定着し、以降、この地域関係は長く保持されることになった。

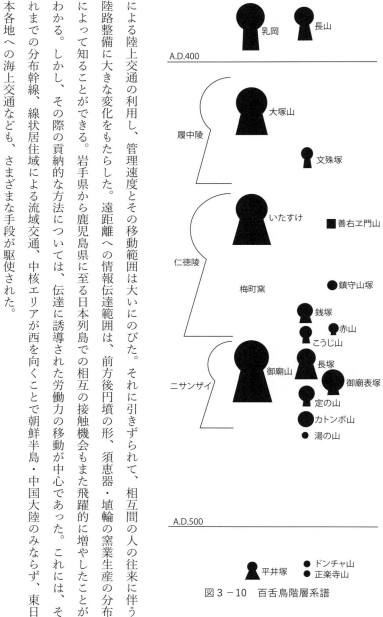

こうしたことを踏まえ、仁徳陵古墳築造でみられる古墳表装アイテムで画期的なことは、人を重視する人物埴輪配置の確立である。それまでは食料供献、防御・隔絶、威信財・乗物や葬送といった器財が主で人の表現は避けていたが、そこに具体性のある「人」が加わった。墳丘本体の外周は、男子・女子と動物の埴輪がゆたかになった。少しあとの群馬県高崎市保渡田八幡塚古墳の堤上の別区はそれをよく物語る。

なんといっても仁徳陵古墳の特徴は、墳丘規模による絶対隔絶性で、ついに階層化が完成したことである。墳形の序列が分かりやすいように、円・造出し付円・帆立貝式墳、前方部縮小・二段築成といったように、主丘が円丘原理に統一されて、そのもとに付加されるものが分けられた。方形原理はほぼなくなり、飛鳥時代まで復活しない。円を基準として墳丘規制をより明確化した。築造時期は五世紀第2四半期、特定個人への物質集中のピークであった。これを手中におさめると同時に、裏腹に造墓活動以外の絶対的な支配の手法を探りはじめていた（図3―10）。

奉仕を伴った教練的な「人」支配のほかに、設備や施設、物について、四つの大きなアイデアがあった。一・手工業センター（須恵器・鉄鍛冶・金工・馬・塩の安定生産と供給）、二・倉庫群の世襲、三・同型鏡群の配布、四・鉄剣・刀の下賜である。同型鏡は辻田淳一郎氏の一段階の出現がみこまれる。特に、銘文にみられる文字技術からくる支配力を強めた。これらの方向性は五世紀後葉末までは引きつがれる。

こうしたタイミングは単独でもち得た巨大古墳築造のピーク時に起こり、陶邑の影響力も含めた日本列島内での同時期の拡がり、エリア内の人的支配力をしめし、さらなるアイデアの実現への裏づけとして、本格的な中国の宋への働きかけに大きく舵を切った。

三　倭の五王の遣使本格化と巨大古墳の動き

(1)ニサンザイ・允恭陵古墳墳丘の縮小

さて、仁徳陵古墳についても埴輪が小さくなりはじめていたが、次のニサンザイ古墳は木製品や埴輪全体の縮小に加えて、それまでに墳丘本体周囲に新しく付加されつづけられていた外濠・堤、墳丘下段の葺石の要素までもなくなりつつあった。衛星式陪塚も極度に減少した。

当初の百舌鳥の巨大古墳の墓域は、大阪湾岸に面して南北に設定されたと考えるが、予想に反して陶邑窯が内陸部に大きく拡大していくのにあわせたのか、新たな墓域を広域地域型と同じように内陸の高台に求めた。その移動とともに、円形原理の秩序を広域型の系譜に強く求めた(図3－10)。ニサンザイ古墳の墳丘本体はいっそう前方部の角度がきつくなり、立体的で百舌鳥の中で際立った。上町台地北方、近辺の大阪湾対岸からは、履中・仁徳陵古墳といった海岸沿いにある古墳に隠れるかと思いきや、それらに覆いかぶさるように眺望でき、よく目立つ。比率的には前方部の幅を後円部径の一・三九倍と広げ、高さも高く、前方後円墳の一つの主導類型をつくりあげた(表3)。

古市の後続する古墳の立地は、藤井寺市允恭陵古墳が応神陵古墳を中心とした古墳分布の北の外縁に、続く羽曳野市白鳥陵古墳が南端、藤井寺市仲哀陵古墳は西端と、大型墳が当初の墓域設定の三方に広がった(図3－4)。墳丘の形は允恭陵古墳がC主導類型のなかの墓山型に属するもので、これをもって半世紀という長期にわたって同じ設計が使われたとわかり、踏襲性のある造墓集団に委ねた集団系譜がある。白鳥陵《はくちょうりょう》古墳はニサンザイE主導類型を相似形でついだ。そのあとの仲哀陵古墳は後でくわしくみる。

ともかく百舌鳥・古市で古墳築造のピークを過ぎるころになって、倭の五王の本格的な遣使の時代を迎えた。これは五世紀中葉、珍・済のころになる。同時期の千葉県市原市稲荷台《いなりだい》一号墳の「王賜」銘鉄剣が示すような個別・個人的な授与をあからさまにする萌芽も気になる。

これと同時に起こったことは、須恵器の斉一的な汎日本列島への波及拡散、手工業センターの安定化、消費財でない確実な威信財の継承にあった。また地域内では、仁徳・応神ラインの東西陸路が活発化し、堺市陶器千塚古墳群などは、東に向いた須恵器生産の拡がりを指向する。乳岡系譜の広域地域集団は解体し、多様な性格を持つ小形均質墳が小池域ごとで多発発生して群在をうながす。これは応神・仁徳ライン沿いにもよくみられる。この台地・丘陵上には自己の生産基盤となる土地を近距離で必要としない集団の墓域としてあてがわれたものが相当量あるとみたい。

さて、三～五世紀は血縁関係がある同世代の男女が同一埋葬されることが多い基本モデルⅠ、血縁を重視した双系キョウダイ関係を基礎にしたものであったと田中良之はいう（田中良之二〇〇八）。これはニサンザイ古墳築造までの百舌鳥は大王墓級のものでも、この原理に基づいて群をなしたとみられる。しかしこの段階で、古墳群と居住地域が地理的にすぐ結びつきそうな血縁・地縁職能的なつながりで集まるのでなく、造墓・窯業地に根づいて新たに設定された古墳群や生産活動などに一定の土地を必要としない官人・文人・武人的な職能集団と目される集団の造墓域が目立つと考える。これが小形均質墳群の多発の背景の一つとなろう。さらに、北九州や百済と関係する横穴式石室を埋葬主体とする一群も加わる。多彩な被葬者群がみえてくる。古市は中心エリアから墓域を多方面に拡散させた。

(2)白鳥陵古墳・ニサンザイ型系の踏襲へ

白鳥陵古墳は、ニサンザイ古墳の墳丘をより端的に前方部を大型化する精美なモデルとして、ニサンザイ型系を踏

後円部径(m)			前方部幅(m)			周濠長	周濠幅	高さ(m)	参考文献
下段裾	中段裾	上段裾	下段裾	中段裾	上段裾	(m)			
170	130	92	236	184	126	394	384	28	堺市2008
140	100	70	160	118	78	299	237	24	藤井寺市2015
106	90	72	165	131	96	270	282	20	藤井寺市2015
148	115		182	118		350	268	21	藤井寺市2015
180			220			400	350	20	末永雅雄1975
102			150			250	244	15	高槻市2004-8
173	132	101	270	210	142	404	401	25	橘大2013
116			145			260	214	24	宇垣2006
80			120			200	190	13	深谷2015

襲する。この段階、仁徳陵古墳築造で整理されはじめ、被葬者を同一比率の基準を設け、円形原理できめ細かな格付けをより単純化させた。すなわち、円丘に付加される突出部、前方部を四階層化した。①後円部径で前方部幅を割った指数が一・四前後、②その指数が一・〇前後、③その指数が〇・六前後の帆立貝式、④前方部を持たない円墳であり、この格差はその後の五世紀の間、規制できた。熊本県和水町江田船山《えたふなやま》・埼玉県行田市埼玉稲荷山《さきたまいなりやま》・群馬県高崎市保渡田八幡塚といった古墳は②に当てはまろう。

この結果、大型墳の築造量は著しく減衰し、五世紀前半に二〇〇㍍を超える古墳は二〇基を超えていたものが、後半には五基ほどになる。大王墓級として、ニサンザイ古墳は、墳丘長三〇〇㍍をかろうじて保ったが、以降、それ以上の規模は三三五㍍の松原・羽曳野市河内大塚山《かわちおおつかやま》、三三一㍍の橿原丸山古墳のみで、六〇年に一基の築造ペースと衰える（図3－1）。

巨大古墳の築造地は新展開を迎え、百舌鳥での大型墳築造は終了した。

古市でも衛星式陪塚が消滅し、二基セットになるか単独的な

表３　ニサンザイ古墳以降の主要墳丘各部の比率と規模

古墳名	主導類型	ニサンザイ型系比	墳長／幅	墳長／径	幅／径	濠幅／長	墳丘長(m)		
							下段裾	中段裾	上段裾
ニサンザイ	E	E1	1.27	1.76	1.39	0.97	300	258	222
允恭陵	C		1.44	1.64	1.14	0.79	230	194	165
白鳥陵	E	E2/3	1.21	1.89	1.56	1.04	200	170	149
仲哀陵	D		1.33	1.63	1.23	0.77	242	205	
河内大塚山	D	E1	1.45	1.78	1.22	0.88	320		
今城塚	E	E2/3	1.27	1.86	1.47	0.98	190		
橿原丸山	G	E1	1.23	1.92	1.56	0.99	331	289	244
両宮山	C		1.42	1.25	1.19	0.82	206		
断夫山	D	E1/2	1.3	2.00	1.50	0.95	160		

立地をとるようになった。全体的には、中期・五世紀の大型古墳群形成の段階が終了し、小地域型の小形前方後円墳と円墳のセットが登場する。これは、血縁性のある親族集団のアイデンティティと墓域をともに表すことを基礎とした、田中良之のいう「族墓」的古墳群（田中良之二〇〇八）の群在傾向の崩壊を意味するところなのであろう。

古市では当初の築造予定地を埋めつくし、南方へ白鳥陵古墳を築き、後出する古墳は古市のより南側上流域の開発をうながした。古墳築造を契機に古市に居住するようになった人々が大中型墳の間を小型墳で埋め、そのあと後裔集団が大溝・街道、古代寺院や官衙を誘発しながら集落を拡大させていく。九世紀には現在に劣らないくらいに家屋が建ち並んだ。西方には築かれる仲哀陵古墳がつくられ、双方とも陸路の拡がりをうながした。

百舌鳥・古市とも川をはさんで、新たな渡来系の古墳が出現する。葬法に大きく関わるもので、百済の影響が色濃い横穴式石室である。百舌鳥の方が一時期古く、石津川をはさんだ南に堺市塔塚古墳がある。古市は大和川をはさんだ東に柏原市高井田山古墳の磚積み風の夫婦同墓がみられる。田中良之の六世紀前半からの基本モデルⅢの初現的なものを思わせる。推進される西方の海を隔てた集団との接触を裏打ちする。もはや墓域のみといったシンプルな土地柄でなく、外からもたらされた特性がさまざまに定着していく。この段階は前段階につちかわれた同型鏡群拡散の二段階（辻田）、副葬ピークの時期となろうか。

(3)倭の五王、最後の武という時代

古市古墳群の西方には仲哀陵古墳が続いた。さらにその西方には大阪府羽曳野・松原市河内大塚山古墳が百舌鳥・古市の中央に築かれた。両古墳は先の応神・仁徳ラインの東西陸路上にある。上町台地からの南北道との交差点に近く、丹比柴垣宮の伝承地がある。その道を東に延長し、大和に入り三輪山南麓には雄略の泊瀬朝倉宮《はつせあさくらのみや》と目される奈良県桜井市脇本《わきもと》遺跡に通じる。陸路で東国への玄関口となるこの範囲は生駒山脈と二上山の峠越しにある。やや北へずれると百舌鳥が目視できる。

上町台地との十字路あたりは、「記紀」において「多治比高鷲《たじひたかわし》、丹比《たんび》高鷲原」という雄略陵伝承地がある。ところが現在の治定は、高鷲丸山古墳という五世紀中葉の径七五㍍の円墳である。前方後円墳の名付け親の蒲生君平《がもうくんぺい》は一八〇八年の『山陵志《さんりょうし》』で、これは嶋原村所在であり、高鷲の名を失ったのかとしている。高鷲の地でこれより大きいものは日本第五位の墳丘で河内大塚山古墳のみとなる。宮内庁が雄略陵治定を急いだときには、その墳丘上には大塚村があった。丸山古墳に治定後も村に立ち退きを迫り、一九二五年にようやく陵墓参考地になった。

雄略伝承に伴ったもっと重要な証拠として、日本列島の東西で鉄剣・刀文字象眼銘から奈良時代の諡《おくりな》である雄略天皇、「記紀」にはワカタケルと表音する名が確認でき、実在の人物であった可能性が高い。仲哀陵古墳よりもややさ

かのぼる西の江田船山古墳の横口式家形石棺から出土する鉄刀の棟《むね》には、文書担当の「典曹人《てんそうじん》」という銘が刻まれる。一方、東の埼玉稲荷山古墳は同時期で、礫槨から出土した鉄剣の鎬の表裏に軍事関係をしめす「杖刀人《じょうとうじん》」と年代「辛亥年（四七一）」銘がある。この両古墳の埴輪と須恵器は五世紀後半（TK208～23型式）であり、雄略・ワカタケル・武の伝承治世とに重なる。

五世紀として、関連伝承と地名、出土品の多い雄略資料であるが、歯がゆいことに地名伝承的に確実な河内大塚山古墳の考古資料が判然としない。今ある材料で検討するなら、墳丘部分ということになる。まず墳丘後円部には、長さ四㍍の「ごぼ」といわれる野石の花崗岩がある。この石を根拠に六世紀の後期古墳の横穴式石室として新しくする説もあるが、五世紀後葉には大王墓級についても埋葬施設に横穴式石室が採用された可能性が大いにある。ごぼ石は後円部上部から背面側に転落した状況を呈する。羨道の石なら大きな石材かもしれないが、玄室天井石であれば大きくはない。この石は石室が墳丘上部という古い要素もしめす。雄略崩御四七九年の少し後には、群馬県前橋市前二子《まえふたご》古墳の長方形プランの中国系墓室に似た横穴式石室も登場する。これは大きな床石が敷かれる奇妙な石室である。また、六世紀代に所属させるなら、継体と目される前葉末の今城塚《いましろづか》古墳の墳丘規模を河内大塚山古墳ははるかに凌駕し、その後の欽明と目される橿原丸山《かしはらまるやま》古墳と同等の巨大古墳なのだ。継体、欽明二者の伝承業績になんら劣らないのが河内大塚古墳の被葬者であるはずだ。少なくとも、実在性のある継体以降にあてはまる大物がはいる隙間はない。

古墳時代後半期の大王墓級墳丘の相対順位について、一律に相対年代を計る指標には円筒埴輪がある。現在、出土埴輪群が知られる主要な古墳は、ニサンザイ・允恭陵・白鳥陵・仲哀陵・今城塚という古墳の順になり、誤りはない。埴輪が把握できずにこれにもれるのは、河内大塚山・橿原丸山古墳である。両者は今のところ埴輪が明確でないが、埴輪生産が前方後円墳の終焉まで続くことから、埴輪の有無が時期決定の根拠にはならない。

現時点で埴輪以外に比較できるのは墳丘形態になる。古墳時代後半期の墳丘指標になるニサンザイ古墳の墳丘を契機に、その影響下で引き継がれるニサンザイ型として、すぐあとに続くのは白鳥陵古墳がある。それとはやや違って津堂城山・仁徳陵古墳の墳丘設計とつながる古墳が築かれるが、それらは多かれ少なかれ、ニサンザイ型の影響を受けた大形前方後円墳の系譜のなかにあり、規模は全体に縮むが、比率の上で前方部幅が一・四倍に膨らもうと指向するものである。これをニサンザイ型系としておく（表3）。

これに河内大塚山古墳と橿原丸山古墳を加えて検討し、河内大塚山古墳の墳丘形態を築造相対順位から位置づけてみる（この検討に際して、河内、橿原、古墳といった用語は名称から省略する）。

ニサンザイ以降、三〇〇㍍をこえるものは、三三五㍍の大塚山、三三一㍍の丸山のみである。その中で、六世紀代の伝承にある主要な大王は、前半では継体、後半では欽明で実在性を伴う人物像である。先に見たように、大塚山は前半にある継体と目される今城塚をはるかに凌駕し、欽明に目される丸山とは墳丘規模がならび、やはり大塚山の巨大墳丘は六世紀代にレイアウトしづらいものである。

墳丘変化を導くモデルである主導類型からすれば、丸山G主導類型は今城塚の後に出現する。その今城塚は五世紀後葉の白鳥陵とともに、三百㍍級の巨大古墳からすれば、三対二という相似形で小さくなるが、各部の相対的な比率はすこぶる近似する（表3）。ニサンザイとの比率では今城塚と似ており、異なるのはニサンザイが後円部径に比べて前方部幅が小さいぐらいである。実寸法では、ニサンザイより大塚山の前方部の長さの方が細長く、幅でなく長さの方に拡大傾向がある。周濠・溝の輪郭は両者とも似る（図3－11）。大塚山の前方部前面中央は、剣菱型といわれるように膨らむが、今城塚の発掘成果を考慮するなら、本来高かった前方部の土砂を平らたく南にのばした痕跡と思われる。

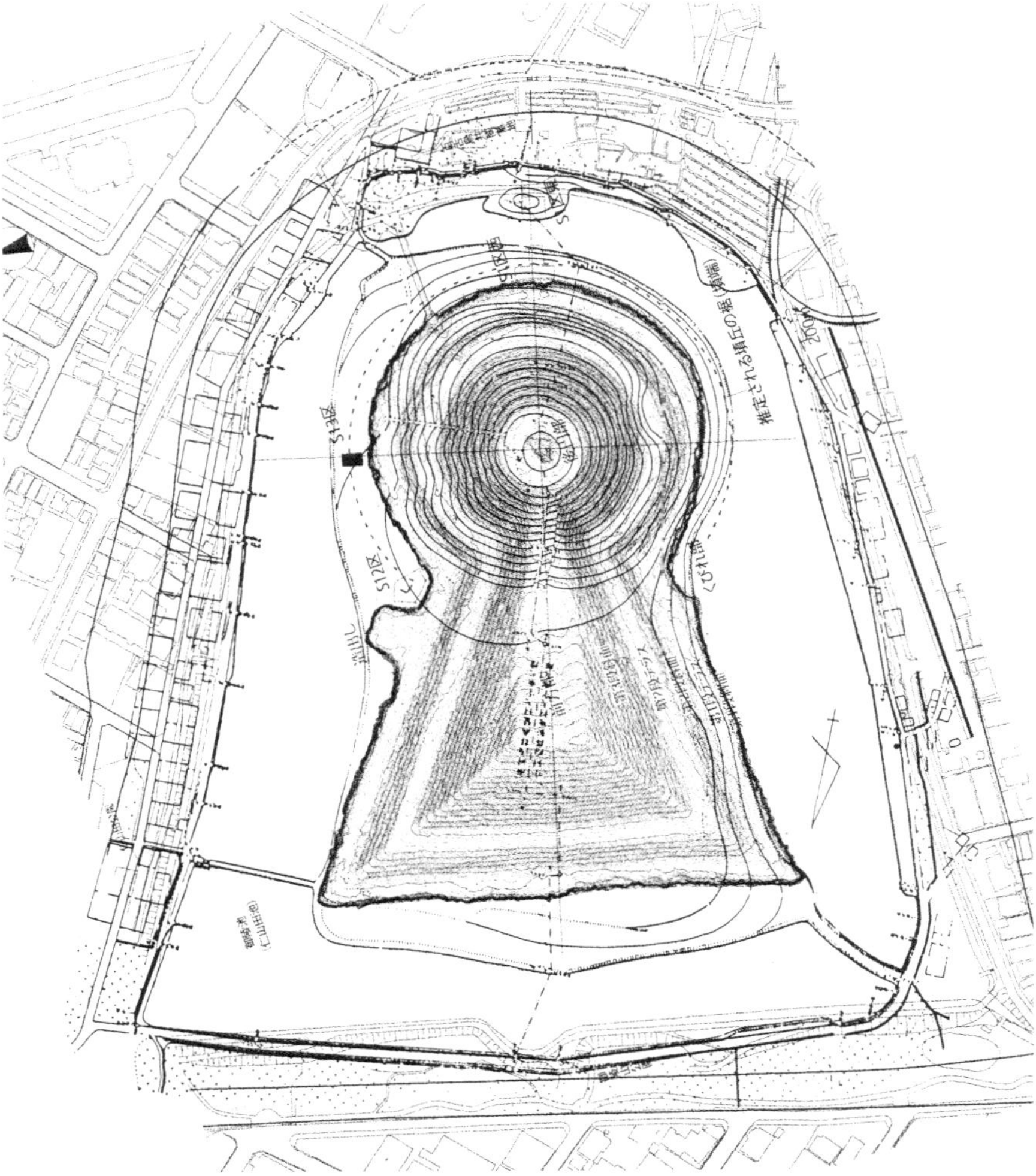

図３－11　ニサンザイ・大塚山古墳墳丘図の合成　（それぞれの古墳の区別は図３－12を参照）

次に、大王墓級の三〇〇㍍級のニサンザイ、大塚山、丸山を比べるが、六世紀では二〇〇㍍に近いものですら限られるので今城塚を加えてその推移をみる（図3－12）。今城塚は、ニサンザイとの墳丘長差を補って一五八％に拡大すると比較対象としてちょうどいい。そして、雄略治世の時期と重なる仲哀陵も参考にする。

全体の墳丘本体は、ニサンザイE主導類型のあと、大仙D主導類型の前方部の細長い傾向を仲哀陵と大塚山は採用するものの、それでもニサンザイの影響を受けて、前方部の長さと幅は両者とも発達傾向にある。墳丘長／径比ものびる。ニサンザイ・今城塚・丸山とも造出しの位置は一致する。古墳本体周囲の輪郭はニサンザイから丸山までよく踏襲される。微細には、前方部増大に伴って前方部側の周濠も拡大傾向にある。反して、後円部背面側はやや幅せまくなる。つまり、大塚山が周濠輪郭の後円部背面南東側の旧地形が高く周濠がせばまる傾向を持ちはじめ、丸山は水平を意識せずに濠の機能をなくした後円部側の周溝底が高くなり、かなりの傾斜を持つようになる。周濠・溝周囲は、今城塚の外堤と外周溝を合わせた輪郭が丸山の後円部東側の外堤輪郭とよく重なる。丸山は周濠も外堤も省略化が見いだせる。ただし、丸山の外堤はニサンザイの外堤・外周溝をも凌駕することから、外周は拡大傾向であった。

ともかく墳丘本体は、ニサンザイから総じて、順次、前方部の長さもしくは幅を増大させ、墳丘周りについても前方部側が大きくなる変化傾向がある。これを参照して相互間の類似度をみれば、ニサンザイ、（仲哀陵）、大塚山、今城塚、丸山の順に微妙に変化していく。つまり、これらニサンザイ系の墳丘は、五世紀中葉から六世紀後葉までの一二〇年ほどの間の長期間、墳丘設計の大枠を踏襲し、世襲的に存続しつづけようとした。言い換えるなら、その直前ごとの墳丘モデルを吟味し、墳丘に一定の共通性を保ちながら、顕著な変化は前方部の拡大の指向性のなかでおさめ、順次、相互築造ごとに、わずかな変化にとどめて、その形を維持・継続、世襲していくことを目指したと言える。

こうした墳丘変化から、大塚山はニサンザイ・仲哀陵のあと、今城塚の前に位置づけるのが妥当と考える。

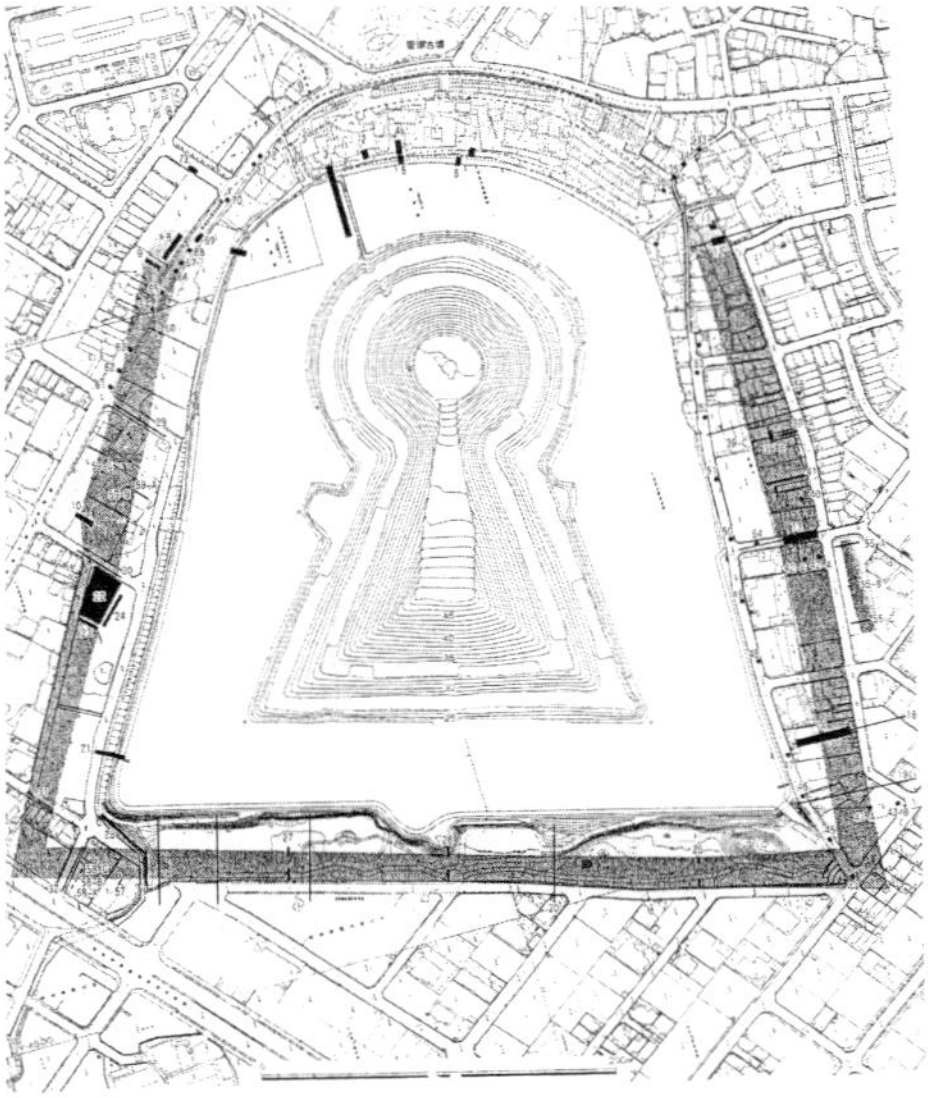

ニサンザイ古墳

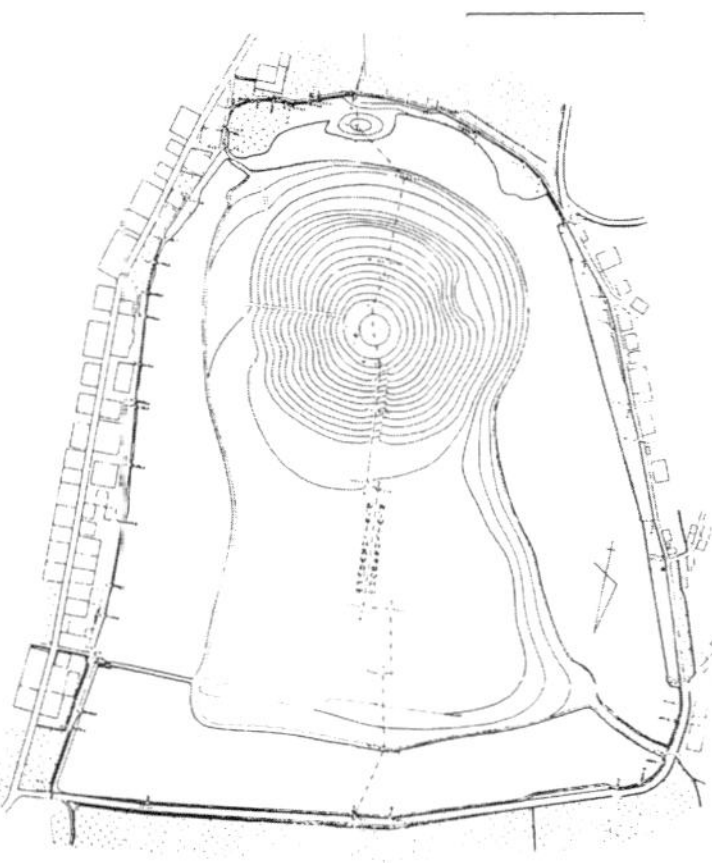

河内大塚山古墳

今城塚古墳

橿原丸山古墳

図３－12　ニサンザイ古墳ほか墳丘

おわりに――倭の五王が百舌鳥・古市で直接関与した時間帯――

倭の五王の遣使の年代と埼玉稲荷山古墳から前後する古墳の相対年代を重ね合わせると（図3－1）、讃は仁徳陵古墳の完成ごろ、珍はニサンザイ古墳、済は允恭陵古墳、興は白鳥陵古墳、武は仲哀陵・河内大塚山古墳の築造時期にあたることになる。

この年代観からすれば、百舌鳥・古市の前半期は中国・宋への遣使前になり、畿内政権中枢内部で軍事力を強め、墳丘を大きくして、百舌鳥・古市勢力が相対的な優位を着実につけていく過程のなかにあったといえよう。それは両古墳群内にあっても、相互の優劣は一律に序列化することができずに、畿内中核エリア内の佐紀、馬見といった豪族集団とそれぞれの結びつきに強弱がみられた。日本列島内においても、多くの地域に対しても墳形にばらつきがみられたが、円墳、帆立貝式など、ようやく円形原理の墳丘のみと秩序を整えることができはじめ、墳丘規模で絶対的に隔絶することができたとき、それが讃の遣使のころ、仁徳陵古墳築造期であったということになる。

それまで河内・大和を中心とした畿内中核エリアが名実ともに和泉、しかもその南端までを取り込み、大阪湾に面したエリアを結合した。そのことで造墓だけでなく、大手工業地帯の安定した窓口ともなった。西方に向くエリアの東西軸を延伸したのである。これをもとに、日本列島の東北南部から九州南部までの人の往来を呼び込むネットワークをうながし構築した。古墳時代において、この最も巨大化した物質集中を背景に確固たる絶対的な統治のなかで、西方指向と人支配重視の方向は大いに中国・宋への遣使を後押ししたことであろう。

そのことで百舌鳥・古市の後半期は、支配方式の方向は日本列島内での造墓エネルギー確保からはゆるまり、重点をおくエネルギーはほかに向けられた。そのあとも、最大墳丘は三〇〇㍍を目安として推移するものの、全体的な墳墓規模の縮小、台地から丘陵地形を多く利用した墳丘盛土の省力、付属施設と埴輪・葺石の墳丘要素の省略が計られる。同等の前方後円墳どうしは群在しなくなり、散在してやや距離をおくようになった。百舌鳥・古市の縁辺での築造や単独立地を指向する。そのなかにあって、大阪湾から大和東南部にかけての東西陸路上に武と目される雄略の陵墓と宮の伝承がある。これらの伝承要素となる一帯の複合体は、畿内中核エリア全体を中心軸とした広域一体統治の確固たる実現の姿と考えられ、連合力を基礎とした相対支配の崩壊を象徴するのであろう。埋葬施設もまた、この間で急激な変化の兆候がみられる。父系世襲・下賜、横口系の石室、文字技術の重視などは、遣使がもたらした新潮流である。

これをもって、百舌鳥・古市での巨大古墳は停止する。その後、畿内中核エリアは北側の摂津・山城に大きく範囲を広げるが、そのときには倭の五王の時代はとうに終わっている。ただし、畿内全体として百舌鳥・古市の後半期で生み出されたニサンザイ系前方後円墳という形は、世襲支配の秩序の根拠となって、中国・隋の統一まで続いた。

【参考文献】

石部正志・田中英夫・堀田啓一・宮川　徏　一九七一「古市・百舌鳥古墳群における主要古墳間の連関規制について」『古代学研究』六〇号

一瀬和夫　二〇一一『巨大古墳の出現―仁徳朝の全盛』文英堂

一瀬和夫　二〇二三『古墳を築く』吉川弘文館

一瀬和夫　二〇二四「畿内大弥生・古墳社会の空間構造」広瀬和雄編『日本考古学の論点』雄山閣

一瀬和夫　二〇二四「竃付き方形竪穴住居群の一発端」『立命館文学』六九一号

酒井龍一　一九八二「畿内大社会の理論的様相―大阪湾沿岸における調査から―」『亀井遺跡』財団法人大阪府文化財センター
田中　琢　一九九一『倭人争乱』集英社
田中良之　二〇〇八『骨が語る古代の豪族』吉川弘文館
菱田哲郎　二〇一三「古墳時代の社会と豪族」『岩波講座日本歴史第一巻』原始・古代一　岩波書店
広瀬和雄　二〇一八「序論」『古墳時代の畿内』講座畿内の古代学　第Ⅱ巻　雄山閣
古市古墳群世界文化遺産登録推進連絡会議　二〇一〇『古市古墳群を歩く』

第四章　倭の五王の時代の王宮と社会

古市　晃

はじめに

西暦五世紀にあたる倭の五王の時代について、列島社会の様相を明らかにする文献史料はきわめて乏しい。かつて盛んに用いられた『古事記』『日本書紀』(以下、記紀)は、これまでの長い研究の積み重ねによって、天皇の統治の正当性を主張するための歴史観に基づく多くの造作が含まれていることが明らかにされている。二〇世紀初頭の津田左右吉に代表される一連の業績によって、とりわけ応神天皇以前の伝承が史実とはいえず、応神以後の記述についても多くの造作を含むことが指摘された(津田一九一九)。さらに、二〇世紀の後半には、六四五年の乙巳《いっし》の変を契機とする、大化改新と総称される一連の政治改革に関する『日本書紀』の記述が、奈良時代の大宝令の条文を用いて造作されたものであることが指摘された(岸一九六四)。記紀は、天皇による国土と人民の統治を正当化する論理に基づいて叙述された書物であるが、その論理は、それまでに考えられていた以上に深くその内容を規定していることが明らかにされているのである。

歴史学研究とは別に、日本語学や日本文学研究では、主に『日本書紀』を中心にして、その記述が中国の古典からを選び出した『芸文類聚《げいもんるいじゅう》』などの名文集や、「法華経」をはじめとする仏典の文言を用いて作文された部分の多いことが指摘されてきた（小島一九六二〜一九六五）。このような、記紀の虚構性を指摘する一連の研究を受けて、近年では記紀の記述から五世紀、また六世紀の歴史的実態を見出そうとする研究は低調な状況が続いている。

二〇世紀後半以降は、刀剣などの出土文字資料に刻まれた銘文や、中国、南朝の『宋書《そうじょ》』など、中国の史書に記された倭国の来貢記事など、後世の造作や天皇の支配を正当化する論理の影響の埒外にある史料に基づく検討が進められている。しかしその情報量は少なく、かつ列島の地域社会に関する情報は限られているため、地域勢力と中央支配権力の関係がどのように展開したのか、その過程を細部にわたって検討することはきわめて難しいといわざるを得ない。

こうした課題を克服するためには、記紀や諸国の風土記に記された系譜や伝承を読み解き、造作の素材として用いられた原史料にどの程度の史実が含まれているのかを明らかにする試みが必要となる。記紀や風土記などの後世に編纂史料に造作された部分があることは、いってみれば当然の話である。それを前提としつつ、造作の慮外に置かれた情報を析出し、そこに史実があるのかどうかを検討する必要があるのである。このような、記紀や風土記などから得られる、比較的信頼できるデータを積み重ね、必要に応じて出土文字資料や外国の歴史書と比較検討を行うことによって、倭の五王の時代の列島社会像をもう一度明らかにする試みがなされるべきである。

一　五世紀の王宮

(1)王宮研究の方法論

倭の五王の時代の列島社会、とひとくちに言っても、数少ない文献史料の中から何を手がかりに検討するのかは、なかなかに難しい。ひとまず、列島社会で優位な位置にあった大和、河内、山背付近を拠点とする中央支配権力のあり方を検討することが研究の出発点となる。考古学による研究では、奈良盆地と大阪湾岸に分布する、巨大前方後円墳を中心とする王陵研究が着実に進展している。三世紀中頃の築造とされる箸墓《はしはか》古墳（奈良県桜井市）の出現をきっかけとする王陵は、当初奈良盆地東南部に集中し（大和《おおやまと》古墳群）、その後奈良盆地北部へ移り（佐紀盾列《さきたてなみ》古墳群）、四世紀中頃には大阪湾岸へと移動する（百舌鳥《もず》・古市《ふるいち》古墳群）。全長二〇〇㍍を超える巨大前方後円墳は、その大半が大和、河内、山背の要部に分布し、その他の地域ではまれにしかみられない。そうした中でも、王陵と考えられる古墳は特に大形化し、百舌鳥・古市古墳群の中の大仙陵《だいせんりょう》古墳（宮内庁指定の仁徳天皇陵）や誉田御廟山《こんだごびょうやま》古墳（同応神天皇陵）のように、四〇〇㍍を超える前方後円墳が出現する。こうした事実に基づき、五世紀の中央支配権力については、その専制的性格を積極的に評価する傾向があるように思われる。

しかし中央支配権力の性格を明らかにするためには、王陵と共に、王族の拠点である王宮のあり方をも明らかにする必要がある。ただ古代王宮の発掘調査事例は七世紀以降に限られ、六世紀以前については五世紀代の長谷の王宮の可能性が指摘される脇本遺跡（奈良県桜井市）を除けば、ほとんど解明されていない。文献史料に目を向けても、記紀にみえる王宮名（宮号）には、たとえば磐余玉穂宮《いわれのたまほのみや》（継体天皇）のような佳号（玉穂は実り豊かな稲穂を示す）が付された事例がある。それらは七世紀後半にまとめて造作されたことが指摘されており（北村二〇〇三）、直接の手がかりとすることはできない。

そこで筆者は、五・六世紀の王族名に彼らの居地を示す地名が多く用いられている事実に着目し、王名から王宮所在地を解明する作業を行った。五・六世紀の王族名は、数え方にもよるが、およそ二〇〇例、その中で王宮を示す可

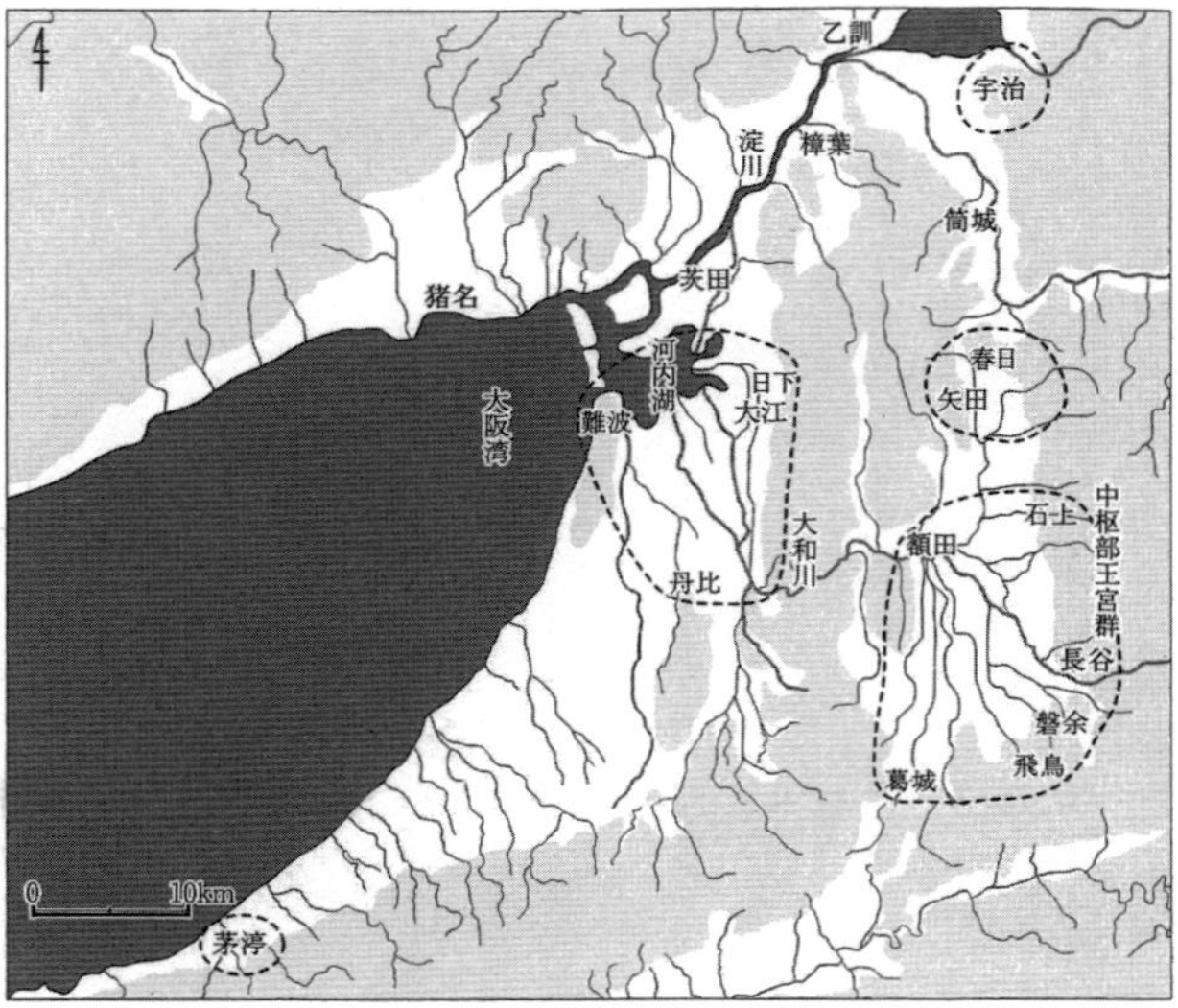

図4－1　五・六世紀の主要王宮群　破線内は五世紀にさかのぼる王宮

能性が高い地名が含まれる名は約五〇例、王名にはおよそ四分の一の確率で王宮名が含まれていることになる。

これらの王名は王宮名を伝えるために記されたわけではないから、王名に含まれた地名が造作されている可能性は低い。王名に用いられた地名を検討することで、記紀の造作の意図とは直接かかわらないところから、王宮所在地を明らかにできる可能性があるといえる。

(2)五世紀の王宮分布

こうした作業の結果、五世紀の王宮は、奈良盆地東南部に濃密に分布するが、一方で同盆地北部から京都盆地南部、さらには大阪湾岸にも存在することが明らかになった（図4－1、表4－1）。記紀に記された五世紀代と推定される天皇の宮号には、奈良盆地東南部の地名が多くみえ、一部に大阪湾岸の地名を含むが、それらは五世紀の王宮のあり方の一部を示すに過ぎなかったといえる。王名に含まれる王宮名に着目することで、五世紀の王族の拠点は、従来考えられてきたよりも広域に展開していたことが明らかになったわけである。

この王宮分布のあり方は、王名と共に、王宮や王族に奉仕する人々（名代・子代と呼ばれる）のあり方に注目することで、その特徴をさらにくわしく明らかにすることができる。五世紀の王宮群の中で、奈良盆地東南部に位置する長谷《はつせ》（奈良県桜井市）、磐余《いわれ》（同）、石上《いそのかみ》（同県天理市）の三地域は、一般の王族ではなく、倭王、もしくは倭王にきわめて近い王族の王宮として用いられた。記紀にこれらの王宮に居していたとされる天皇の実名を検討すると、それぞれに対応する奉仕集団が存在していたことが確認できる。長谷に居したとされる雄略天皇の実名は大泊瀬《おおはつせの》稚武《わかたける》で、彼に奉仕する集団として建部《たけるべ》が存在する。雄略の兄、安康天皇の実名は穴穂《あなほ》で、対応する奉仕集団として穴穂部が存在する。実名に対応する奉仕集団が確認できない天皇もいるが、それぞれに個別の事情を推定できる。たとえば磐余に居したとされる履中天皇の場合、その実名、大兄《おおえの》去来《いざ》穂別《ほわけ》に対応する奉仕集団は存在しない。大兄は河内の日下の王宮に近接する地名（通常は大江と表記）で、彼に対する奉仕集団としては日下部があてられたのだろう。同じく磐余に宮を置いたとされる継体にも、その実名、男《お》大《お》迹《ど》に対応する奉仕集団は確認できないが、これは彼が本来、近江と越を拠点とする傍系の王族であり、個別の奉仕集団を持たなかったことによるものだろう（表4－2）。

一方、長谷、磐余、石上の王宮には、それぞれ長谷部、磐余部、石上部という奉仕集団が存在したことが確認できる。これらの王宮に居した王族たちには個別の集団が奉仕しているので、長谷部、磐余部、石上部とは、倭王宮として特別な位置づけにある

表4－1　王名に関わる地名の分布　下線は繰り返し用いられる名号

地域1	地域2	名号：応神～宣化朝	名号：欽明～厩戸王所生
倭王権中枢部 奈良盆地南部 他	平群	額田	
	葛城	朝妻　忍海	葛城　当麻　片岡
	高市	大原　藤原　軽　境　八釣　橘 勾　檜隈	蘇我　桜井　厩（戸）　豊浦 久米　小治田
	山辺	市辺　星川　穴穂	石上
	磯城	鵜鷀　忍坂　長谷　出雲　神前	他田　笠縫　池辺
	十市	白髪（白髪部）	竹田
周縁部1 奈良盆地北部	添	矢田　御馬　春日　高橋　山田	倉　大宅　佐富
周縁部2 山背南部	宇治	宇治	
	久世		栗隈　殖栗
	未群		山背（または河内国石川郡か）
周縁部3 河内（摂津を含む。括弧内は郡名）	北河内	田宮（交野）茨田（茨田）	肩野
	摂津	住吉（住吉）　難波	大伴（河内・石川か）　手島
	中河内	大江　日下（以上、河内） 丹比（丹比）田井（志紀）	弓削（若江）
	南河内	澇来田（石川）	

表４－２　磐余・長谷・石上の倭王宮　表中の※は６世紀の倭王宮。磐坂市辺押磐王は倭王として扱う。

	倭王名	宮号一要素	個別の名代
磐余	17　履中（大兄去来穂別）	稚桜宮一氏族名	日下部カ（河内・大戸郷、日下部郷に隣接）
	22　清寧（白髪）	甕栗宮一佳号	白髪部
	※26　継体（男大迹）	玉穂宮一佳号	…（新王系のため名代なし）
	※31　用明（橘豊日）	池辺双槻宮一地名・事物	橘戸 他田舎人他
	※30　敏達（他田）	訳語田・幸玉宮一佳号	鵜鶿部
	※32　崇峻（泊瀬部鷦鷯）	倉梯宮一地名	
長谷	21　雄略（大泊瀬稚武）	朝倉宮一地名	建部
	25　武烈（小泊瀬稚鷦鷯）	列城宮一事物	鷦鷯部
石上	20　安康（穴穂）	穴穂宮一地名	穴穂部
	24　仁賢（億計）	広高宮一佳号	…（父の謀殺により逃亡、独自の名代なし）
	磐坂市辺押磐王	市辺宮一地名	泊瀬部カ（磐坂は泊瀬の地名）

王宮に対する奉仕集団という役割を担っていたことになる。五世紀の王宮は、大和、河内、山背の広域に展開するのだが、その位置づけは同等ではなく、奈良盆地東南部の王宮群は倭王宮またはそれに準じる格の高い王宮として特殊な位置づけを与えられていたわけである。

これまで、飛鳥時代以前の倭王宮については、記紀の宮号が天皇ごとに異なることから、天皇の代替わりごとに宮を移動するという、歴代遷宮という理解があったが、そうしたあり方は基本的には存在せず、重要な王宮については継続的に利用されていたと考える必要がある。

それに対して、奈良盆地北部や京都盆地南部、大阪湾岸に置かれた王宮群は、一時的な利用に終わったり、倭王宮として利用された形跡がない。例外は応神の難波大隅宮《なにわのおおすみのみや》、仁徳の難波高津宮《なにわのたかつのみや》だが、少なくとも応神の名、誉田別《ほむたわけ》や仁徳の名、大鷦鷯《おおさざき》と難波の宮名は対応しないし、鷦鷯の名を持つ他の王族は、いずれも奈良盆地東南部に王宮を置いていることが伝えられる。小泊瀬稚鷦鷯《おはつせのわかさざき》の名を持つ武烈天皇は長谷に、長谷部若雀の名を持つ崇峻天皇は磐余の倉梯《くらはし》に、それぞれ宮を置いたとされている。さらに、記紀には仁徳に叛逆した雌鳥女王《めどりのひめみこ》、隼別王《はやぶさわけのみこ》の逃亡譚が記されるが、彼らの逃亡の起点は奈良盆地東南部の倉梯とされ、難波とはなっていない。こうした事例からすれば、仁徳の王宮もまた奈良盆地東南部にあった可能性が高い。

（3）王宮の格と立地

つまり五世紀の王宮群は、奈良盆地東南部に置かれた、倭王宮を含む重要な王宮群（図４－２）と、それ以外の地域に展開する周縁的な王宮群に区分することができる。前者は、その位置づけからして、中枢部王宮群と呼ぶのが適切であろう。それに対して後者は、周縁部王宮群と位置づけることで、両者の相違を認識する必要がある。

ただ中枢部王宮群と周縁部王宮群には、見過ごせない共通点もある。その基本的な立地として、平坦部ではなく、谷や丘陵部が選ばれることである。長谷、磐余、石上では、長谷は谷の中に、磐余と石上は丘陵上に位置する。中枢部王宮群の中では、即位前の継体が拠点とするなど、有力な王族が用いた忍坂も谷の中に位置する。周縁部王宮群としては、奈良盆地北部の矢田や春日、大阪湾岸の日下は丘陵部にあたり、京都盆地の宇治は丘陵と河川に挟まれた狭小な地が選ばれている。

さらに、その多くは軍事・交通の要衝に位置している。長谷や忍坂は大和と伊勢を結ぶ要路に面しており、磐余や日下は大和と河内を結ぶ要路沿いにあたる。記紀には、神武天皇のいわゆる東征伝承で、

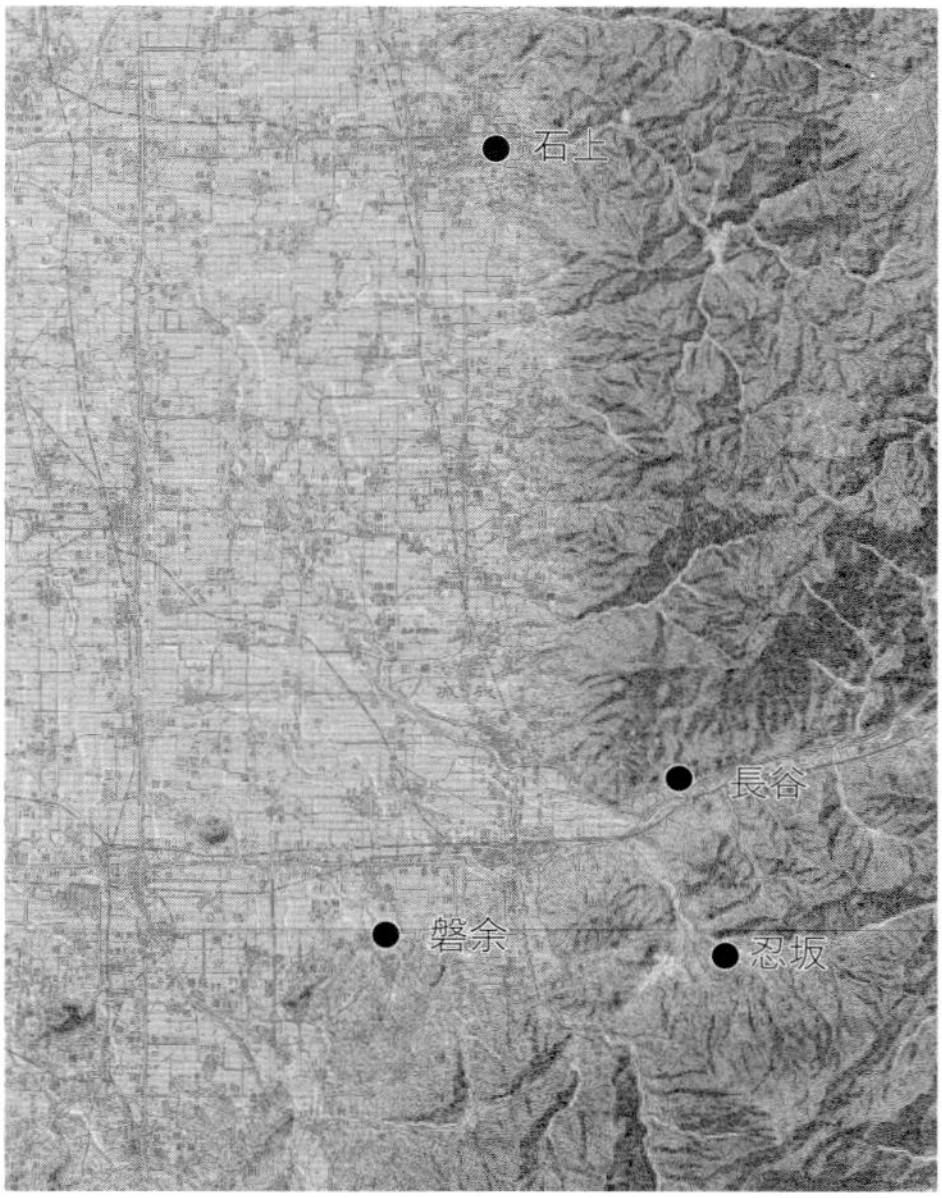

図４－２　奈良盆地東南部の主要王宮群
ひなたGIS・旧版五万分一地形図による

神武の大和入りの際、日下や磐余、忍坂が対立勢力との攻防の拠点となったことが記される。東征伝承は史実ではないが、古代の人々が、これらの王宮の地を戦略上の拠点と認識していたことを示していることは確実であろう。次節でみるように、宇治や佐保（春日）についても戦闘の舞台となったとする伝承がある。

以上にみた状況からすれば、五世紀の王宮は、みかけ上の壮麗さや執務のための利便性を重視する段階にはなく、占地に際しては軍事的機能が第一に優先されたと考えることができる（図4－2）。

二　王族のあり方

(1)多様な王族の存在

王宮が分散的に配置されたことと、軍事的機能を優先させた立地であったことは、五世紀の王族たちの権力の性格を考えるうえで重要な論点を提起している。軍事的機能の具体的な性格を示す素材としては、記紀にみえる王族たちの叛逆伝承を取り上げることができる。

佐保（奈良県奈良市）では、垂仁天皇即位の際、狭穂彦《さほびこ》王の乱が起こったことが記され、日下では、安康天皇の時、大日下王が根使主《ねのおみ》の讒言によって叛逆を疑われ、殺害されたとされる。宇治は、応神天皇に叛旗を翻して討伐される忍熊王《おしくまのみこ》との戦闘の舞台となる。住吉は、忍熊王の乱発生時の拠点となったほか、履中即位時に叛乱して討伐される住吉仲王《すみのえのなかつみこ》、履中に召喚されながらそれを拒否して住吉にとどまったとされる鷲住王《わしすみのみこ》などの叛逆伝承が集中する。

これらの伝承が示すように、王族たちの叛逆伝承が集中するのは、周縁部王宮群である。このことは、周縁部王宮群が置かれた奈良盆地北部や京都盆地南部、また大阪湾岸を拠点として、王族に含まれるものの、かならずしも倭王とは親和的でない王族たちが存在していたことを示す。

こうした王族の性格をより具体的に示すと考えられるのが、記紀に垂仁天皇と狭穂媛の子とされるホムチワケ王（本牟智和気。誉津別とも）の伝承である。ホムチワケ王は母の出自である大和の添上郡佐保で生まれたとされるが、垂仁とのつながりを示す系譜は信頼性が低く、この伝承以外に佐保との関係を示す史料も存在しない。むしろホムチの名は、大和国葛下郡品治郷にちなむと考えた方が合理的である。ホムチ部（品治部）という部民が実在し、彼らはホムチワケ王やホムチの王宮に奉仕する存在と考えられる。ホムチワケ王は、当初発語できず、出雲に赴いて出雲大神の祟りを解くことで発語可能となるのだが（『古事記』垂仁天皇段）、出雲にはやはり発語できないアヂスキタカヒコ（阿遅須枳高日子）神の伝承がまとまって存在する（『出雲国風土記』）。アヂスキタカヒコが大和の葛上郡に祭られる味耜高彦根《あじすきたかひこね》神と同一の神格であることは確実である。葛上郡には式内高鴨阿治須岐託彦根命《たかがものあじすきたかひこねのみこと》神社も鎮座する。かつ別の伝承でホムチワケ王の発語について託宣した出雲の女神、阿麻弥加都比女《あまみかつひめ》（「尾張国風土記」逸文。天甕津日女、天御梶日女とも）は、アヂスキタカヒコの后ともされ（『出雲国風土記』）、両者が密接な関係にあったことがうかがえる。

以上により、ホムチワケ王は元来、葛城勢力出自の王族であった可能性が高い。葛城の勢力は歴代にわたって后妃を輩出するなど、五世紀最大の雄族であったと考えられるが、王とは記されず、あくまでも豪族として位置づけられてきた。ただこれまでにも、『古事記』にみえるアヂスキタカヒコネ神の別名、迦毛大御神《かものおおみかみ》が、『古事記』では天皇の祖先神にのみ用いられる大御神の呼称を持つことから、葛城の祖神が天皇家と同等の位置づけを与えられていたことが指摘されていた（川副一九六六）。記紀に雄略治世下とされる葛城一言主大神《かづらきのひとことぬしのおおがみ》の伝承は、天皇とまったく同じ装束と隊列を従えた大神が葛城におり、一触即発の状況が生じたことを記すが、こうした伝承もまた、葛城の地に王族に等しい勢力が存在したことを示すものであろう。

ホムチワケ王の存在は、五世紀の段階では王族と豪族の境界がまだ明確ではなく、有力な豪族たちの中には、一時的にせよ王族を名乗ることができた人々がいたことを示しているのではないだろうか。

(2)複数の王統

王族同士の対立関係は、倭王を出す有力な王族の内部にも存在した。従来、仁徳天皇から履中天皇、反正天皇へと続く王統(仁徳系)と、允恭天皇から安康天皇、雄略天皇へと続く王統(允恭系)との間に対立関係があることが指摘されてきた(藤間一九六八)。記紀には、仁徳から履中、反正、その後は顕宗、仁賢を経て武烈まで続く仁徳系の王統と、仁徳の子とされる允恭から安康、雄略、清寧まで続く允恭系の王統が対立をくり返し、当初允恭系によって仁徳系の男性王族が、ほぼ全滅に近い弾圧を受けたことが記されている。しかし允恭系王統は、清寧天皇を最後に男系では断絶する。このことから、一連の伝承について、文学研究では仁徳系の王統が允恭系を「笑いもの」にした物語とする指摘がなされていた(神田一九五九)。

こうした理解に基づくならば、両王統の対立伝承はかならずしも史実とはみなされないということになるが、この対立は複数の異なる現象によって裏づけることができる。まず、先にみた王宮群の配置と立地は、五世紀の王族たちの間に深刻な対立が存在した可能性を示すといえる。また従来、指摘されてきたことであるが、中国の歴史書から想定される倭国の王族のあり方もこの見方を支持する。『宋書』倭国伝には、四二一年から四七七年に至る、倭の五人の王(讃、珍、済、興、武)による宋への遣使が記されている。その中で、四三八年、倭王珍による遣使に際して、倭隋ら一三人が平西、征虜、冠軍、輔国などの将軍号を叙され、それらがいずれも三品にあたり、珍の叙された安東将軍と大きな差異がなかったことが指摘されている（河内二〇一八）。倭王と同じ倭姓を有する倭隋は王族であった可能性が高い。少なくとも宋の皇帝は倭の王族たちの間に大きな実力差を認めていなかったのであり、そのことは記紀の伝承が示す王族の対立関係が、ある程度信頼できるものであることを示している。

さらに、『宋書』は倭の五王たちの血縁関係を記すが、讃と珍が兄弟、済と興、武がそれぞれ親子とされるのに対して、珍と済の間には血縁関係が記されない（図4―3）。『宋書』が誤って血縁関係を記さなかったとする誤脱説もあるが、容易には認めがたい。

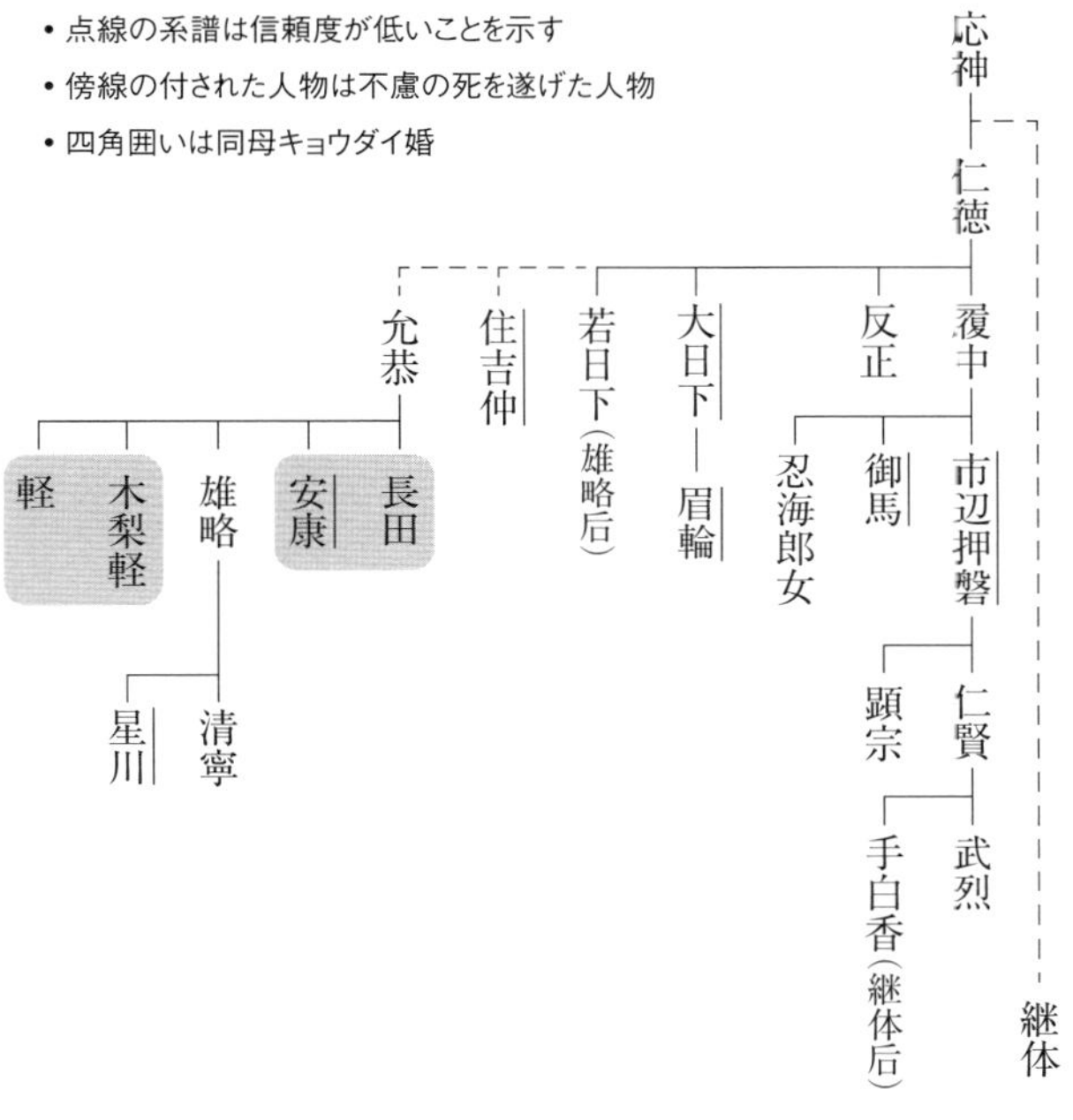

図4－3　仁徳系と允恭系の対立関係

記紀にみえる仁徳系と允恭系の王統の対立伝承も、これに対応すると考えれば理解しやすい。倭の五王と記紀の天皇との対応関係については、倭王武が雄略＝稲荷山《いなりやま》古墳出土鉄剣銘にみえるワカタケル大王にあたることを定点として、興を安康、済を允恭とする点は諸説ほぼ一致している。讃と珍については諸説あるが、記紀の皇統譜との対応関係を重視するならば、讃を履中、珍を反正とするのが妥当であろう。いずれにしても、允恭にあたる済と、それ以前の王統には血縁関係が存

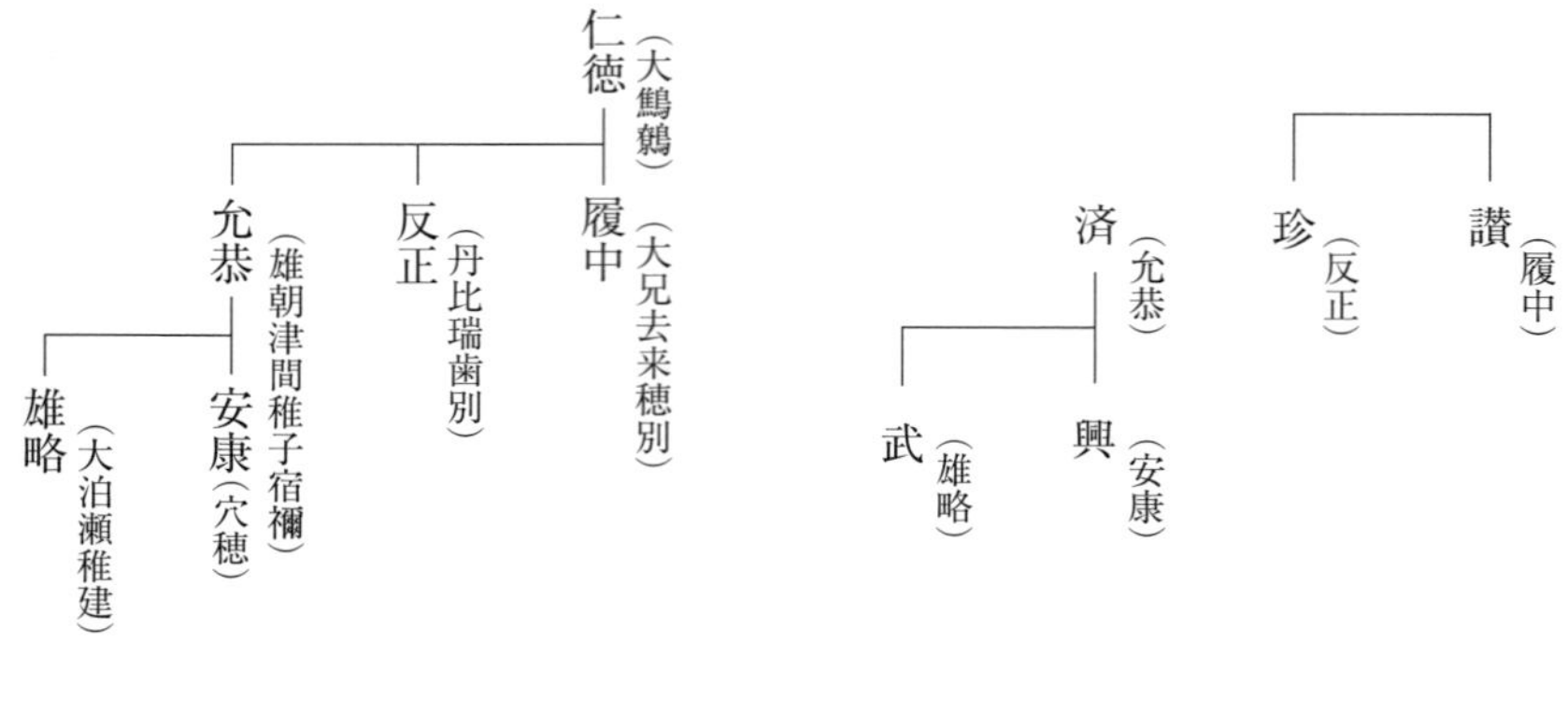

記紀の王統譜　　『宋書』の倭の五王

図4－4　倭の五王と記紀の王統譜

在しなかったことになるが、記紀の伝承もこれに対応しているのである。

仁徳の子、履中、反正に続いて即位する允恭は彼ら二人の弟とされるが、『日本書紀』の允恭即位に至る伝承は、彼が病弱で天皇たる資質に欠け、二人の兄から軽んぜられていたことが特記されるという、異例の内容である。続いて、允恭の子、安康は仁徳の子である大日下王を殺害し、その結果、大日下王の遺児、眉輪王《まゆわのみこ》は安康を殺害する。安康の弟、雄略は眉輪王を殺害し、さらに履中の子である市辺押磐王《いちのべのおしはのみこ》とその弟、御馬王《みまのみこ》をも殺害する。その結果、雄略と同世代で倭王位につく可能性のある男性王族は、仁徳系では絶えてしまうのである（図4－4）。記紀は仁徳系と允恭系の間に血縁関係を明記するが、これは実際には存在せず、両王統間では血で血を洗う争いがくり広げられていたと考えるのが妥当であろう。允恭即位を契機として、それまでの王統と血縁関係が断絶している可能性が高いことを重視すべきである。初代神武以来、すべての天皇が男系により嫡系継承されてきたとする記紀の系譜は事実ではない。

（3）允恭系王統の婚姻関係

この対立関係に対応すると考えられるのが、允恭系王統の不自然な婚姻関係である。允恭は、五世紀の倭王としては例外的に近江出自の忍坂大中姫《おしさかのおおなかつひめ》一人が伝えられるのみである。後に忍坂大中姫の妹、弟姫（衣通郎姫《そとおしのいらつめ》）を事実上の妃とする伝承がみえるが（『日本書紀』）、王族や有力豪族出自の后妃を持たない点に変わりはない。

允恭の子の世代の婚姻関係も特異である。長子とされる木梨軽王《きなしのかるのみこ》は、記紀に同母妹の軽大郎女《かるのおおいらつめ》とひそかに婚姻関係を結んだことが露見し、皇位継承者としての地位を追われたことが記される。記紀共に和歌の応答で構成され、多分に物語的だが、同母キョウダイ婚のタブーを犯した允恭の子はこの両者にとどまらない。

安康天皇の后は『古事記』に長田大娘女とされ、『日本書紀』に中蒂姫《なかしひめ》とされる。長田大娘女は記紀共に允恭の子で、中蒂姫は『日本書紀』に履中と草香幡梭皇女《くさかのはたびのひめみこ》（若日下女王）の子とされ、整合しない。ただすぐ後にみるように、記紀には、安康は仁徳の子、大日下王を殺害してその妻を奪って后とし、安康の弟、雄略はその妹を奪って后としたと伝えられる。この記事と矛盾なく理解できることが必要となる。

仮に中蒂姫を后とするならば、中蒂姫は安康に奪われる以前、大日下王の妻であったことになる。しかし中蒂姫の母、若日下女王は大日下王の妹である。記紀は、大日下王が殺害されるきっかけとして、若日下女王と雄略との婚姻関係の是非を問う場面を記すので、まったく整合しない。安康后として長田大郎女を挙げる『古事記』の系譜の方が正しいと考えられる。『日本書紀』には、中蒂姫に関する異伝として、允恭の娘とし、またの名を長田娘皇女とする系譜を載せるが、これも本来、安康后が允恭の娘であったことを糊塗する意図によるものといえるだろう（鷺森二〇〇〇）。

安康后が長田大娘女であったとするならば、両者は共に允恭と忍坂大中姫の子であるから、同母キョウダイ婚にあたる。允恭の子として伝えられる九人の男女の内、四人までがその禁忌を犯していたことになる（図4－4）。

雄略についても、その婚姻形態は特異といえる。雄略后妃として確認できる四人の中で、通常の婚姻とみられるのは一例しか存在せず（童女君《おみなぎみ》。春日和珥臣深目《かすがのわにおみふかめ》の子）、残る三例はいずれも強奪による婚姻なのである。『日本書紀』に「元妃」とされる韓媛《からひめ》は葛城円大臣《かづらきのつぶらのおおみ》の子とされ、円大臣が安康を殺害した眉輪王を庇護した罪により殺害され、葛城の所領と韓媛が雄略によって奪われたことが記される。后とされる若日下女王（幡梭皇女《はたびのひめみこ》）は、その兄、大日下王（幡梭皇子）が讒言によって殺害された後に奪われたとされる。さらに雄略は、吉備上道臣田狭《きびのかみつみちのおみたさ》の妻、稚媛《わかひめ》の美貌を知り、田狭を任那に遣わした後に稚媛を手に奪ったことが記される。雄略が仁徳系の反正の娘たちに求婚したところ、雄略が暴虐であることを理由に拒絶された、とする伝承もある。虚実を判断しがたい記事だが、雄略の特異な婚姻形態を前提とするならば、允恭系王統の王族が仁徳系王統との間に正常な婚姻関係を築くことができなかったことを示すものの可能性もあるだろう。

（4）中枢王族と周縁王族

以上に素描した王族のあり方からは、五世紀の段階では、王族はいまだ血縁によってのみ編成される存在ではなく、王族の叛逆伝承や葛城出自の王族の存在が示すように、後世からみれば王族とはいいがたい勢力の中にも王族を自称する人々がいたことが示されている。こうした王族を、周縁王族と呼びたい。周縁王族は王族としての一体性を持つものの、倭王を出す中枢王族との間には対立関係を内包する存在であった。周縁王族のあり方は、この段階の王族に必要とされていた条件として、血縁のほかに実力が重要な位置を占めていたことを示している。この実力がどのようなものであったのかは、次節で検討することにしたい。

一方、『宋書』が珍と済の間に血縁関係を示さないように、中枢王族もまた、かならずしも血縁関係で結ばれた存在とはいえない。また『宋書』にみる倭隋への叙爵記事からは、倭王と他の王族の地位に大きな相違がなかったことがうかがえる。倭王の地位も、血縁のほかにそれを裏づける権威と実力が要求されており、そのために異なる王統間でのはげしい対立がくり返されたものと理解できる。

倭王位につく条件として、血縁関係はいまだ絶対的ではなく、権威と実力が必要とされる流動的な状況が、五世紀の中央支配権力を規定していたと考えることができる。

三　五世紀の中央支配権力

(1)葛城勢力

五世紀の段階で、王族を中心とする中央支配権力が、列島社会をどのように関係を結んでいたか、そのありようにも注目しておきたい。王族を除くならば、五世紀最大の勢力と考えられる葛城勢力に関わる史料が重要な位置を占める。葛城の勢力として最初にみえるのは襲津彦《そつひこ》である。襲津彦は『日本書紀』に引用された「百済記」に、壬午年（四四二）、新羅討伐のために派遣されながら、かえって加羅国を攻撃し、天皇の不興を買ったと記される「沙至比跪《さちひこ(く)》」と同一人物とされる。「百済記」はさらに、「一云」として、沙至比跪が天皇の怒りを解くことができないままに死んだことを記す。

『日本書紀』にみえる襲津彦の伝承は、いずれも朝鮮半島から渡来人を連れ帰る話である。新羅の使節送還の任にあたった襲津彦が、草羅城《さわらのさし》（大韓民国慶尚南道梁山《やんさん》）を落として、その際に連れ帰った捕虜が桑原、佐糜《さび》、高宮、忍海《おしぬみ》という、葛城地域の漢人《あやひと》の祖となったという伝承がある（神功摂政五年三月己酉条）。これらの地域名を冠した渡来系氏族として桑原村主《すぐり》、佐味村主、高宮村主、忍海村主のいたことが知られ（『新撰姓氏録』逸文）、彼らは、東漢氏《やまとのあやうじ》の祖とされる阿智王（阿智使主《あちのおみ》）の後裔と伝えられる。葛城地域が、東漢氏到来の地と伝承されていたことがわかる。また最大級の渡来系集団である秦氏について、その祖にあたる弓月君《ゆつきのきみ》は、応神天皇の時に襲津彦に率いられて百済から渡来し（『日本書紀』応神一四年是歳条）、「大和朝津間腋上地《やまとのあさつまのわきがみのところ》」に居したとする伝承がある（『新撰姓氏録』山城国諸蕃）。葛城に所在する五世紀最大の集落遺跡である南郷遺跡群からは、渡来人が製作した土器（韓式系土器）や、百済特有の建物である大壁建物などが出土しているほか、葛城に含まれる忍海地域には、加耶や百済など、朝鮮半島の複数の地域の墓制の特徴を持つ古墳が存在し（寺口忍海《おしみ》古墳群）、考古学の分野からも葛城地域に渡来系集団が濃密に分布していたことを確認できる（坂・青柳二〇一一、神庭二〇二二）。

こうした一連の状況から、葛城の勢力が、朝鮮半島諸国との間に独自の交渉を行い、渡来集団を招来するなど、対外関係を主導する存在であったことがうかがえる。五世紀の列島社会は、軍事と開発のために不可欠な鉄素材の供給を朝鮮半島に依存していたが、葛城勢力は鉄素材をはじめとする先進資財の調達を主導していた可能性が高い。

（2）吉備と紀伊の勢力

葛城勢力と共に、この段階の対外関係を主導していたと考えられるのが、吉備と紀伊の勢力であり、彼らは相互に連携して、倭王からなかば自立した政治勢力を形成していたと考えられる。吉備が五世紀の段階で倭王に肩を並べるほどの勢力であったことは、百舌鳥古墳群に属する、列島三位の規模を持つ前方後円墳、上石津《かみいしづ》ミサンザイ古墳（履中天皇陵に比定。石津ヶ丘古墳とも。全長三六五㍍）とほぼ同規模、同規格で築造された造山古墳（全長三六〇㍍）や、それに次ぐ規模の作山古墳（全長二八二㍍）の存在から明らかである。

なお、天平一一（七四〇）年の「備中国大税負死亡人帳」から、吉備の中心地にあたる、備中国都宇《つう》郡と窪屋郡、賀陽《かや》郡に多数の渡来人が分布していたことが指摘される（直木一九八三）。造山古墳の陪冢とされる榊山古墳からは、希少な渡来系の馬形帯鉤が出土したと伝えられる。吉備にもまた渡来系集団が濃密に分布していたことが明らかである。

紀伊についても、五世紀代にはその勢力下にあったと考えられる大阪湾岸南部に、全長二一〇㍍の西陵古墳をはじめとする大規模な古墳が築造される。紀伊の勢力が朝鮮半島諸国と積極的に交流を行っていたことは、応神、仁徳の時に紀角宿禰《きのつぬのすくね》が百済で活動していたことを記す伝承、雄略の時に対新羅戦に紀小弓宿禰《きのおゆみのすくね》をはじめとする紀伊勢力が派遣されたことが『日本書紀』にみえるほか、紀伊の中枢部である名草郡には三間名干岐《みまなのかんき》氏などの渡来人の居住が確認できる（『日本霊異記』下第三〇縁）。考古資料としても、大谷古墳出土の馬冑や車駕之古址《しゃがのこし》古墳出土の金製勾玉など、朝鮮半島製の希少な遺物が出土している。

（3）葛城・吉備・紀伊の同盟関係

このように、朝鮮半島諸国との結びつきが強い葛城、吉備、紀伊の勢力は、相互に密接な関係をもっていた。葛城と紀伊の関係については、両地域が吉野川・紀ノ川の水運によって結ばれていることから確実といえる。ホムチワケ王伝承で、出雲出行に際してホムチワケが大和から紀伊への峠道を指す「木戸」から出発したとされることも、両者の関係を裏づける。

葛城と吉備については、葛城の勢力である葛木氏や鴨氏が吉備に濃密に分布し、備後には品治郡があるほか、後に雄略妃とされる吉備上道臣田狭の妻、稚媛について、襲津彦の子の玉田宿禰の娘、毛媛とする異説がある（『日本書紀』）。このほか、ほとんど注目されていないが、『日本書紀』の写本の一つ、伊勢本には、開化天皇妃として吉備彦の娘、色媛の名が記され、武豊葉田鹿別命《たけとよはたしかわけのみこと》を生んだとされる（『日本古典文学大系　日本書紀』上、六四四頁）。武豊葉田鹿別命は『古事記』にみえる開化の子、建豊波豆羅和気《たけとよはづらわけ》と同一人物と思われるが、その母は葛城之垂見宿禰《かづらきのたるみのすくね》の娘、鸇比売《わしひめ》とされる。真偽は確定しがたいが、葛城と吉備の勢力が密接で、時に一体的な関係にあったことを前提として成り立つ系譜関係であろう。

　吉備と紀伊については、新羅に派遣された紀小弓宿禰と、吉備上道采女大海《きびのかみつみちのうねめおおあま》が実質的な婚姻関係を結んだとする伝承がある（『日本書紀』）。伝承では、新羅で病死した小弓のために、大海が大阪湾岸南部の淡輪《たんのわ》に墓を作ったことが記される。淡輪の大規模な前方後円墳からは、紀伊における埴輪製作技法の一つ、淡輪技法を用いた埴輪が出土している。奈良時代の史料ではあるが、正倉院文書の中には本来、吉備の豪族であった上道氏が、河内国丹北（比）郡に居していたことを記すものがある（天平勝宝二〈七五〇〉年三月二三日付「勘籍」。『大日本古文書』編年二五―一〇九）。顕宗天皇后とされる難波女王（難波小野王）は、稚媛と雄略の間に生まれた磐城王の子とされる（『古事記』）。難波の名は、難波の地に拠点があったことを示すものと思われるが、磐城王の弟、星川王が雄略逝去を機に叛乱した際、星川方の河内三野県主小根《かわちのみぬのあがたぬしおね》が「難波来目邑大井戸田《なにわのくめのむらおおいどのた》」を助命のために大伴室屋に献上したことが記されるので、吉備系の王族が大阪湾岸に拠点をもっていたことは認めてよいものと思われる。大阪湾岸には実際に吉備の勢力が分布していたことになる。葛城の勢力が大阪湾岸に勢力を拡大していたことはすでに指摘されている。

　五世紀には、倭王と対峙できるだけの実力をそなえた葛城、吉備、紀伊の勢力が、大阪湾岸を拠点としつつ、独自に朝鮮半島諸国との交流を行っていたことになる。大阪湾岸は周縁王族の拠点でもあったが、住吉を拠点とする彼らの叛逆は、多くの場合海人集団の支持を得ている。このことは周縁王族、および彼らと親和的関係にある葛城、吉備、紀伊の勢力が、朝鮮半島への外洋航海を通じて海人集団と密接な関係にあったことを物語っている。

これらの事実は、五世紀の段階では、中央支配権力は倭王を中心とする専制的な支配体制を作り得ていたわけではなく、倭王に対抗できる有力な対抗軸を内包する、分節的な状況が支配的であったと考えるべきである。

(4)地域社会との関係

中央支配権力の分節的なあり方は、地域社会との関係にも反映されていた。大阪湾岸から瀬戸内海沿岸をへて北部九州へとつながる地域は、他地域に比べていち早く国家形成に関与した先進地域であるが、葛城、吉備、紀伊の勢力はこの地域に強い影響を及ぼしていた。紀伊の勢力がこの地に濃密に分布していることについてはいくつかの指摘があったが（薗田一九七〇）、葛城、吉備もまた同様の傾向にある。

瀬戸内東部の播磨は、『播磨国風土記』が遺るなど、比較的史料にめぐまれている。播磨には、葛城氏の同族、玉手臣や味耜高彦根神、品遅部《ほむちべ》など、葛城勢力の存在を示す氏族名や神名が多くみえる。『播磨国風土記』にみえる品《ほむ》太《た》天皇巡行伝承も、応神天皇伝承とする見解が通説的だが、品太天皇の陪従者として当麻品遅部君前玉《たぎまのほむちべのきみさきたま》という人物が伝承されること（賀毛郡上鴨里条）、巡行伝承と葛城系氏族の分布とほぼ一致することなどから、むしろホムチワケ王伝承との関わりで理解すべきである。このように、播磨には葛城勢力が入っていたことを示す史料が多く遺されている。

吉備の勢力もまた、播磨に強い影響を及ぼしていた。『古事記』には、大吉備津日子と若建吉備津日子が「針間の氷河《ひかわ》の前」に忌瓮を据え、吉備を平定したとの伝承が記される（孝霊天皇段）。氷河は現在の加古川にあたる。『播磨国風土記』には、この古態を示す伝承がみえ、そこでは丸部臣《わにべのおみ》らの始祖、比古汝茅《ひこなむち》が派遣されて国界が定められたとあり、その際に吉備比古、吉備比売の二人が出迎えたとされる（印南郡南毗都麻《なびつま》条）。これらの伝承は、播磨を東西に二分する加古川を境界として、中央支配権力と吉備の勢力が対峙していた状況が存在していたことを示す。播磨に中央から和珥氏が派遣されて地域支配を行ったことは、雄略天皇の時、和珥系の春日小野臣大樹が播磨の逆賊を討伐した伝承があることからも裏づけられる。加古川以西にあたる揖保郡林田里は、本来、談奈志《いわなし》里といったが、これは吉備頭部の備前国磐梨《いわなし》郡石生《いわなし》郷、また同地を拠点とする石生別公《いわなしのわけのきみ》（後の和気氏）にちなむものと考えられる。『播磨国風土記』は、孝徳朝（六四五～六五四）に備前に接する佐用《さよ》郡で和気氏の同族、別部氏が鉄を見出したとしており、播磨、とりわけ西部における吉備勢力の影響は強固なものがあった。

こうした葛城、吉備、紀伊の勢力の影響は、日本海側の出雲でも確認できるし、瀬戸内沿岸、北部九州の拠点的な港津には、これらの勢力が結集していた状態を確認できるので、西日本ではある程度共通する現象であったと考えられる。出雲では、葛城の神格であるアヂスキタカヒコの伝承が分布することは先にみたとおりであるし、西部を中心として吉備の勢力も分布した。『日本書紀』の国譲り神話にみえる熊野の諸手船《もろたぶね》は、紀伊の造船技術によってつくられた船舶とされる。瀬戸内沿岸では、播磨の飾磨《しかま》郡や周防の佐波《さば》郡、北部九州では筑前の志麻郡や肥前の基肄郡、三根郡などの水陸交通の結節点には、葛城や吉備、紀伊の勢力が分布していた。

地域社会には、開発に不可欠な鉄をはじめとする先進資財の調達に対する強い希求があったはずで、それを供給することのできる葛城、吉備、紀伊の勢力との交渉には重要な意味があった。五世紀の中央支配権力は倭王を中心とした専制的な支配体制を構築するには至っておらず、分節的な支配関係が持続していたのである。

四　雄略天皇の統治とその後の展開

(1)対立勢力の弾圧

こうした関係が大きく展開を遂げはじめるのが、五世紀後半、雄略天皇の時である。四七五年、高句麗の攻撃によって百済の都、漢城が陥落し、蓋鹵王《がいろおう》が殺害されて百済が一時的に滅亡したことによって、朝鮮半島諸国の関係は一気に流動化する。こうした情勢は列島社会にも大きな影響を及ぼした可能性が高い。記紀には、同時代の雄略の統治下において、多くの王族や豪族が弾圧された伝承がみえる。そのすべてが事実かどうかは慎重に見きわめる必要があるが、注目されるのは、弾圧の対象に一定の傾向があることである。王族としては、すでにみたように仁徳系である。豪族としては、葛城、吉備、紀伊の勢力である。葛城氏に対しては、葛城円大臣が、安康を殺害した眉輪王《まゆわのみこ》をかくまったため殺害し、その所領と娘（韓媛）を奪ったとする。吉備の勢力に対しては、先にみた吉備上道臣田狭の伝承のように、田狭を任那国司に任じ、その隙に妻の稚媛《わかひめ》を奪ったとされる。また雄略に対して叛意を抱いていた吉備《きびの》下道臣前津屋《しもつみちのおみさきつや》を、兵を派遣して殺害したとされる。紀伊に対しては、紀氏の同族、坂本臣の祖とされる根使主が大日下王を讒言し、その礼物を奪ったことをとがめ、和泉の日根で殺害したとされる。

互いに同盟関係を築いていたとみられる葛城、吉備、紀伊の勢力が、同じ雄略の治世下で弾圧され、衰退したとされることは偶然ではないだろう。百済の一時的滅亡による朝鮮半島情勢の流動化によって、朝鮮半島諸国との交流を主導してきたこれらの勢力の立場もまた不安定な状況に置かれた可能性が高い。雄略は、葛城、吉備、紀伊の政治的連合体を弾圧することによって朝鮮半島諸国との外交関係の独占を進め、合わせて仁徳系の王族を粛清することで、允恭系王統の専権の確立を図ったものと思われる。

よく知られるように、雄略にあたるワカタケル大王の名を刻んだ刀剣が列島の東西から出土し（埼玉県稲荷山古墳、熊本県江田船山古墳《えたふなやま》）、雄略（倭王武）が宋に送った上表文には、倭王が先祖代々、おそらくは朝鮮半島諸国（海北九十五国）を含む、列島とその周辺地域を平定したことが誇示される。

倭の五王の時代には、倭王やその臣下たちが宋の皇帝から賜与された将軍号に基づいて統治を行う府官制という支配制度が導入されている。また杖刀人《じょうとうじん》（稲荷山古墳出土鉄剣銘）、典曹人《てんそうじん》（江田船山古墳出土大刀銘）といった、職務に応じて人々を何々人に任じる、人制《ひとせい》という支配制度が成立していたことも指摘されている。五世紀を通じてこのような支配制度が徐々に成立していったことは否定できない。雄略朝を画期として、中央支配権力の統合が強力に推進されたことは事実であろう。こうした状況から、雄略の王権について、その専制的性格を積極的に評価する見解がある。

ただ府官制や人制がどの程度まで整った制度であったかについては慎重な検討が必要である。人制は包括的な官僚制度とはいえず、あくまでもその萌芽的形態と捉えるべきであるし、中国の皇帝の権威によって支配を維持しようとする府官制にどの程度の実効性が期待できたのかは疑問である。

(2)王統の断絶

五世紀の中央支配権力が達成した支配関係を正確に位置づけるためには、専制的と評される雄略後の展開を含めて考える必要があるだろう。記紀は、雄略逝去後、清寧天皇の即位時に吉備出自の母を持つ星川王の乱が起き、星川王は討伐されるものの清寧は后妃も子もないままに逝去した結果、「天下治《あめのしたしら》すべき王なし」（『古事記』）という事態に陥ったことを記す。この時は雄略により父、市辺押磐王を殺害され、播磨に潜伏していたという億計《おけ》王（仁賢天皇）、弘計《をけ》王（顕宗天皇）が見出されて即位し、皇統は継承されるが、仁賢の子、武烈天皇がふたたび子のないままに逝去すると、もはや倭王位を継ぐべき王族は近辺にはみあたらず、「日続《ひつぎ》知らすべき王なし」（『古事記』）という深刻な状況を迎える。皇嗣の断絶という事態は、近江と越に出自を持つ継体天皇の出現により回避されるが、五世紀後半から末にかけての倭王をめぐる状況がきわめて不安定であったことがうかがえる。

このことを仁徳系と允恭系という二つの王統に即してみると、清寧の死によって允恭系王統は男系では断絶することになる。顕宗、仁賢の即位により、一時は断絶の危機にあった仁徳系王統が復活するのだが、彼らの即位はその叔母（市辺押磐王の妹）、忍海女王《おしぬみのひめみこ》（飯豊青女王《いいどよのあおのひめみこ》とも）の庇護下で実現する。忍海女王の母、つまり履中の后は襲津彦の子、葦田宿禰の子の黒媛であり、その王宮は葛城忍海高木角刺宮《かづらきのおしぬみのたかきのつぬさしのみや》と伝えられるから、葛城勢力に連なる人物である。仁徳系王統の復活は、允恭系王統に弾圧された葛城勢力の一時的な復活をも意味していたことになる。

しかしその仁徳系王統もまた、武烈の死によって男系では断絶する。倭の五王を出した二つの王統は、男系ではいずれも絶えるのである（ただし仁賢は雄略の子の童女君を、継体は仁賢の子の手白香女王《たしらかのひめみこ》を后に迎えることで血統をつないではいる）。継体は応神五世の子孫を自称するが、その系譜は信頼性に乏しい。少なくとも継体は仁徳以降の王統とはつながる存在ではない。六世紀の中央支配権力は、事実上の新王統によって拓かれることになる。

（3）直接支配の進展

星川王の乱と顕宗、仁賢の発見と即位という二つの事件は、この段階の中央支配権力の統合と地域支配の進展を検討するうえで重要な意味をもっていた。星川王の乱では、星川王と母の稚媛が「大蔵官《おおくらのつかさ》」に籠もり、決起するが殺害されるというもので、従来、小規模な事件として十分な検討が行われていなかった。しかしこの乱に荷担したとして殺害された兄君《えきみ》と城丘前来目《きのおかざきのくめ》は、それぞれ吉備と紀伊の人物と考えられる。兄君は磐城王の異父兄と記されるが、磐城王は星川王の兄であり、その異父兄とはつまり、稚媛と吉備上道臣田狭の子であることを意味する。城は紀に同じであり（共に上代特殊仮名遣乙類）、同一人物と思われる紀岡前来目の名が雄略天皇の時にみえる（『日本書紀』）。丘前（岡崎）は中世の岡崎庄に名を遺す、紀伊国名草郡の地名である。さらに、星川王の決起を知った吉備上道臣は、水軍四〇艘を派遣して救援を企てるが、そのことが露見して処罰されたとされる。つまり吉備や紀伊の勢力は雄略の弾圧後もその勢力を温存していたことになり、星川王の乱は、それらの勢力が結集した大規模な内乱として位置づける必要がある。

吉備上道臣に対する処罰とは、彼らが支配する山部を奪うことであったとされる。山部とは山林資源の管理を担う集団を意味するが、先にみた中央支配権力と吉備の関係を想起するならば、吉備勢力が支配する山林資源とは播磨に存在した可能性を考える必要がある。『播磨国風土記』や都城出土の木簡、既多寺大智度論題跋や正倉院文書からは、山部、山直など、山林資源の管理に関わる氏族が播磨の広域に分布していたことを読み取ることができる。星川王の乱を契機として、中央支配権力は、それまで吉備が播磨に保有していた山林資源の支配権を掌握した可能性が高い。

この推測を裏づけるのが、顕宗、仁賢の発見と即位の物語である（いわゆるオケ・ヲケ伝承。図4－5を参照）。二人の王を見出したのは、播磨に派遣された山部連小楯《やまべのむらじおだて》という人物だが、『日本書紀』は、彼がその功績によって「山官《やまのつかさ》」に任じられ、その「副」として吉備臣を置き、山守部を置いたことを記す。『日本書紀』は小楯の官職を当初、「播磨国司」と記すが、これは律令制下の知識に基づく潤色である。『播磨国風土記』は、小楯の任務をより直接

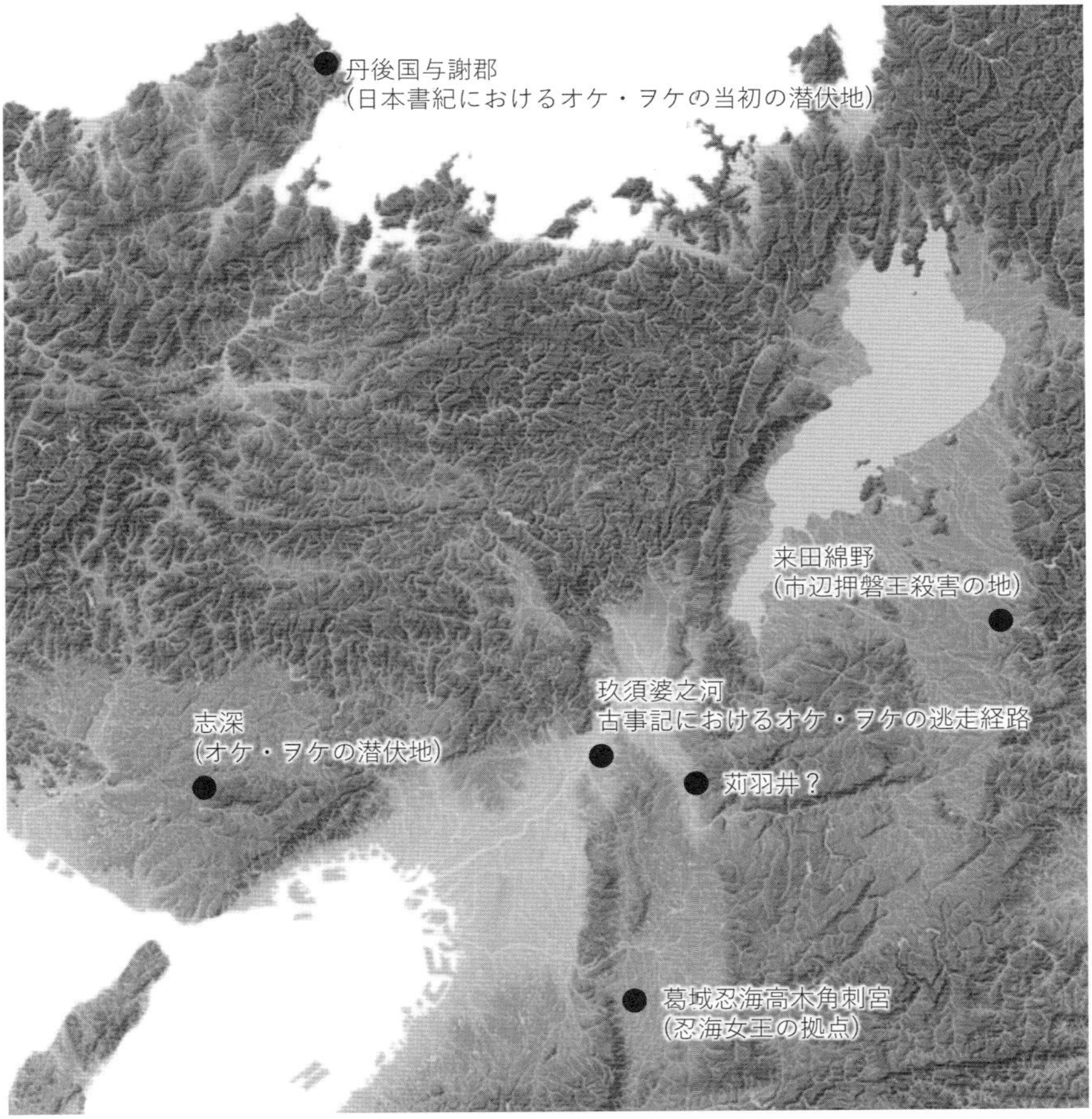

図４－５　オケ・ヲケ伝承関係図　ひなたGIS・川だけ地形地図による

的に「針間国の山門《やまと》の領《つかさ》」（山林資源の管理者）と記す。これらの記事を合わせ考えるならば、顕宗、仁賢発見の頃を契機として、かつて吉備勢力が占めていた播磨の山林資源の管理は、中央から派遣された山部氏によって掌握されたことになる。さらに、二人を庇護した忍海女王に対応して、播磨で二人を庇護し使役した人物として、忍海部造《おしぬみべのみやつこ》細目《ほそめ》という人物の名がみえる（『日本書紀』）。忍海部造氏は、葛城の忍海の王宮とそこに居する王族に奉仕する人々を管理する氏族と考えられる。

顕宗、仁賢の伝承が示しているのは、忍海女王の登場によって彼女とその王宮に対する奉仕集団が播磨に設置され、そこを拠点として中央支配権力による播磨の山林の直接支配がはじまったということであろう。顕宗、仁賢の潜伏地とされる美嚢郡《みなぎぐん》縮見《しじみ》の地は、東西の要路が通過する要衝の地であるが、大和の側から加古川東岸を臨む絶好の立地であり、吉備勢力を牽制するにふさわしい。六世紀には、中央の支配拠点である縮見屯倉が置かれる地でもある。また播磨の山林が外洋航海可能な船舶の造営や造寺・造都に用いられる良材の産地であったことは、『住吉大社神代記』の諸伝承や、正倉院文書にみえる奈良時代の播磨山作所の存在から明らかである。

二人が実際に播磨に潜伏したかどうかはわからない話だが、そのことよりも重要なのは、星川王の乱も合わせて、二度にわたる王統の断絶という危機的な状況下で、中央支配権力による直接的な地域支配が着実に進展していることが示されている点である。これは倭の五王の時代には実現できなかったことであり、これ以降、継体新王統の出現で、中央支配権力の分立は解消され、さらにミヤケ制や国造制という、制度に基づく支配体制の成立により、直接的な地域支配は全国的に拡大してゆくことになる。

おわりに

ここでは、倭の五王の時代を通じて、記紀の王名から推定できる王宮のあり方と、記紀、また諸国の風土記の伝承にみえる王族、豪族のあり方を分析し、五世紀の中央支配権力を流動的で分節的な状態と捉え、それに対応して、地域社会もまたなかば自立的な状況にあったことを論じた。五世紀を通じて倭王の権力は強大化するものの、王統の分立を解消することはできず、五世紀末の段階でもなお、不安定な状況にあったことと結論づけた。

こうした状態は、清寧逝去後に復活した仁徳系王統もまた、打開することはできなかったとみられる。中央支配権力による直接的な地域支配は進展するが、支配制度を伴う真に専制的な権力の支配成立は、継体新王統の成立を待たなくてはならない。

〈付記〉本章の私見は、個別に注記していないが、拙著『国家形成期の王宮と地域社会―記紀・風土記の再解釈―』（塙書房、二〇一九年）、『倭国　古代国家への道』（講談社現代新書、二〇二一年）、および拙稿「日本古代における伝承と史実の間―オケ・ヲケ伝承を手がかりに―」（桜井市纒向学研究センター『纒向学の最前線―桜井市纒向学研究センター設立一〇周年記念論集―』桜井市纒向学研究センター、二〇二二年）に基づいている。参考文献共々参照していただければ幸いである。

【参考文献】

川副武胤　一九六六『古事記』至文堂

神田秀夫　一九五九『古事記の構造』明治書院

神庭　滋　二〇二二「黄泉の世界」松田真一編『葛城の考古学―先史・古代研究の最前線―』八木書店

岸　俊男　一九七三「造籍と大化改新詔」同『日本古代籍帳の研究』塙書房

小島憲之　一九六二〜一九六五『上代日本文学と中国文学―出典論を中心とする比較文学的考察―』（上・中・下）塙書房

北村優季　二〇〇三「記紀にみえる日本古代の宮号」『山形大学歴史・地理・人類学論集』四

鷺森浩幸　二〇〇〇「名代日下部の成立と展開」『市大日本史』三

薗田香融　一九九二「古代海上交通と紀伊の水軍」同『日本古代の貴族と地方豪族』塙書房

河内春人　二〇一八『倭の五王―王位継承と五世紀の東アジア―』中央公論新社

津田左右吉　一九六六『古事記及び日本書紀の新研究』『津田左右吉全集』別巻一

藤間生大　一九六八『倭の五王』岩波新書

直木孝次郎　一九九六「吉備の渡来人と豪族―鉄の生産と反乱伝承をめぐって―」同『飛鳥奈良時代の考察』高科書店

坂靖・青柳泰介　二〇一一『シリーズ遺跡を学ぶ七九　葛城の王都　南郷遺跡群』新泉社

第五章　倭の五王と東国の古墳時代社会

若狭　徹

はじめに

讃《さん》・珍《ちん》・済《せい》・興《こう》・武《ぶ》の五人の倭王の活動は、古代中国の文献（『宋書《そうじょ》』）に五世紀（古墳時代中期）の出来事として記録されている。彼らは豪族の連合体であった倭政権を代表する王たちであり、その奥津城の多くは巨大な前方後円墳として大阪平野の百舌鳥《もず》・古市《ふるいち》古墳群に造営されたと考えられる。

百舌鳥・古市古墳群には、墳丘長五一三㍍（加藤・土屋・相馬二〇二三）の大仙陵《だいせんりょう》古墳を筆頭に、四〇〇㍍超一基、三〇〇㍍超一基、二〇〇㍍超七基の巨大前方後円墳が集合する。四世紀後半から五世紀末までの倭の巨大墳墓の大半はここに集中している。

しかし、一極集中ではない。同古墳群が成立する以前から王陵の地であった奈良盆地にも巨大古墳は築造された。四世紀中頃から五世紀にかけて、奈良盆地北部の佐紀《さき》古墳群には二〇〇㍍超が八基、盆地南西部の馬見・葛城古墳群に六基、オオヤマト古墳群に一基が築造されている。広瀬和雄は百舌鳥・古市を含め、畿内五大古墳群と称している（広瀬二〇〇七）。

このような巨大古墳の併存からみて倭の王族は一系統ではなく、複数の系統が併存したことが明らかである（古市二〇二二）。五王の遣使が記された『宋書』には、彼らの関係が、①讃（父）―珍（子）と、②済（父）―興（子・兄）―武（子・弟）として記載され、①と②が接続していない。このことと、古墳群のあり方が整合するのである。

ところで、埼玉県の埼玉稲荷山《さきたまいなりやま》古墳から出土した銘文鉄剣には、剣の所持者である「ヲワケ」が「ワカタケル大王」の王宮に仕えたことが記されている。ワカタケルは、『日本書紀』では大泊瀬幼武、『古事記』では大長谷若建と表記された雄略天皇のことであり、倭の五王の最後の「武」に比定されているところである。また、銘文からは当時「大王」号が存在していたことが知られる。

大王を名乗ったワカタケルすなわち武は、宋の皇帝への上表に際し、国内での事績を総括する形で「東は毛人を征すること五五国、西は衆夷を征すること六六国」と記した。本章で取り上げる東国については、野蛮な「毛人」の地に擬せられているのである。

同様に、『日本書紀』・『古事記』・『常陸国風土記』においても、東方地域は景行天皇の王子であるヤマトタケルの東征によって服属させられた「土蜘蛛」や「蝦夷」の世界として描かれる。こうした中央史観に依拠するなら、倭世界の半分を占める広大な東国社会は、古墳時代のある段階までは制圧すべき蝦夷の盤踞する世界だったと考えられがちである。

しかし、はたしてそうであろうか。毛人五五国は、ヤマトを中華になぞらえた外交上の言説にほかならない。東国の古墳を改めて検討すれば、東方のクニグニもまた倭政権を構成する重要なメンバーであり、倭の五王をサポートする対外活動の担い手であったことが見えてくる。本章ではこのことを確認していきたい。

一　古墳前期後半の東日本の大型古墳

(1)出現した大前方後円墳

本章で用いる「東国」は、奈良時代の防人の徴発範囲である東山道の信濃以東、東海道の遠江以東の国々と、陸奥・出羽を含む範囲とする。ところで、倭の五王の時代の直前である古墳時代前期には、早くも東国に墳丘長二〇〇メートルに迫る大型の前方後円墳が登場している。陸奥の仙台湾に面した雷神山《らいじんやま》古墳（宮城県名取市・一六八メートル）、関東平野北東の常陸の久慈川水系にある梵天山《ぼんてんやま》古墳（茨城県常陸太田市・一六〇メートル）、関東平野最奥部の上毛野に位置する浅間《せんげん》山《やま》古墳（群馬県高崎市・一七二メートル）、中央高地の甲斐に造営された甲斐《かい》銚子塚《ちょうしづか》古墳（山梨県甲府市・一六九メートル）である。

このなかで最も古いのは梵天山古墳であり、墳丘平面形は奈良県桜井市の箸墓《はしはか》古墳（前期前半築造）と類似している。しかし、実際の築造時期は前期前半までさかのぼる確証がなく、ここでは全国の共通編年である『前方後円墳集成』3期（近藤義郎編一九九二『前方後円墳集成　畿内編』、山川出版社）に位置付けたい。他の三基は出土遺物が明らかであり、前方後円墳集成4期（以下、集成〇期と表記）に位置付けられている。以下では、まずこの三基を掘り下げてみよう。

(2)名取雷神山古墳

仙台平野に細長く張り出した愛島《めでしま》丘陵の東部縁辺に設計され、一部に周濠と周堤も備えた堂々たる前方後円墳である（図5－1－2）。側面を海側に向け、葺石を貼って視覚効果が高められている。埋葬施設は不明であるが、墳丘に

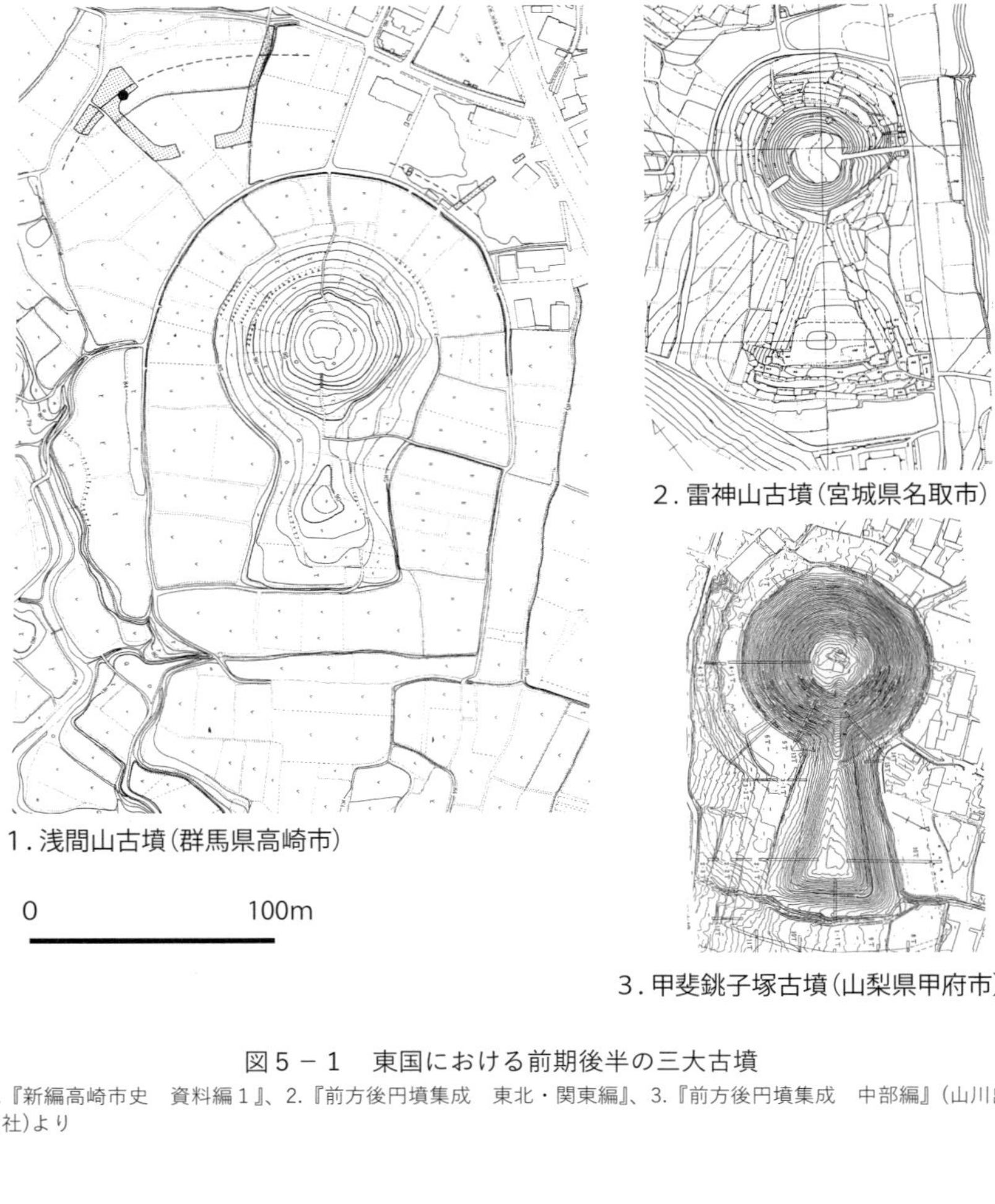

1．浅間山古墳（群馬県高崎市）

2．雷神山古墳（宮城県名取市）

3．甲斐銚子塚古墳（山梨県甲府市）

図５－１　東国における前期後半の三大古墳

1.『新編高崎市史　資料編１』、2.『前方後円墳集成　東北・関東編』、3.『前方後円墳集成　中部編』（山川出版社）より

底部穿孔壺形土器と壺形埴輪を配置したことが知られる。なお、大型円墳の小塚古墳（径五四㍍）が後円部側に並んで築造されている。

本古墳の墳形は、奈良県奈良市佐紀古墳群の宝来山《ほうらいさん》古墳（二二四㍍）との類似を指摘する意見があり（澤田二〇一七）、前期後半に佐紀古墳群を営んだ王権中枢との関係を取り結んだ可能性が考えられる。またその選地は、太平洋から名取川に沿って入り込んだラグーン（潟湖）からの視点を意識したとみられる。本古墳の位置は、古墳前期の東海東部地方（駿河）産の舟運用大型壺（大廓型壺）の分布論的検討（柳沼二〇一三）からみて、常陸北部の那珂湊から北上した太平洋航路の北縁部に位置することが分かる（図5－2）。それと同時に、関東地方西部から北進し、福島県中通りの阿武隈川の谷を経て仙台平野に至る陸路（後の東山道に相当するルート）が本古墳の辺りで結節すると推定される。

このことから雷神山古墳の被葬者は、関東地方と東北地方の太平洋岸を結んだ海路の津を管理するとともに、陸路も押さえた首長像を想定することができる。本古墳以前の東北地方の大型墳は、内陸部の会津盆地に存在していた（会津大塚山《あいづおおつかやま》古墳・一一四㍍、亀ケ森《かめがもり》古墳・一三〇㍍）ため、集成4期に太平洋岸に登場した本古墳の規模の画期性は際立っている。畿内と結ぶ太平洋岸の交通路の整備にあたって、東北地方南部地域の諸豪族の共立によって本古墳が成立したと考えられる。

(3)浅間山古墳

古墳の概要　関東平野最奥部の上毛野西部、利根川支流である烏川の北岸段丘上に位置する。その近くには、ほぼ同時期の大型古墳が多数存在する。墳長一二三㍍の前方後円墳である大鶴巻《おおつるまき》古墳、造り出し付円墳である長者屋敷《ちょうじゃやしき》

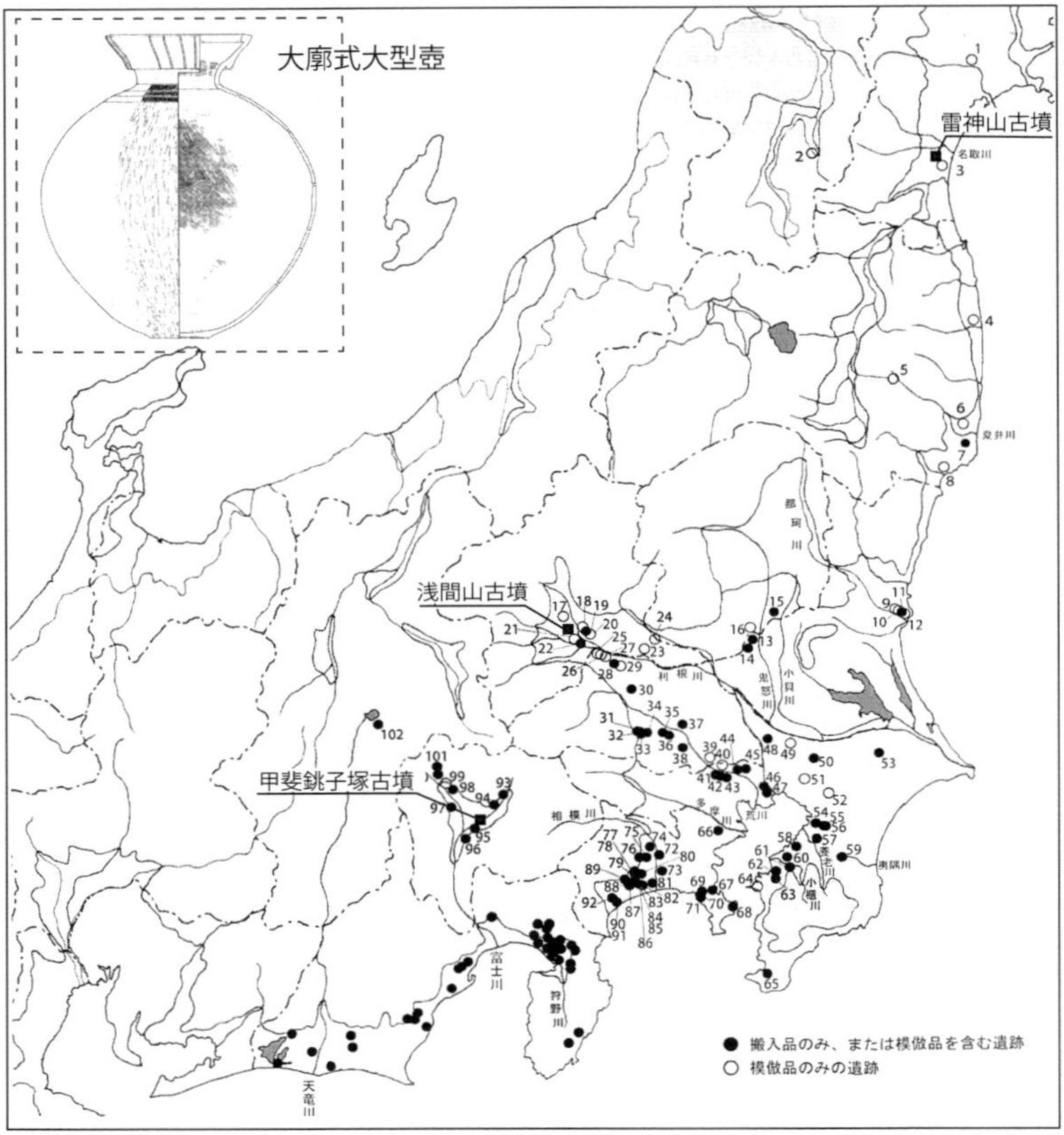

図５－２　大廓式壺の分布と三大前方後円墳

柳沼賢治(2013)「大廓式土器の広がり」『駿河における前期古墳の再検討』に加筆

天王山《てんのうやま》古墳（五〇㍍）、大型円墳である大山古墳（五四㍍）・庚申塚《こうしんづか》古墳（四五㍍）・茶臼塚古墳（五〇㍍か）である。この状況から、集成4期前後において東国で最も隆盛したエリアと言うことができる。

浅間山《せんげんやま》古墳は墳長一七二㍍で、古墳前期の東日本において最大の墳丘規模を誇り、埋葬施設は不明だが、葺石とⅡ期の円筒埴輪を装備する。それとともに周囲に広大な二重周濠を巡らしており、外濠と内濠の間の中堤の斜面にも葺石があることが判明している（図5―1―1）。

また、大王墓の可能性がある奈良県奈良市佐紀陵山《さきみささぎやま》古墳（二

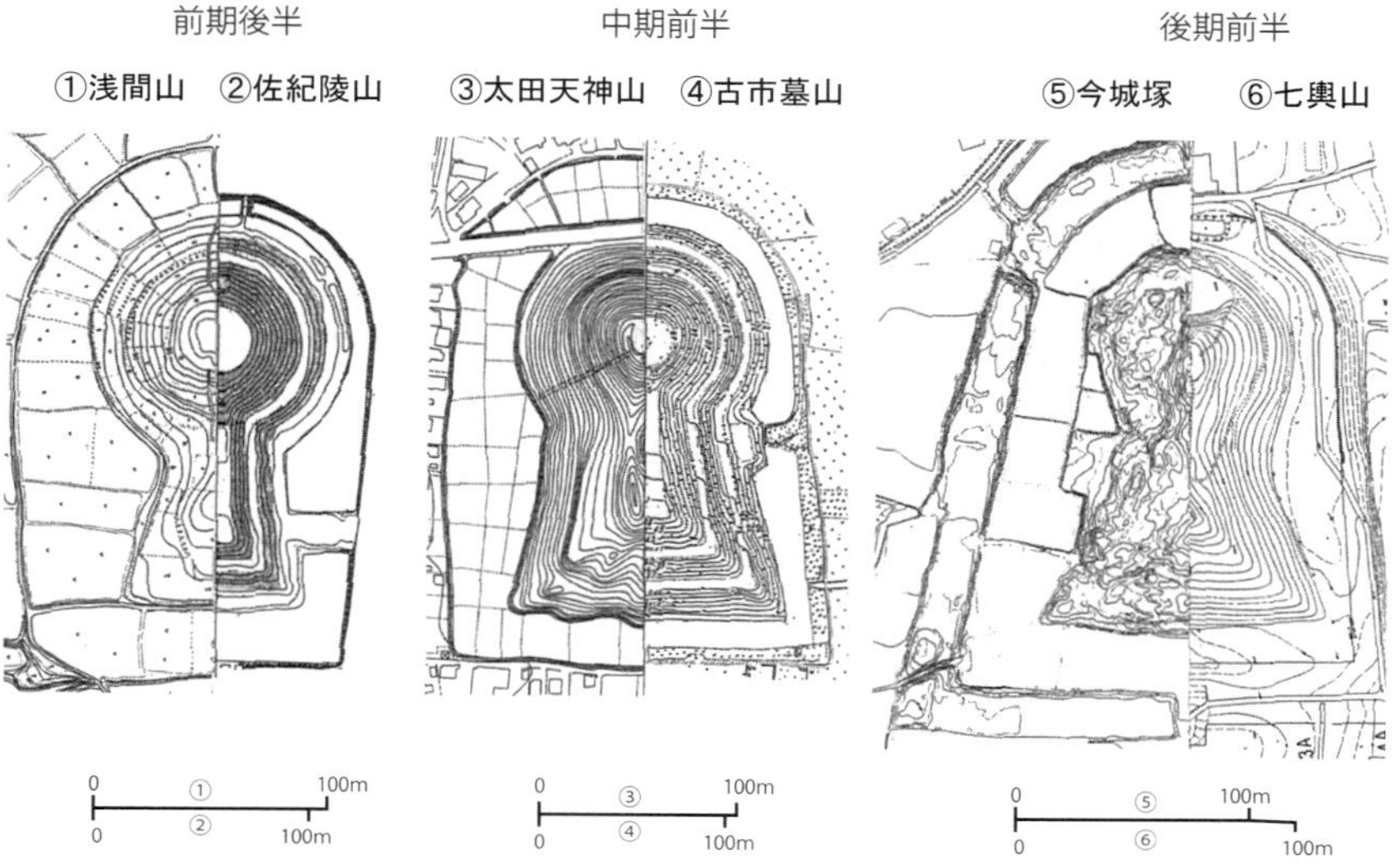

図5－3　上毛野とヤマトの主要前方後円墳の規格の相似

〇九㍍、四世紀中葉）に近似した墳丘規格を採用（図5－3）しており、奈良盆地南東部のオオヤマト古墳群から王陵を奈良盆地北部に移した「佐紀政権」と関係を取り結んだことが推量される（若狭二〇一一）。

　前方後円墳における二重周濠は、古市古墳群の初出の古墳で大王墓の可能性もある津堂城山《つどうしろやま》古墳（大阪府藤井寺市・二〇九㍍・四世紀後半）が最古であるが、浅間山古墳の時期は、同古墳より大きく下ることはないと考えられる（図5－4・5－13）。つまり、国内でも最も早く二重周濠を備えた古墳の一群としてよいのである。

佐紀陵山型規格の意味　佐紀陵山型の前方後円墳は、丹後の網野銚子山《あみのちょうしやま》古墳（京都府京丹後市・二〇一㍍）・神明山《しんめいやま》古墳（同・一九八㍍）、播磨の五色塚《ごしきづか》古墳（兵庫県神戸市・一九四㍍）、和泉の摩湯山《まゆやま》古墳（大阪府岸和田市・二〇〇㍍）、伊賀の御墓山《みはかやま》古墳（三重県伊賀市・一八八㍍）などがあげられる。

　丹後の二基は、丹後半島北縁部の海を臨む丘陵端部に築造されており、日本海側の重要な津を根拠として成立している。五色塚古墳は瀬戸内海の淡路海峡に臨み、摩湯山古墳は

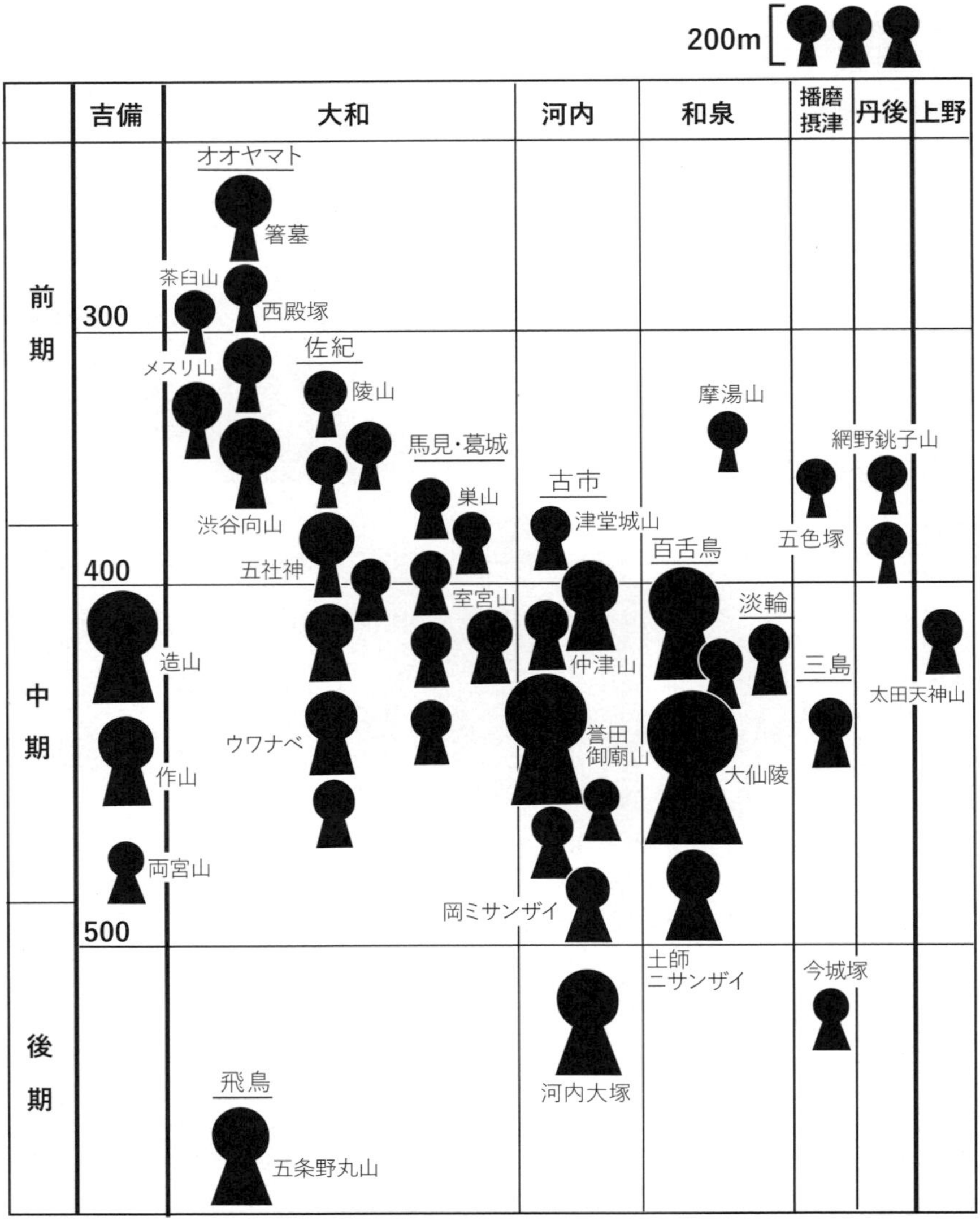

下線は古墳群を示す。前方後円墳が小型化する後期のみ墳丘長181mの今城塚古墳を入れた。

図5－4　日本の主要な前方後円墳の編年　墳丘長約200m以上のもの

当時の大阪湾に近い丘陵端部に位置する。岸本直文は、これらの古墳がいずれも水上交通の要衝に位置することから、倭王権の対外活動にかかわって海上交通の要所や王権の外港の所在地に配置されたと考える（岸本二〇一〇）。四世紀後半の朝鮮半島では高句麗が南進して百済を圧迫しており、百済は対抗措置として背後の倭との同盟を構築した（七支刀の伝来〔三六九年〕が同盟の証と考えられている）。高句麗の広開土王碑（中国遼寧省集安市、四一四年建碑）には、高句麗軍が新羅に侵攻した倭軍を四〇〇年に撃退した記載がみられるため、倭は百済との同盟を背景に、朝鮮半島に軍事力を展開したと考えられる。このとき、古墳時代初期から奈良盆地南東部に巨大前方後円墳を営んできたオオヤマト古墳群から、対外交流のチャンネルを有していた佐紀古墳群を築造した勢力へ、政治的主導権の移動が行われたと推定される。

また下垣仁志は、佐紀陵山型の前方後円墳が畿内の四至を画する存在として築かれたと主張する（下垣二〇一五）。佐紀陵山古墳を中核として、滋賀県大津市膳所《ぜぜ》茶臼山《ちゃうすやま》古墳（北・墳長一二二メートル）、御墓山《みはかやま》古墳（東）、五色塚古墳（西）、摩湯山古墳（南）が四方の交通路の要衝を押さえているとの理解である。このように古墳時代前期後半は、朝鮮半島にまで及ぶ広範な交通網が確立した時代ということができる。

水運ネットワークの構築　以上の理解を踏まえると、浅間山古墳はこの時期の東国最大の古墳であり、かつ佐紀陵山型として成立していることから、倭の豪族連合体の東縁を画する存在として位置づいた可能性が高い。また、関東北西部におけるこの時期の水上交通は、先述の大廓型壺の分布や東海西部系S字状口縁台付甕の分布からみると、まず東京湾から現荒川に入り、埼玉県熊谷市界隈で利根川流路に接続し、さらに遡上して上毛野に到達するルートであったと考えられる（図5－2・5－5）。

浅間山古墳が存在する高崎市倉賀野町には、江戸時代の利根川水運の最上流の河岸であった「倉賀野《くらがの》河岸」が存在

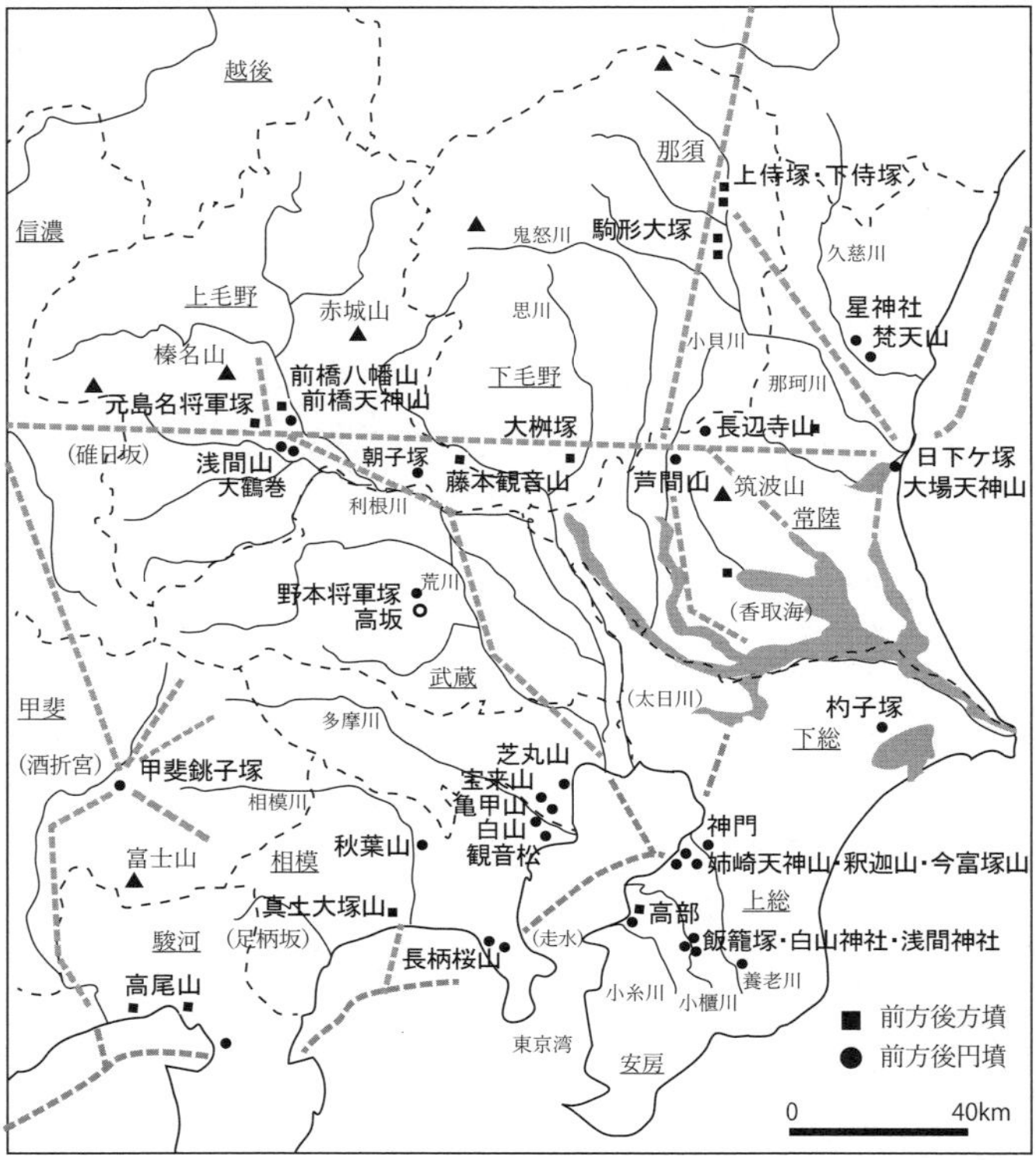

図5－5　関東の主要前期古墳と交通網

していた。このことからも浅間山古墳の立地は、信濃・越後（日本海側）から関東に及んだ陸上交通の結節点を占めるとともに、東京湾へのアクセスルートである「荒川・利根川水運」の最上流の津（倉賀野の津）を押さえた要衝であったと見ることができる。なお、浅間山古墳周辺では、佐紀王権の時期に始まった石製模造品文化が受容され、地元の滑石石材を用いた東日本有数の石製模造品製作地に発展する。このことも王権との関係の深さを示唆している。

以上、雷神山古墳と浅間山古墳という二つの大古墳の存在は、古墳時代前期後半において、畿内から関東・東北地方をカバーした水上交通ネットワークが完成したことを表している。逆に言えば、前方後円墳システムの展開は、これまで言われてきたヤマトを核とした政治的紐帯の広がりとともに、経済ネットワーク並びに物流の安全を担保する安全保障システムの広がりでもあったと言える。各地の首長たちは、倭王権の軍事力に屈して服属したのではなく、東西物資の獲得に有利な経済連合体に進んで加入したと考えるのが妥当である

（若狭二〇二一）。

(4)甲斐銚子塚古墳

古墳の概要　甲府盆地南部の曽根丘陵の縁辺部に築かれ、笛吹川が流れる盆地側に側面を見せて計画された大型前方後円墳である（図5―1―3）。後円部に比して前方部が細長い墳形は同型墳を見出しにくいが、発掘で確認されている後円部三段・前方部二段の構造は、奈良県天理市渋谷向山古墳（オオヤマト古墳群に属す）で確立されたもの（澤田二〇一七、岸本二〇二〇）であり、渋谷向山古墳の墳形の前方部の長さを拡張することで甲斐銚子塚古墳の墳形が成立した可能性がある。

周囲に墳丘と相似型の周濠を備える。埋葬施設である長大な竪穴式石室（長さ六・六㍍）からは、三角縁神人車馬鏡・三角縁三神三獣鏡・長宜子孫銘内行花文鏡を含む五面の鏡、碧玉製車輪石六・同石釧五、杵形石製品二、スイジガイ製腕輪一、勾玉二、管玉一五〇、鉄剣三、鉄刀四、鉄斧、鉄鎌等の副葬品が確認されている。加えて墳丘外表には葺石を施工し、表飾装備として円筒埴輪・朝顔形埴輪・壺形埴輪・木製立物を備える。

本古墳は、集成4期の東日本において、上記二古墳と並ぶ破格の規模を持ったものと評価できるが、長大な竪穴式石室を持つ点、車輪石を持つ点で畿内型の前期古墳の属性を兼ね備えた北限の古墳であると言える。現在、関東・東北地方の前期古墳の埋葬施設には長大な竪穴式石室は知られていないからである（上位階層は粘土槨を採用する）。甲府盆地は、太平洋岸・中央高地・日本海側の中継地として重要であり、そうした地政学的位置に王権ときわめて強い関係性をもって本古墳は築造されたのである。

ヤマトタケル説話と甲斐　ところで冒頭にも述べたヤマトタケル伝承においても、甲斐は重要な位置を占めている。『日本書紀』・『古事記』双方において、ヤマトタケルが東国の征討を終えた際、振り返りの歌を詠む場として甲斐の「酒折宮」が記されているのである。

『古事記』では、タケルは相武《さがむ》の焼遺（やきつ）から走水海《はしりみず》（東京湾）を越えて蝦夷を言向け、荒すさぶ神等を平げ和して、その帰途に相武の足柄の坂本に至る。ここでタケルは坂の神が変じた白鹿をうち殺した後、走水で入水したオトタチバナ媛を偲び「あづまはや（わたしの妻よ、ああ）」と発する（阿豆麻（東）の語源）。その後に甲斐の酒折宮に至って「新治や筑波の地を過ぎて、幾夜寝たのか」と歌を詠むのである。この歌からは、先の行程に書かれていなかったものの、復路は常陸の筑波山麓を経由してきたことが分かる。このとき傍らにいた御火焼の老人が返歌したが、その出来を賞して「東の国造」に任じたとある。タケルはその後、科野を経て尾張に帰還する。

『日本書紀』では、タケルは相模から馳水（東京湾）を経て、上総・陸奥国・日高見国・常陸と征した後、甲斐国に至り酒折宮に滞在する。ここで同様に「新治や筑波を過ぎてから、幾夜寝たことであろうか」と歌い、灯りを点す人が返歌したことを褒めて厚く褒美を与えた。宮を発ったタケルは武蔵から上毛野に入り、信濃との境界にある碓日嶺で、オトタチバナ媛を偲び、「吾嬬はや」と発する（吾嬬〈東〉の語源）。さらに王化していない信濃の坂の神（白鹿）を倒し、美濃を経て尾張に戻ることになる。

このように、『古事記』と『日本書紀』ではタケルの進軍経路が異なっており、前者では東北地方ならびに関東地方内陸部まで到達しないが、後者では東北地方から関東地方内陸（特に東日本で最大の前方後円墳を輩出する上毛野）にまでルートが展開している。

これについて筆者は、①古墳時代前期前半（集成1・2期）に関東地方沿岸部に前方後円墳がいち早く出現する現象、②前期後半（集成3・4期）に東北地方沿岸部と関東内陸部（特に上毛野）に前方後円墳が出現する現象という、前方後円墳出現の時間差と記紀の記載が照応できると考えている。倭王権と東国の交通ネットワーク（政治・経済ネットワーク）の形成が、まずは海路によって沿岸地域（特に相模・南武蔵・上総地域）に構築され、その後、前方後方墳が卓越していた東北南部沿岸や関東地方内陸にまで段階的に結節したことが二つの説話に表されたもの（①が古事記、②が日本書紀）と推論している（図5－5、若狭二〇二一）。

ここで重要となるのが、古墳時代前期の東国において最も畿内的属性を備えた甲斐銚子塚古墳の存在である。この古墳の存在によって、当該時期の倭王権の最も重要な東方の交通拠点が、オオヤマト古墳群を営んだ勢力によって甲府盆地に置かれたことが示唆され、文献に現れた酒折宮の拠点性とも照合できる。

ところで、甲斐ではこの古墳をピークとして以後大型前方後円墳は築造されず、中期に入ると大型方墳（笛吹市竜塚古墳、一辺五二メートル）や円墳に転じる。遅くまで前方後円墳が存続する東国のなかでは、最も早く前方後円墳が消失する地域である。方墳は、百舌鳥・古市古墳群においては陪塚《ばいちょう》として主墳に付随する位置を占めており、王権中枢の政治メンバーであった主墳の被葬者との従属関係を物語る。中期に方墳が卓越する地域としてはほかに出雲が挙げられる。中期には甲斐の交通上の価値が下降して突出した首長は存在しなくなり、王権直轄の位置に置かれたことが推定されよう。これは海上交通を重視する佐紀政権への移行とも関係すると思われる。

（5）前期の東国首長と王権

近年の古墳築造規格論においては、中国の制度尺（例えば漢尺は二三・一センチ）の六尺を一歩とし、その五歩ないし一〇歩単位で古墳が設計され、また規模が格付けられているという議論が進んでいる（岸本二〇一八ほか）。柴原聡一郎は全国の前期古墳を検討し、二三センチ前後を一尺として、その六尺を一歩とした場合に、上記の東国の四古墳はいずれも一二〇歩で設計され、その規格は東国以外に存在しないことを導いた（柴原二〇二〇）。柴原によれば、一五〇歩以上は畿内のみ、一四〇歩は畿内と丹後、一二〇歩は東国のみに分布する。なお、吉備は一一〇歩、九州は一〇〇歩が最大で、当該時期においては東国の方が勝っている。

前期後半の佐紀政権の時期において、基本モデルとなった佐紀陵山古墳は一五〇歩、続く佐紀古墳群の宝来山古墳は一八〇歩、佐紀石塚山古墳は一六〇歩であり、上述した同時期における丹後・播磨・和泉の諸古墳は1段階落ちた一四〇歩となる。一四〇歩の古墳は、畿内の四至と朝鮮半島情勢に対応する外港を固める重臣（あるいは王族）の格付けであり、それに続く一二〇歩の規模は、背後の東国に登場してきた共立王を格付けるために特設された規模であったと推定できよう。その格付けは、西国の古墳より大きく、古墳前期後半に王権が東国との連携を特に重視したことが理解される。

前期古墳の埋葬施設を検討する上田直弥は、前期中葉から後半に関東地方で流行した粘土槨の意義を評価するなかで次のような所見を述べる。すなわち、古墳前期の倭王権は東国の最上位首長との間に粘土槨を介して畿内の葬送イデオロギーを共有し、太平洋沿岸の交通と政治的連携を強化することで、東国勢力が独自に半島との外交チャンネルを構築し、背後から倭王権を牽制することを阻んだのだと（上田二〇二二）。関東地方には、弥生時代後期に日本海側から中央高地を経て朝鮮半島系の鉄器が一定数移入されており、古墳時代においても出雲・越との連携があれば、倭王権を除外した朝鮮半島との交渉が可能だったからである。

古墳前期後半に東北地方の最上位古墳が会津盆地（亀ケ森古墳）から仙台湾側（雷神山古墳）へ移ったこと、利根川・荒川水運を介して上毛野勢力を東京湾に結節させた浅間山古墳が成立したことは、東北・関東内陸と畿内を結ぶ太平洋岸交通の確立にとって重要であったことが改めて確認されよう。

なおこの時、規模は劣るものの、茨城県の那珂湊近くに出現した日下ヶ塚《ひさげづか》古墳（茨城県大洗町、一〇七㍍。佐紀陵山型の古墳で石製模造品を有する）の存在も重要視される（図5－5）。近世まで千葉県房総半島沖から茨城県鹿島灘沖は難所であり、舟運は短い陸路を介しながら、東京湾―香取海（現在の霞ケ浦・北浦）―涸沼―那珂湊をつなぐ内水面を活用していたからである。関東と仙台湾（雷神山古墳）の経路の中間を押さえたポイントに日下ヶ塚古墳という佐紀陵山型前方後円墳があることの意義は大きいと言えよう。

二　中期前半の東国

(1)巨大古墳の登場

続いて倭の五王時代の東国を取り上げたい。上毛野では、四世紀から五世紀初頭までの間、利根川を境とした東西エリアで大型古墳が並立したが、五世紀前半（集成5期）には、ついに墳長二一〇㍍の太田市太田天神山《おおたてんじんやま》古墳が築造されるに至った（図5－6①）。前代の浅間山古墳は佐紀陵山型の墳丘規格であったが、太田天神山古墳では大阪府古市古墳群の墳丘規格（古市墓山古墳と同規模の相似形）に転じており、古市の政権と連合したことが分かる。当地の勢力はその時々にイニシアチブをとった王権中枢と結んでいたことが明らかである（図5－3）。

太田天神山古墳は盾形の二重周濠を巡らし、新しく登場した形象埴輪（水鳥形埴輪）やB種横刷毛技法の円筒埴輪をもち、大王等の政権中枢や限られた畿内周辺豪族にのみ許された長持形石棺を装備する。同時期に伊勢崎市に築造されたお富士山古墳（一二〇㍍）も古市型の規格であり長持形石棺を有する（図5－6②）が、その石棺の型式学的検討から畿内中枢より工人が派遣されたと評価されている（白石・杉山・車崎一九八四）。関東・東北地方では同時期に

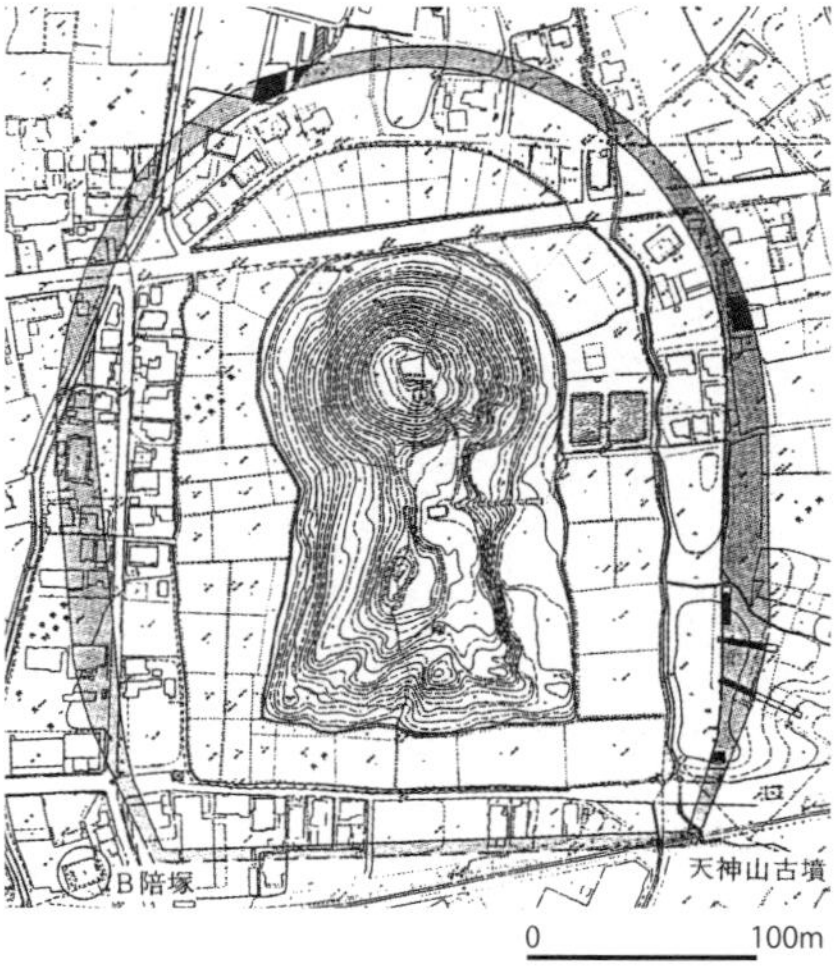

図5－6①　太田天神山古墳
『太田市史　資料編　原始古代中世』より

図5－6②　お富士山古墳の長持形石棺
伊勢崎市教育委員会提供

長持形石棺を模した「類長持形石棺」が広がるが、真正な長持形石棺は上毛野の二古墳のみである（石橋二〇一三）。

なお、太田天神山古墳築造の際には上毛野から北武蔵にかけて、お富士山古墳を除いて大型古墳が存在しなくなる（図5－7）。したがって太田天神山古墳の被葬者は、一帯の諸豪族が推戴した「共立王」であったと考えられる（土生田二〇〇六）。では、共立が成立した理由とはなんであろうか。上記の範囲は既存の広域農業用水圏を超越しており、「治水王」などの性格は考えにくい。集成4期の浅間山古墳のような一七〇㍍前後の古墳の成立背景には、交通ネットワークの確立と広域地域間関係が見いだされたところであるが、それを凌駕する二〇〇㍍超えの古墳成立には、さらに広域の関係形成を見るべきであろう。

筆者は、本古墳築造後の上毛野社会に朝鮮半島系文物が出現することから、東国と東アジアとの外交チャンネルが成立したことが背景にあると主張している（若狭二〇一七）。すなわち、上毛野地域が倭王権から委任され、本格的に対外活動を行うにあたり、代表者を選任したことがその理由であると考える。地域社会にとって、朝鮮半島の人材と先進技術を獲得し、経営刷新を行うことは絶大な目標であった。そのため、利益共同体を結成し、その代表者を選任したと推論するのである。

こうした動きは集成5期以降に東国各所でみられ、常陸では霞ケ浦沿岸勢力の共立王の墓として舟塚山《ふなつかやま》古墳（石岡市・一八六㍍）が、下総（千葉県北部）では三之分目大塚山《さんのわけめおおつかやま》古墳（香取市・一二三㍍、下総初の一〇〇㍍超）、上総（千葉県南部）では高柳銚子塚《たかやなぎちょうしづか》古墳（木更津市・一四二㍍）が築造され、各地で最大規模の前方後円墳が成立した。後二者が類長持形石棺を持つことも重要であり、上毛野の長持形石棺受容に関連した動きとして捉えられる（図5－7）。

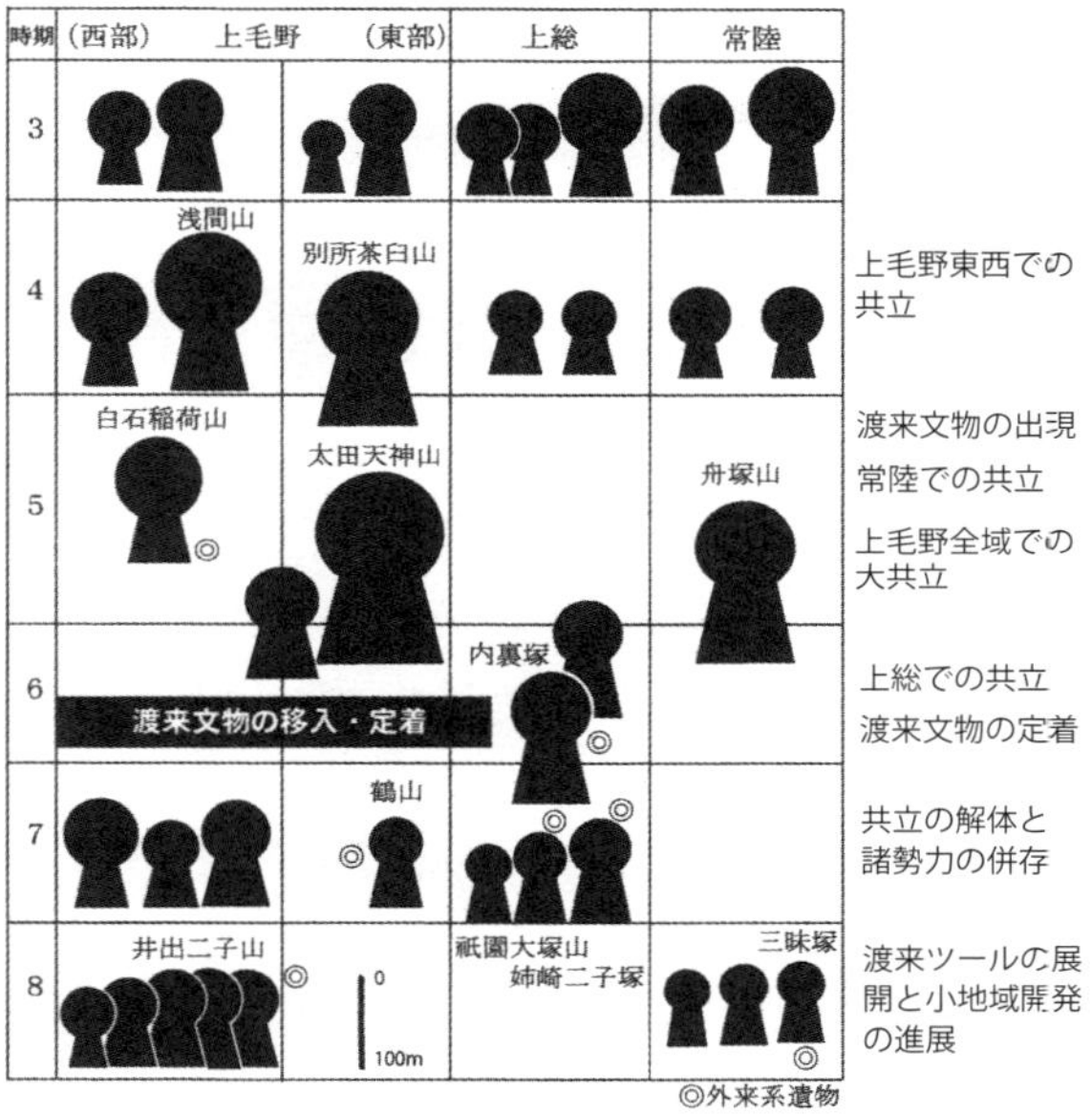

図5－7　関東における中期古墳の動態

(2) 文献からみた東国豪族

『日本書紀』においては、神功紀以降に外交記事が増えることが知られている。神功から仁徳までの外交・外征の担当者は葛城襲津彦《かずらきのそつひこ》や紀角宿禰《きのつののすくね》、平群木菟宿禰《へぐりのつくのすくね》など畿内豪族が主体を占めるが、東国の豪族である上毛野氏の始祖たちの外征伝承もまた神功・応神・仁徳紀に集中することは重視される。

神功皇后四九年には、上毛野氏の祖である荒田別《あらたわけ》と鹿我別《かがわけ》が「将軍」として派遣され、百済と合同で新羅を討ち、伽耶の七国と済州島を平定したのちに百済王並びに世子と会見したとある。ここでは全権を委任された倭の軍事指揮官として描かれる。

応神天皇一五年には、倭に馬生産や経典をもたらした百済人学者である阿直岐《あちき》の推薦によって、新たに優れた知識人である王仁《わに》を招くにあたり、荒田別と巫別《かんなぎわけ》が遣わされた。学者は百済からの派遣官で、渡来後は太子菟道稚郎子《うじのわきのいらつこ》の師となる重要人物であるので、荒田別らは外交特使として位置付けられる。仁徳天皇五三年には、竹葉瀬と弟の田道《たじ》が朝貢を欠いた新羅を詰問するために派遣され、国家間交渉を担う存在として記される。このとき田道は、精兵を率いて新羅を討ち、四邑の民を連れ帰ったとされる。

この時期の外交記事（特に神功紀）に関して文献史学側からは慎重な取り扱いが主張されているが（例えば仁藤二〇一八）、近年考古学側からは積極的に評価する意見もある（新納二〇二三）。本章の立場では、古墳時代の東国豪族が対外活動に関わった記憶として棄却することができない記事であると考える。新羅人集団の随伴伝承もまた、一概に空論とすべきではない。なお、上毛野以外の東国豪族では、『常陸国風土記』行方郡条に、神功皇后の時に三度も韓にわたったとする「古津比古《こつひこ》」の伝承が載る。

（3）渡来文物の出土と渡来人の移入

太田天神山古墳築造の時期以降、上毛野では多くの朝鮮半島系文物が認められるようになる。最も古いのは集成5期の藤岡市白石稲荷山古墳の埋葬施設から出土した青銅製品（鈴付角形銅器）である。時期的には弥生時代に相当する朝鮮半島三韓時代の遺物であるが、日本では長崎県対馬市に類例があるのみであり、東国の弥生集団が入手して伝世したとは考え難い。古墳時代の東国首長の対外活動に伴って入手されたと考えるほかない。白石稲荷山古墳が存在する鏑川流域では、次の須恵器ＴＫ216型式の段階から鍛冶関係を中心とした渡来系文物（鉄鋌、専用羽口、転用羽口、椀型鍛冶滓、煙突形土製品）が見られる（亀田二〇一二）。また竪穴建物における造付けカマドの採用も東国では最も早い。

ＴＫ208型式段階以降は、利根川西岸の榛名山東麓に濃密となり、方形積石塚、韓式系軟質土器、馬埋葬土壙（馬遺体＋朝鮮半島製馬具）、金製垂飾付耳飾、鉄鐸等の複合がみられる（図５－８）。積石塚は一般的な円墳と同じ遺跡に併存することから、被葬者の出自の表示と考えられ、韓式系土器や耳飾りの伴出からも渡来人の墓制としてよい。積石塚は、これまで上毛野西部において二〇遺跡、六〇例以上が知られ、平面規模に三ランク程度の階層があることから、渡来人は一定の人数からなる集団として存在したことが明らかである。最大規模の積石塚には円筒埴輪の樹立が承認され、渡来人の長は一定の社会的地位を得ていたと理解される。

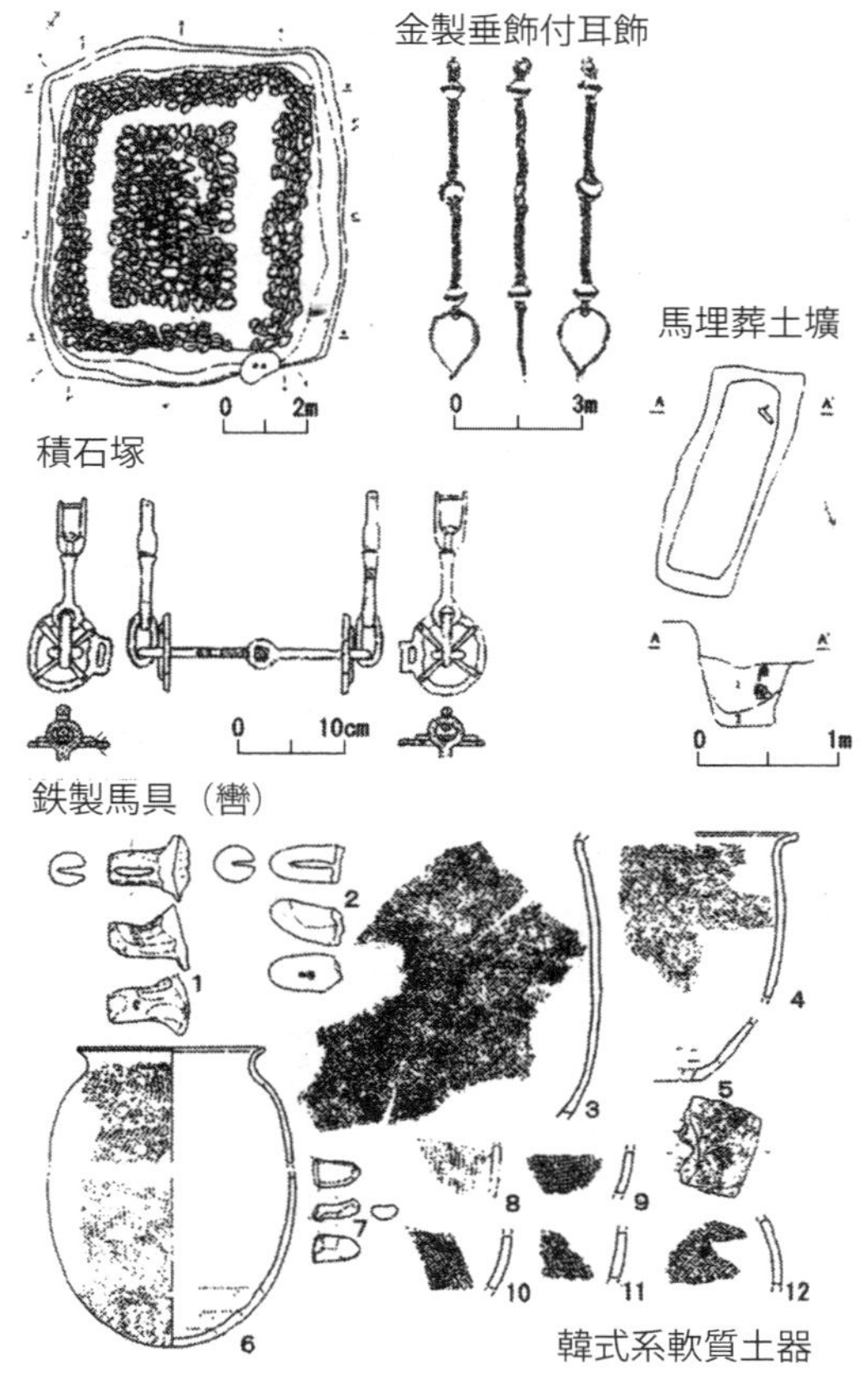

図５－８　上毛野の渡来系文物

高崎市教委（2001）『剣崎長瀞西遺跡Ⅰ』、専修大学（2003）『剣崎長瀞西5・27・35号墳)』より

この地の考古学的成果から、渡来人は貯水池築造などの農業水利事業、馬生産、鉄器生産などに関わったと考えられる（若狭二〇〇七）。奈良県地域出土の古墳時代馬骨のストロンチウム並びに酸素同位体の分析結果によって、東国からヤマトに馬が送られたことが判明しており（青柳・丸

山二〇一七）、王権は東国と委託関係を結び、プレ東山道ルートを介して馬を搬送したと推定される。

こうした渡来文物が群馬県西部に濃密な状況を踏まえると、上毛野氏に関係した『紀』の一連の記載は空論ではなく、ある程度の事実を下敷きにしたことを認める必要がある。

ところで、『紀』の同時期の外交記事において重要な人物として葛城襲津彦《かづらきのそつひこ》が知られる。襲津彦は、のちに大王の外戚となって王権に重きをなす葛城氏の始祖に位置付けられるが、神功・応神・仁徳紀にまたがって登場しているので、葛城地域の豪族連合体の活動を集約した伝説的人格と考えられる。

襲津彦は、新羅の人質を送還する特使として朝鮮半島に派遣されたが、欺かれたために新羅の城を攻めて捕虜を連れ帰り、大和の桑原・佐糜《さび》・高宮・忍海《おしぬみ》の四邑に配置したとする（『紀』神功五年）。この記事は、上毛野氏祖である田道の新羅四邑民の渡来伝承と類似している。葛城の諸豪族の墓所である馬見・葛城古墳群には四世紀後半から五世紀前半の二〇〇㍍を超える巨大前方後円墳が林立する（図5－3）。葛城南西部の南郷遺跡群では、豪族の祭殿（極楽寺ヒビキ遺跡）・居館（長柄遺跡）・導水祭祀（南郷大東遺跡）・渡来人技術者の工房（南郷角田遺跡ほか）が関連して見つかり、寺口忍海古墳群などの渡来系文物を伴う群集墳も知られる。長持形石棺を備えた室宮山古墳（二三八㍍）は、南郷遺跡群で活動した首長が眠る奥津城の一つと目される。

大和の葛城と上毛野における、五世紀前半の長持形石棺を装備した二〇〇㍍級前方後円墳の存在（室宮山古墳と太田天神山古墳）、その後の渡来人集住という考古学的現象、文献に見る外征伝承と渡来人の随伴伝承（四邑配置という類似性）は整合的に見る必要がある。これらのことから、ヤマトや西日本の豪族と同様に、東国豪族が王権の主要メンバーとして対外活動を担った蓋然性はひじょうに高いと言える。

なお、上毛野勢力が対外活動を行うためには、利根川・荒川水運を下って東京湾にアクセスし、湾岸の豪族が管掌する津において外洋船に乗り換え、必要物資や水手・水先案内人などを調達する必要がある。こうした仕組みは、先に示した古墳前期に構築された経済ネットワークを発展する形で営まれたはずである。また、筆者はこの時期に、上毛野勢力との関係で日本海側の津の連携が志向され、日本海ルートが強化された可能性も想定している（若狭二〇二〇a）。

三　中期中葉の東国

（1）上総の優勢と王権用務の輪番制

上毛野では、中期中葉（集成6期）になると大型前方後円墳が不明確となる（図5－7）。そして、中期後半（集成7・8期）になると一転して多数の一〇〇メートル級前方後円墳が林立する。巨大前方後円墳が終焉したのは、大首長を共立するシステムが解消したことを示すが、そこには二つの理由が考えられる。

一つは内的要因である。渡来技術（渡来人）の移入のために結集し、共立王を押し立てた上毛野の豪族たちの利益共同体は、外交ルートを獲得したことで目的を達成し、中期後半には解体したと理解される。その後は、各地域の首長が渡来人を配下に組み込み、広域治水を伴う農業経営、馬生産や鉄器生産を軸とした産業振興にシフトしたので一〇〇メートル級の前方後円墳が各地に出現したと考えられる（図5－9）。

もう一つの理由は外的なもので、王権側の政治的事情である。たとえば上総では、上毛野・常陸に遅れ、中期中葉（集成6期）になって共立王の墓とみるべき高柳銚子塚古墳や内裏塚《だいりづか》古墳（富津市・一四八メートル）が成立している（図5－7）。内裏塚古墳は南関東最大の前方後円墳であり、百舌鳥古墳群の上石津《かみいしづ》ミサンザイ古墳の相似形とされ、金銅製

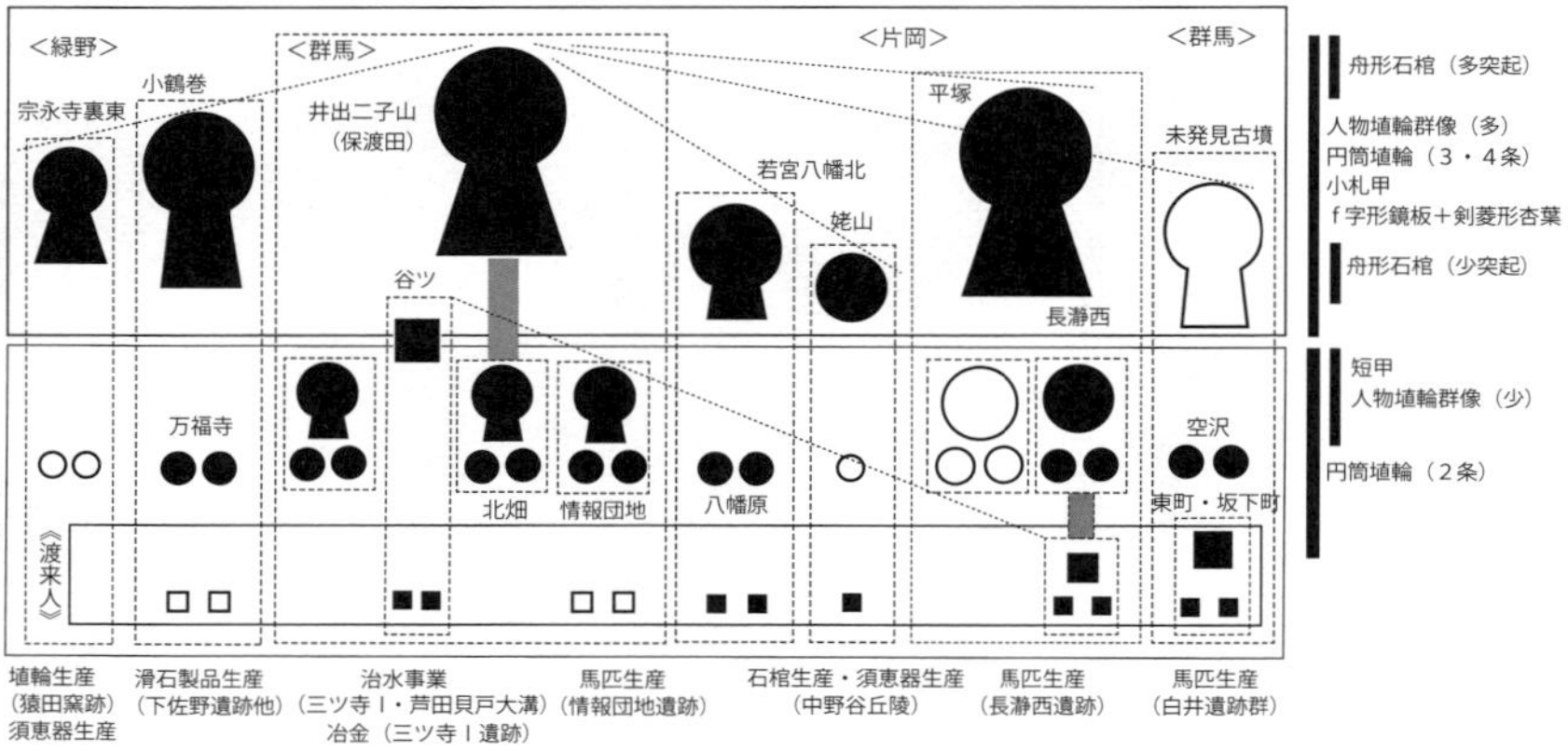

図５－９　上毛野における五世紀後半の秩序形成　■は積石塚を表す

胡籙など外来遺物を保有する。近隣では畑沢埴輪窯が運営され、関東において馬形埴輪や人物埴輪が配置された最も古い前方後円墳として知られる。また、この時期以降、上総でも渡来文物が増加することが知られ、赤焼須恵器などの存在から須恵器生産試行の形跡もある。また同古墳は、小糸川河口の砂堤上に側面を海に向けて築造されており（海浜型前方後円墳）、百舌鳥古墳群の立地に類似する。百舌鳥古墳群の周囲に窯業・冶金・馬生産からなる産業複合体が配置されたような地域経営スタイルの導入を志向していた可能性があろう。

上毛野同様、常陸でも中期中葉の前方後円墳は低調である（図５－７）。上毛野や常陸の古墳が衰退したなかで、中期中葉の上総の古墳が充実するのはなぜであろうか。倭王権が豪族に対外活動を委任する場合、政権内部のパワーバランスや各勢力の損耗を踏まえ、輪番に委任した可能性が考えられよう。上毛野東部では太田天神山古墳の後続時期がとくに低調である。唯一の大型前方後円墳である鶴山古墳（太田市・一〇二㍍、五世紀後半）は、複数の甲冑とともに最古級の鎹《かすがい》（半島製）を伴って首無しの遺体が葬られていたが、葺石や埴輪を装備していないことから未完成古墳であると考えられる（葬送儀礼が未完の状態）。筆者は葬者が外地で戦死し、帰葬されたと推定しており、本事例のような首長の損耗もまた地域の動向を左右したと考える（若狭二〇一七）。

こうした各地域の損耗・趨勢を、踏まえたうえで、中期前半の港湾利用や港湾整備によって急速に経済力を増した上総地域に、中期中葉の対外活動が委任されたのであろう。

また房総半島先端部に盤踞し、海蝕洞窟に舟葬を行う（古墳を造らない文化の）海人集団が存在したが、彼らはこの時期に甲冑や馬具など古墳副葬品と同等の品を副葬するに至る（館山市大寺山洞窟遺跡）。これは対外活動の活発化に伴って、海事に精通した海人集団を海部として編成した実態を反映したものと考えてよい。

（2）祇園大塚山古墳の充実

内裏塚古墳の後は上総でも共立は分解したが、一帯の優勢な状況は続き、木更津市祇園大塚山《ぎおんおおつかやま》古墳（一一〇メートルか）、市原市姉崎二子塚《あねさきふたごづか》古墳（一一六メートル）が築造されている。姉崎二子塚古墳では、銀製垂飾付耳飾など渡来文物が確認される。

祇園大塚山古墳では、金銅製眉庇《まびさし》付冑・小札甲、銀製垂飾付耳飾、同型鏡（面径三〇・四センチの画文帯仏獣鏡）などが出土している（図5―10）。金銅製甲冑は、百舌鳥古墳群の大仙陵（仁徳陵）古墳の前方部石室から出土したものと本例の二例が知られるのみである。最上級の威信財であり、王権に高く信任された首長の象徴的器物と性格づけられる（橋本二〇一三）。また本古墳の鏡は、倭の五王時代後半期の政策として配布された同型鏡群のなかでも古い時期に位置づけられ、なおかつ最大級のものである（辻田二〇一九）。甲冑と合わせて、この被葬者への王権の厚遇が看取される。

ところで、上総地域では東国で最も多くの板甲（短甲）が出土している（橋本・鈴木二〇一四）。量産型板甲（横矧

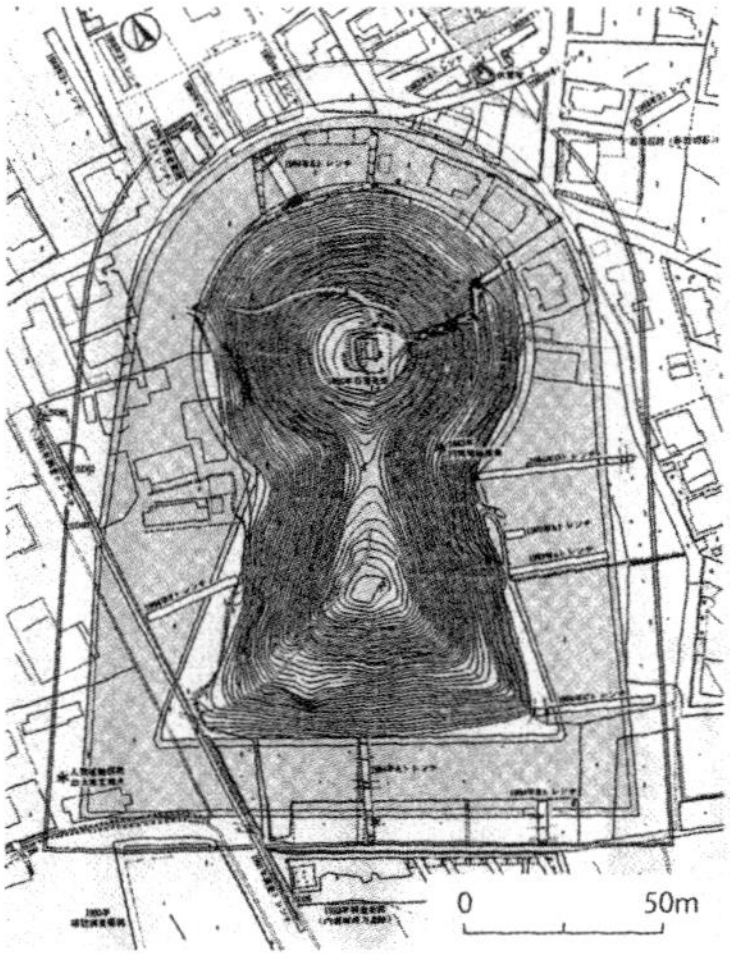

内裏塚古墳

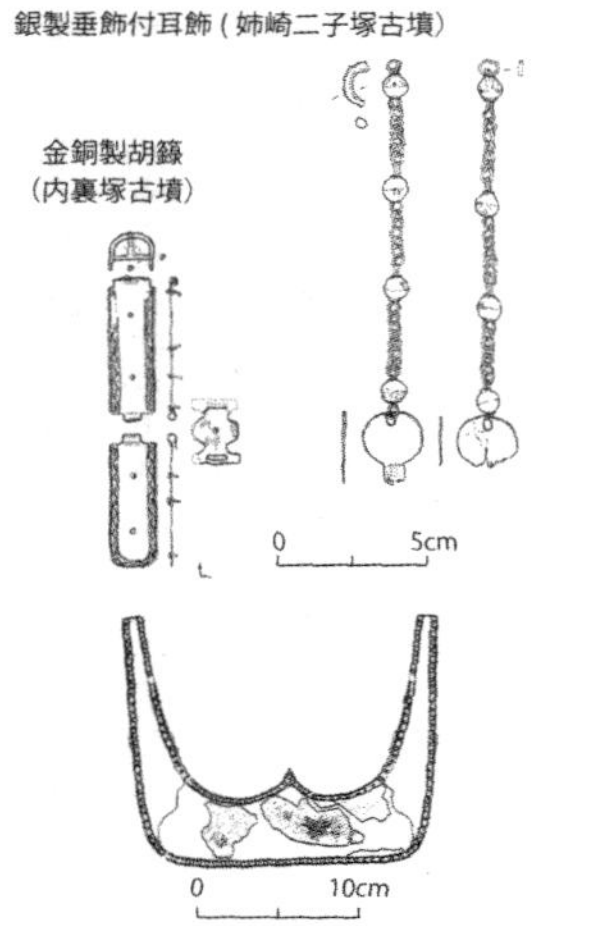

上総の中期古墳出土の渡来系遺物

祇園大塚山古墳の画文帯仏獣鏡
（宮内庁書陵部蔵）

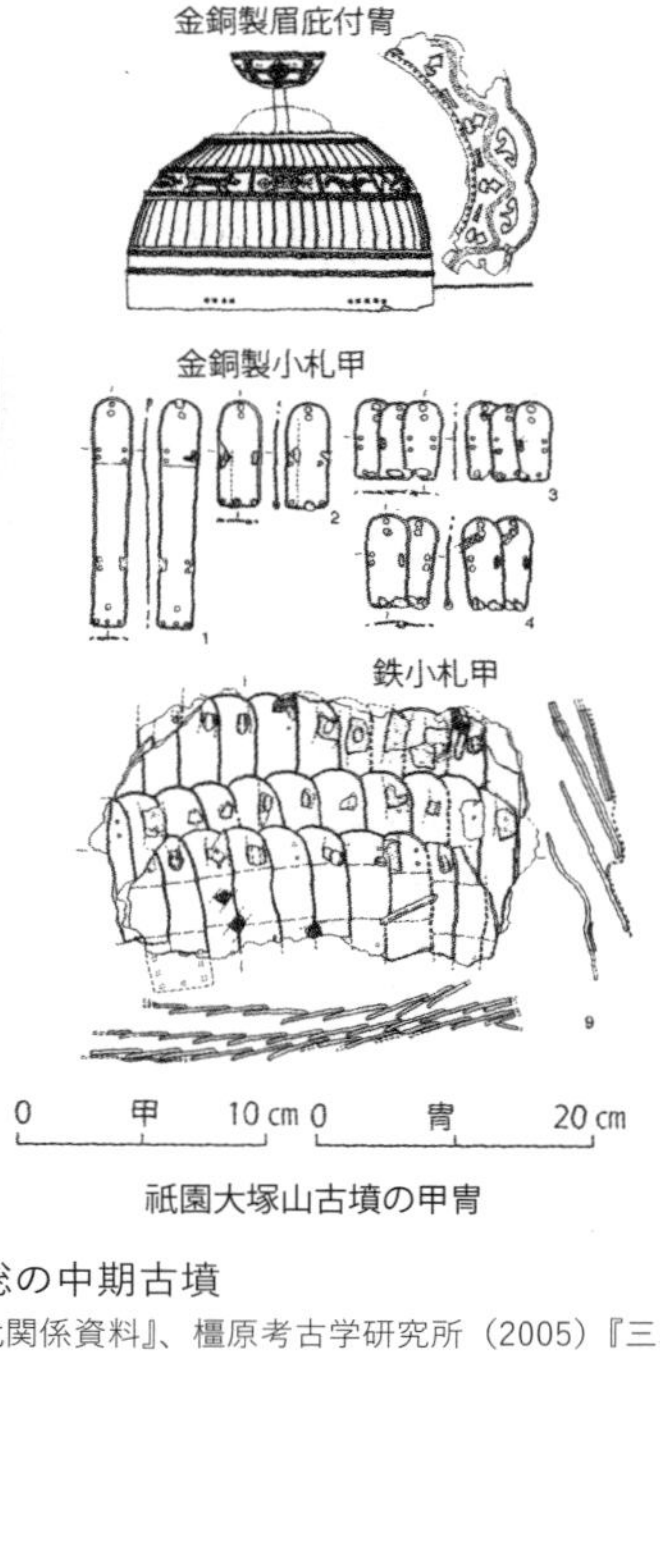

祇園大塚山古墳の甲冑

図５－10　上総の中期古墳

『千葉県の歴史　通史編　原始古代１』、『千葉県古墳時代関係資料』、橿原考古学研究所（2005）『三次元デジタルアーカイブを活用した古鏡の総合的研究』より作成板鋲留式）の製作時期が、上総が外交を担った時期と一致したことが理由であろう。上総の板甲は特に中型円墳からの出土が多い。その一例として市原市稲荷《いなり》台《だい》1号墳（円墳二八㍍）があり、板甲とともに「王賜」銘鉄剣が出土した（図5－11）。これをもって倭王権が中間豪族層（円墳被葬者層）を掌握したとする見方があり、同型鏡がこの頃から中型墳に広がることとも合致する。ただし、祇園大塚山古墳のような大型前方後円墳の被葬者と中型円墳被葬者を王権膝下の機構に別個に組み込んだのか、地域内の上下関係を保持する形で編成したのかは、検討が必要となろう。

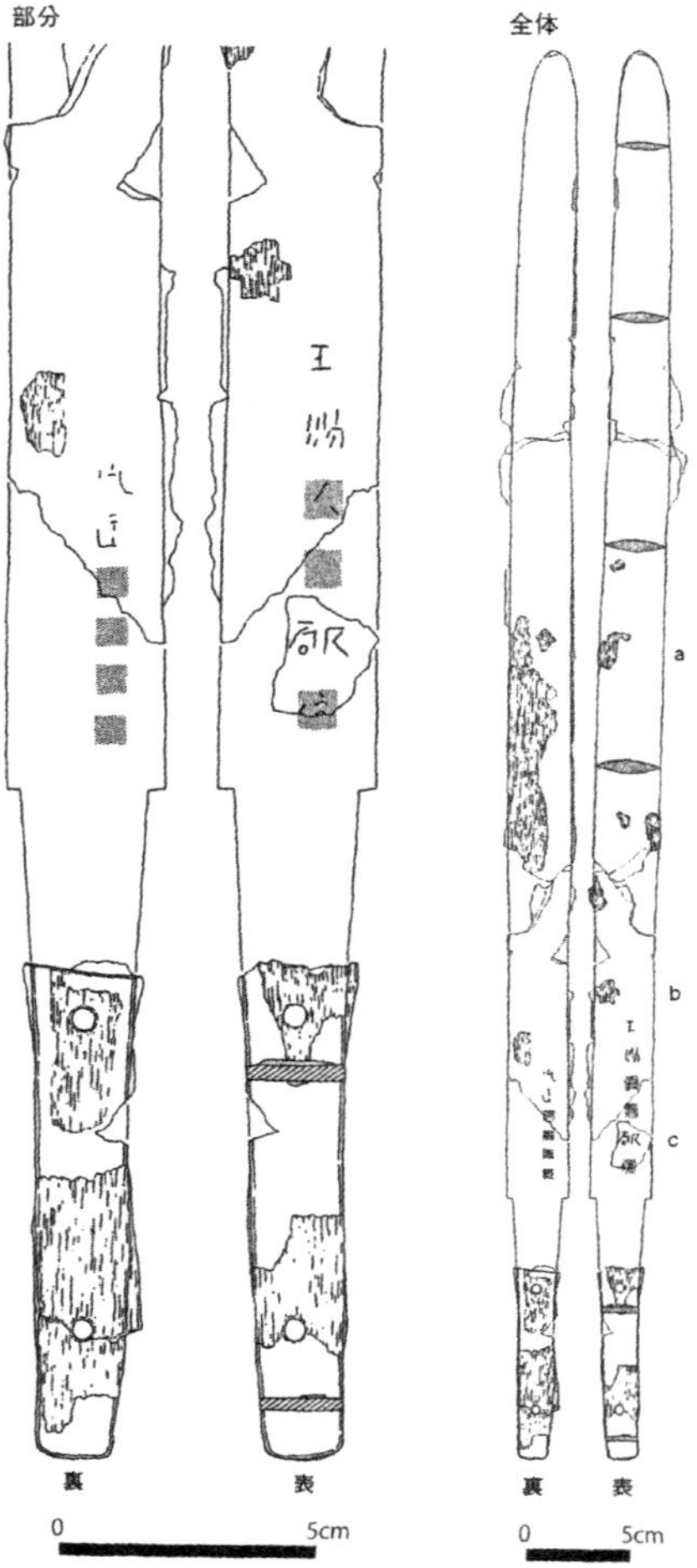

図5－11　稲荷台1号墳「王賜」銘鉄剣
市原市教育委員会（1988）『「王賜」銘鉄剣概報』より

四　中期後半の東国

(1)新開地域に現れた前方後円墳

倭の五王時代の終盤に相当する中期後半には、上毛野西部地域に多数の前方後円墳が現れる。前方後円墳集成7期では高崎市上並榎《かみなみえ》稲荷山古墳（一二〇㍍）、不動山《ふどうやま》古墳（九四㍍）、岩鼻二子山《いわはなふたごやま》古墳（一一五㍍）、同8期では高崎市保《ほ》渡田《どた》古墳群（井出二子山一〇八㍍、八幡塚九六㍍、薬師塚一〇五㍍）、平塚古墳（一〇五㍍）が林立する。

先に示したように、この地域では渡来人を配下に編成した旺盛な地域開発が展開されている。大規模な首長居館（三ツ寺Ⅰ遺跡・北谷遺跡）を営み、農業水利の刷新や馬生産を加速させたことが知られる（若狭二〇〇七）。榛名山麓一帯に、大型前方後円墳を営む同族勢力を配し、舟形石棺と埴輪規格、人物埴輪群像の数量で序列化された首長連合を構築したことがわかる（図5－9）。また、井出二子山古墳の副葬品には新羅・伽耶系文物が複数見られ、この地域には渡来人が数次にわたって組み込まれる（若狭二〇二〇b）ことからも、東アジアとの外交コネクションを引き続いて有していたと推定される。

下毛野（栃木県）では小山市摩利支天塚《まりしてんづか》古墳（一一七㍍）が築造され、以後一帯は飛鳥時代まで優勢な古墳が集中するエリア（下野古墳群）となる。北武蔵（埼玉県）では、埼玉稲荷山古墳（一二〇㍍）が利根川・荒川中流域の低地部に成立し、以後多数の前方後円墳が集中する埼玉古墳群の端緒となる。これらはいずれも、新規に開発されたエリアに進出した勢力である。

（2）上番して王権を支えた東国首長一族

優勢な上毛野の連合勢力を抑えるように、利根川・荒川水運の中継地（埼玉の津（万葉集東歌に登場））に築かれたのが埼玉稲荷山古墳の被葬者である。この古墳の後円部第2埋葬施設（礫槨）に葬られたのが、「辛亥《しんがい》銘鉄剣」を保有した人物である。銘文は、「杖刀人《じょうとうじん》の首」としてワカタケル（雄略＝武）大王の天下をたすけた（左治した）ヲワケが、上祖オオヒコから九代にわたる系譜を刻んで、その奉事根源を述べたものである（図5－12）。

この鉄剣銘文はヲワケによるオーダーメイドであり、王権側の定型句を刻んだ「王賜」銘鉄剣を所持した稲荷台1号墳被葬者とは質的に異なる。また、礫槨にはほかに同型鏡（画文帯神獣鏡）や龍文帯金具を副葬するなど、上位首長級の装備を備える。ただし、伴出した武具は新式の小札甲を有するものの冑を持たず、馬具も当時最高のセット（f字形鏡板＋剣菱形杏葉）から一段落ちたf字形鏡板＋鈴杏葉に組み替えたセットを持つ。内山敏行は、このセットが地域首長を補佐する軍事色が強い被葬者に伴うとする（内山二〇一三）。このことと、「杖刀人の首」と称したヲワケの性格は通底する。

ヲワケの被葬者像については武蔵の豪族説、畿内豪族説があるが、稲荷山古墳初葬者（地域首長）の子弟としてワカタケル大王の王宮に上番して活動し、帰郷後に追葬された首長一族としてよいであろう（田中二〇一三など）。埼玉稲荷山古墳の規模は、前方後円墳集成8期において全国五指に入る。この時期に墳長一〇〇㍍を超えた前方後円墳は次の通りであり、東国が実に四割を占めるのも重要である。

○畿内／河内：岡ミサンザイ古墳（二四二㍍）・軽里大塚古墳（一九〇㍍）・ボケ山古墳（一二〇㍍）、大和：狐井城山古墳（一四〇㍍）・西乗鞍古墳（一一八㍍）

○九州／日向：松本塚古墳（一〇四㍍）・肥後：玉名稲荷山古墳（一一〇㍍）

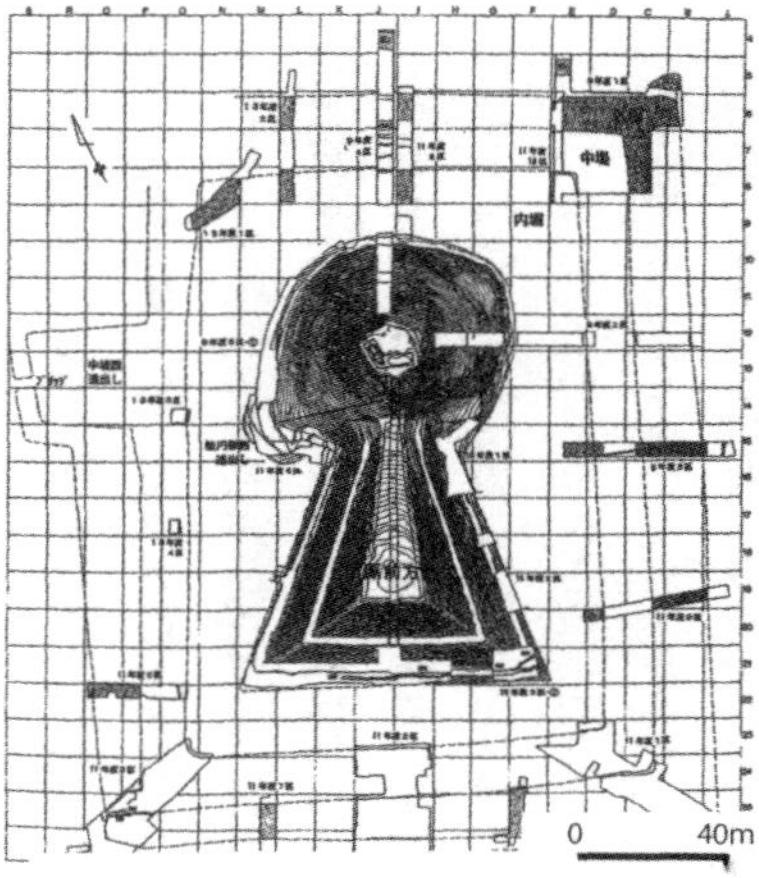

墳丘測量図（前方部盛り土は復元）

画文帯神獣鏡

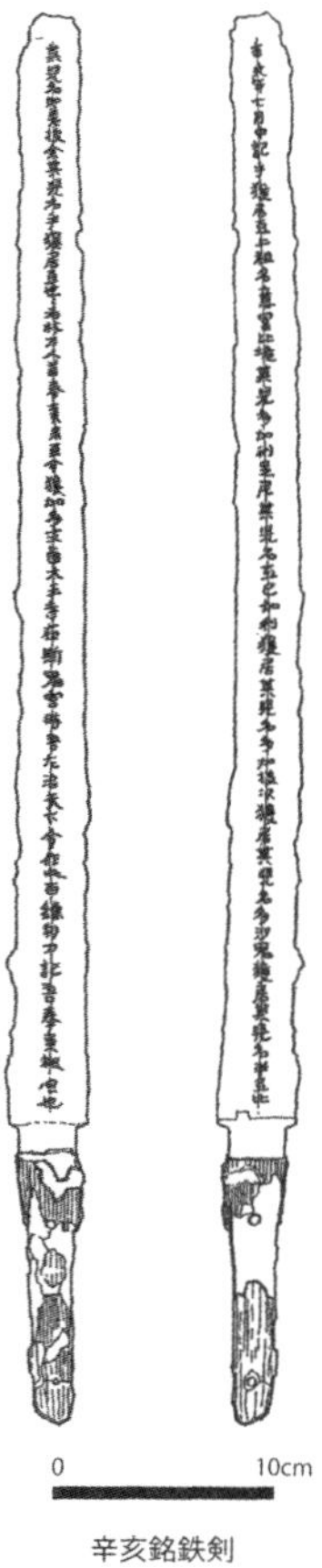

辛亥銘鉄剣

埼玉稲荷山古墳出土鉄剣銘文【読み下し】

（表）辛亥の年七月中、記す。ヲワケの臣、上祖名はオホヒコ、その児タカリのスクネ、その児名はテヨカリワケ、その児名はタカヒシワケ、その児名はタサキワケ、その児名はハテヒ、

（裏）その児名はカサヒヨ、その児名はヲワケの臣、世々杖刀人の首と為り、奉事し来りて今に至る。ワカタケル大王の寺、シキの宮に在る時、吾天下を左治し、この百練の利刀を作らしめ、吾が奉事の根原を記すなり。

図５－12　埼玉稲荷山古墳

埼玉県立さきたま資料館（1998）『ここまでわかった稲荷山古墳』、埼玉県教育委員会（2007）『武蔵埼玉稲荷山古墳』より。画文帯神獣鏡は文化庁蔵（さきたま史跡の博物館提供）。

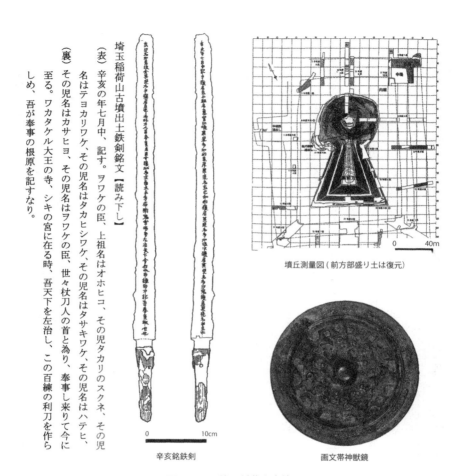

○中部・伊賀：馬塚古墳（一四二㍍）、
○東国／上毛野：井出二子山古墳（一〇八㍍）・保渡田薬師塚古墳（一〇五㍍）・平塚古墳（一〇五㍍）、武蔵：埼玉稲荷山古墳（一二〇㍍）、下毛野：摩利支天塚古墳（一一七㍍）。

この時期の古墳規模からみれば、埼玉稲荷山古墳の初葬者の子弟が上番し、武官の長として雄略大王の王宮に仕えたとしても違和感はない。物部氏の奥津城とみられる天理市西乗鞍古墳と比べても規模は遜色ないのである。日本書紀には、雄略大王が大和・吉備の伝統的豪族（葛城氏、吉備上道氏・下道氏）を打倒する一方で、後述するように地方豪族や渡来人を配下に置いて重用したことが知られる。このことは、中期後半の地方に一〇〇㍍級前方後円墳が増加すること、武蔵と肥後に銘文刀剣（前者は埼玉稲荷山古墳で「杖刀人首」、後者は熊本県江田船山《えたふなやま》古墳で「典曹人《てんそうじん》」の職名が刻まれる）が存在する考古学現象とも矛盾しない。

（3）東国の小天下

中期後半の上毛野西部では、榛名山東南麓の二〇㌔圏内に大型前方後円墳を築く複数の首長系列が成長した。いずれも渡来人を配下に置き、技術基盤を共有している。水系ごとに前方後円墳が並び立ち、それぞれ水源域に居館を構え、農業水利を統御して農業経営を刷新するとともに、馬生産・鉄器生産・窯業などの手工業を振興させた。同族集団が技術基盤と経営理念を共有しながら地域開発を行うとともに、渡来系技術者集団の長を首長連合の一角に受け入れていることも明らかとなった若狭（二〇二〇b）。ここでは保渡田古墳群被葬者を盟主としつつ、墳形秩序（前方後円墳・帆立貝型古墳・円墳・渡来系墓制）、舟形石棺秩序（突起数で序列化）、埴輪秩序（円筒埴輪の条数で序列化、人物埴輪の数量で序列化）などを組み合わせて地域秩序を構築していた（図5－9）。倭王権の秩序を縮小したような小天下観を形成しつつあったとも思われる。

五　中期における畿内政権と地方政権

(1)百舌鳥・古市古墳群の段階

ところで、王権中枢の百舌鳥・古市古墳群においては群中の前方後円墳の規模に数ランクがあり、さらに帆立貝形古墳・円墳・方墳が陪塚などとして組み合わさっている。なかでも最大級の前方後円墳の盛衰をみると、下記の四つの段階が認められる（図5－13）。

・1段階（集成4・5期）

百舌鳥・古市古墳群の成立。四世紀後半～五世紀初頭。

津堂城山古墳（古市・二〇九㍍）、墓山古墳（古市・二二五㍍）、仲津山古墳（古市・二九〇㍍）、上石津ミサンザイ古墳（百舌鳥・三六五㍍）の築造。

・2段階（集成6期）……超巨大前方後円墳の誕生。五世紀前半。

誉田御廟山《こんだごびょうやま》古墳（古市・四二〇㍍）、御廟山古墳（百舌鳥・二〇三㍍）

・3段階（集成7期）……超巨大前方後円墳の到達点。五世紀中葉。

大仙陵古墳（百舌鳥・五一三㍍）。土師ニサンザイ古墳（百舌鳥・二九〇㍍）、市野山古墳（古市・二三〇㍍）、

・4段階（集成8期）……前方後円墳の小型化。百舌鳥古墳群の造墓停止。五世紀後半。

岡ミサンザイ古墳（古市・二四二㍍）・軽里大塚《かるさとおおつか》古墳（古市・一九〇㍍）、野中ボケ山古墳（一二二㍍）。

このように、最上位の前方後円墳は、1段階では墳長二〇〇～三〇〇㍍台であったが、2段階には四〇〇㍍、3段階では五〇〇㍍に達し、4段階には再び二〇〇㍍台まで小型化するのである。ちなみに、各古墳と倭の五王の関係性では、出土埴輪や須恵器の年代観から、岡ミサンザイ古墳を武＝雄略の奥津城に比定する点では研究者の見解はほぼ一致している。最大の前方後円墳・大仙陵古墳については、済＝允恭に比定する見解（例えば岸本二〇一八）、讃に比定する見解がある（一瀬二〇一八ほか）。また、岡ミサンザイ古墳より後の古市古墳群において、ボケ山古墳・高屋《たかや》築山《つきやま》古墳・白髪山《しらがやま》古墳が一〇〇㍍台に下降するのは、『日本書紀』に見る雄略没後の王統の混迷（雄略の子の清寧の後、雄略に謀殺された市辺押磐王の子の顕宗・仁賢の復権。仁賢の子の武烈での王統途絶）に対応を見る見解が主体的である。

(2)並行する巨大前方後円墳

なお、先述したように中期の巨大前方後円墳は、百舌鳥・古市古墳群を中核としつつも、他の地域にも認められる。

大和北部の佐紀古墳群では、1段階に五社神古墳（二七〇㍍）、コナベ古墳（二〇四㍍）、2段階にウワナベ古墳（二六五㍍）・市庭古墳（二五三㍍）、3段階にヒシャゲ古墳（二一五㍍）が築造されたが、以後二〇〇㍍級は消失する。大和南西部の馬見・葛城古墳群では、1段階に巣山古墳（二〇四㍍）・新木山古墳（二〇〇㍍）・室宮山古墳（二三八㍍）、2段階に川合大塚山古墳（二一五㍍）が築かれたが、三・四段階では一五〇㍍級に下降する。

和泉南部の大阪湾に面した淡輪古墳群では、2段階に西陵古墳（二一〇㍍）、3段階に宇土墓古墳（一八〇㍍）が築かれたが、以後大型墳は未見となる。

中部	関東		外交記事・反乱伝承記事等
伊賀/美濃/甲斐	**上毛野/武蔵**	**上総/常陸/陸奥**	
甲斐銚子塚 169 昼飯大塚 150	浅間山 172 別所茶臼山 165	雷神山 168	369/ 百済が倭に七枝刀を贈る 〔上毛野氏祖荒田別、葛城襲津彦らの訪韓伝承〕（紀）
御墓山 188	白石稲荷山 150 太田天神山 210	舟塚山 186 水戸愛宕塚 138	400・404/ 高句麗と倭の戦争（広開土王碑） 413/ 倭が東晋に遣使（晋書） 421/ 讃が宋に遣使（宋書） 425/ 讃が宋に司馬曹達を遣わす（宋書）
		高柳銚子塚 142	**438/ 珍（讃の弟）遣使。安東将軍・倭国王。倭隋ら 13 人にも将軍号** 443/ 済遣使。安東将軍・倭国王
巨大古墳の衰退			**451/済遣使。臣下23人に軍郡号。使持節・都督六国諸軍事・安東大将軍**
	岩鼻二子山 115 上並榎稲荷山 120	内裏塚 148 姉崎二子塚 110 *稲荷台1号* 祇園大塚山 100	462/ 興（済の世子）遣使。安東将軍・倭国王 〔葛城玉田宿禰の征討伝承〕（紀） 〔葛城円大臣・吉備上道臣・下道臣の滅亡伝承〕（紀）
馬塚 142	*埼玉稲荷山* 120 井出二子山 108 平塚108 （下野） 摩利支天塚 117		475/ 高句麗が百済を攻め、漢城が陥落・熊津へ遷都（紀・三国史記） 478/ 武（興の弟）上表。六国諸軍事・安東大将軍・倭王 〔播磨の文石小麻呂、伊賀の朝日郎の征討伝承〕（紀） 〔星川王子の乱〕（紀） 〔弘計・億計王の発見伝承〕（記紀・風土記）〕
（尾張） 断夫山 151	七輿山 146 埼玉二子山 132 （下野） 琵琶塚 125		528 − 29/ 磐井の乱（記紀・風土記） 534/ 武蔵国造の乱（紀）

の古墳を表示した。

銘文刀剣出土古墳である。

し、オオヤマト古墳群・石上豊田古墳群・杣之内古墳群における 9 期の大型古墳は割愛した。

前方後円墳集成編年	須恵器編年	九州	中国	畿内				
		大隅/日向	吉備/播磨	淡輪/三嶋	古市	百舌鳥	佐紀	馬見・葛城
4期		唐仁大塚 150	五色塚 194		津堂城山 208	乳岡 155	石塚山 218 宝来山 227 五社神 270	島の山 200 巣山 204
5期	TG232 TK73	女狭穂塚 176 男狭穂塚 176	金蔵山 165 壇場山 143		仲津山 290 墓山 225	上石津ミサンザイ 360	コナベ 204	新木山 200 室宮山 238
6期	TK216		造山 350	西陵 210	誉田御廟山 425	御廟山 203	ウワナベ 265 市庭 253	川合大塚山 215
7期	ON46 TK208	横瀬 140	作山 286 両宮山 206	太田茶臼山 226 宇土墓 180	市野山227	大仙陵 513 土師ニサンザイ　290	ヒシャゲ 215	屋敷山 135 掖上鑵子塚 150
8期	TK23 TK47	巨大古墳の衰退 (肥後) 江田船山			岡ミサンザイ　242 軽里大塚 190 ボケ山 122	巨大古墳の衰退		狐井城山 140
9期	MT15 TK10	(筑紫) 岩戸山 135		今城塚 181	白髪山 115 高屋築山 122 (河内大塚山　355)			(橿原) 鳥屋ミサンザイ　138

図５－13　倭の主要な大型前方後円墳の推移

・畿内は200ｍ前後以上、畿内以外は150ｍ前後以上を記載した。なお、小型化する集成８期以降は100m超で地域最大
・『前方後円墳集成』（山川出版社）・『古墳時代の考古学２』（同成社）ほかの編年を参照した。なお、アンダーバーは
・９期については、上部項目に記した旧国以外の重要古墳についても取り上げ、() 内に国名・地域名を付した。ただ

吉備では2段階に造山古墳（備中・三五〇㍍）3段階に作山古墳（備中・二八六㍍）、両宮山古墳（備前・二〇六㍍）が築かれた。徐々にサイズが下降し、4段階以降には大型墳は存在しない。造山古墳は上石津ミサンザイ古墳、作山古墳は大仙陵古墳との相似関係が指摘される（宇垣二〇一八）。

九州では古墳時代を通じて二〇〇㍍級は存在しないが、日向（大隅を含む）では、1段階に鹿児島県唐仁大塚古墳（一五〇㍍）、宮崎県男狭穂塚古墳（一六五㍍）・同女狭穂塚古墳（一六五㍍）、3段階の鹿児島県横瀬古墳（一四〇㍍）が存在し、その後急激に小型していく。女狭穂塚古墳は仲津山古墳との墳丘規格の類似が説かれている。

東国では、1段階に太田天神山古墳（上毛野・二一〇㍍）、舟塚山古墳（常陸・一八六㍍）という二〇〇㍍前後が築かれるが、2段階には規模が下降して上総の高柳銚子塚古墳（一四二㍍）、3段階には同内裏塚古墳（一四八㍍）の一四〇㍍台が最大となり、4段階には上毛野の保渡田古墳群・平塚古墳・鶴山古墳、武蔵の埼玉稲荷山古墳、下毛野の摩利支天塚古墳などが一〇〇～一二〇㍍台で最大となり、多数の前方後円墳が林立する。

以上のように、1段階には畿内各地や東国にも二〇〇㍍クラスの巨大前方後円墳が一定数築かれたが、2段階では畿内・吉備以外では巨大前方後円墳は見られなくなり、3段階では馬見・葛城で巨大前方後円墳が終焉、4段階では古市古墳群以外では古墳がすべて小型化していくのである。

六　前方後円墳秩序と倭の五王の時代

(1)前方後円墳の盛衰と五王の遣使

以上の古墳動態と倭の五王の遣使との関係はどう考えられるだろうか。

宋への遣使は一〇回に及ぶ。また田中史生は、その前に東晋〔四一三年〕、後に南斉〔四七九年〕との交渉の可能性も説く（田中二〇一三）。宋の建国（四二〇年）の一年後（四二一年）に遣使した讃は除授されたが、その官爵名は伝わらない。倭の朝貢を喜んだ武帝は、讃を安東将軍・倭国王に任じた可能性が高いとみられる。讃は、続く四二五年の遣使において司馬《しば》曹達《そうたつ》を派遣していることから、将軍除授に伴って将軍府を開き、司馬ほかの府官を置いたと推定される（鈴木二〇一二）。なお、四三〇年の遣使は倭王名が記されないが、讃によるものと考えられる。

讃が死に続いて立った弟の珍による遣使（四三八年）では、安東将軍・倭国王に除正されるとともに、配下の倭隋ら一三人が「平西・征虜・冠軍・輔国将軍」の除正を認められている。珍は、あらかじめ国内で臣下に各将軍号を仮授し、遣使によって正式に承認を受けたのである。倭隋の平西将軍は、珍の安東将軍との格差が僅少であることが知られており、その姓から王族とみられ、また、与えられた平西の方位は、倭王権の中での位置関係に置き換えられているとされる（武田一九七五）。こうした臣下の将軍号のあり方から、倭王の権力は絶対的なものではなく、王と配下の勢力が近接していたことがわかる。

しかし、倭国王に将軍号が与えられればその膝下に将軍府を開くことが承認されるのであり、この時期から倭王と連合する勢力の統制に際して、中国王朝の官爵序列の裏付けが加わったことは国内的にも看過できない出来事であろう。宋への朝貢と将軍号・王号・配下への官爵除授は、対外的効果とともに内政面での秩序形成も目的とした二面的施策であったとみられる（鈴木二〇一二）。

続く済は、まず四四三年に通交して安東将軍・倭国王に除され、二度目の四五一年の遣使では、「使持節・都督倭・新羅・任那・加羅・秦韓・慕韓六国諸軍事」が認められ、さらに安東大将軍に進んだ。百済を除く朝鮮半島南部における軍政権が宋の体制下においては承認されたことになるが、これは珍の際には承認されなかったものであった。加えて、上奏された二三人が軍（将軍）・郡（郡太守）に除されている。珍の一三人に比べて、属僚の位を請求する範囲が広がっていることが注目される。なお、四六〇年にも倭国の遣使の記事がある。

興（済の世子）の四六二年の遣使では、安東将軍・倭国王と為された。四七七年にも倭国遣使の記事がある。武（興の弟）の四七八年の遣使では、使持節・都督倭・新羅・任那・加羅・秦韓・慕韓六国諸軍事・安東大将軍、倭王に除され、この際に提出された長文の上表はよく知られているところである。なお、宋は四七九年に滅亡し、宋書における倭の遣使の記載はここまでとなる。

以上の倭の五王の記事と古墳動態を関連させてみると次のようになる。

●1段階（集成4・5期）　古市古墳群に津堂城山古墳（二〇八㍍）が成立し、仲津山古墳で三〇〇㍍に迫る。続いて百舌鳥古墳群に上石津ミサンザイ古墳が築造され三〇〇㍍を超える。同時に、畿内の佐紀古墳群、馬見・葛城古墳群にも巨大前方後円墳が複数存在するとともに、地方にもそれらに匹敵する巨大古墳（日向〔大隅含む〕・伊賀・上毛野・常陸）が築造される。

四世紀後半から五世紀初頭にあたり、高句麗の広開土王碑における倭軍との交戦記事（四〇〇年）に相当する時期を含む。『日本書紀』における上毛野氏祖の外征記事も考慮すれば、畿内・西国に加えて東国豪族が対外活動に参画した可能性が高い。上述のように古墳時代前期後半の佐紀政権の時期から重視されてきた東国勢力が、この段階から外征に関わったことで大きな古墳規模を実現したと考えられる。また、南九州の優勢さは、仁徳が日向諸県君の娘である髪長媛と婚姻したことと整合する。

この段階では畿内にも主軸が複数存在し、地方豪族の勢力も強固であることが明らかである。四一三年の倭の東晋への朝貢（『晋書』安帝紀ほか）はこの時期にあたることになり、讃の最初の遣使がこの段階に入ってくる可能性もある。古墳規模からみて倭政権が相互格差の少ない豪族連合体制であることを示すが、このなかで上石津ミサンザイ古墳が、これまでにない三六〇㍍に飛躍することは重要である。中国の将軍号・国王号のような外的承認を得たことによる倭王の優位性の高まりを示唆する可能性はあろう。

●2段階（集成6期）　古市古墳群に突出した規模の誉田御廟山古墳（四二〇㍍）が成立する。佐紀、馬見葛城に巨大前方後円墳が存在するが、数量は1段階より減少する。吉備に三五〇㍍の造山古墳が、淡輪にも巨大前方後円墳が築造される。その一方で日向・上毛野・常陸においては古墳規模が低下し、一五〇㍍台となる。考古学的な実年代としては5世紀前半に比定される。

●3段階（集成7期）　百舌鳥古墳群に大仙陵古墳（五一三㍍）が築かれ、前方後円墳の規模はピークに達する。佐紀古墳群には巨大前方後円墳が一基のみ、馬見・葛城古墳群では巨大古墳が見られなくなる。吉備では巨大前方後円墳が築造されるが、2段階よりも規模を減ずる。東国・日向でも一四〇㍍を最大とし、多くは一〇〇㍍台となる。五世紀中葉の時期となる。

この2・3段階は、讃から珍、済の時期に相当する。四三八年、讃が死んで弟の珍が立ち、安東将軍・倭国王に除正されるとともに、倭隋ら臣下一三人も平西将軍ほかに除正された。上述のように王と属僚の格差が少ないあり方は、百舌鳥・古市古墳群のほかに佐紀、馬見・葛城古墳群ならびに地方にも巨大前方後円墳がある状況に相当する。

倭隋は王族将軍であり、倭の西方の統御を担当したとするのが通説で、北部九州へ派遣されていたとの解釈がある（武田一九八五）。ただし、前方後円墳システムを重視する考古学の立場ならびにこの時期の王宮を起点とすれば、奈良盆地から西方の摂津三島・淡輪・吉備の古墳被葬者もその候補とみることができる。同様に、この時期前後の一三位までに入る東国や九州の大型前方後円墳の被葬者も将軍号を有した可能性を排除できない。外征時に上毛野氏祖の荒田別・鹿我別を「将軍とした」と特記することも無視できない点である。

四四三年に初めて朝貢した済は、四五一年に「使持節・六国諸軍事・安東将軍・倭国王」（後に安東大将軍）に除されて、百済を除く朝鮮半島南部の軍政権を認められるとともに、属僚二三人への軍郡号除正によって、倭国内勢力の格差付についての外的承認正を得たと理解される。３段階のような超巨大前方後円墳の築造と、他地域における古墳規模の縮小は、府官制秩序（鈴木二〇一二）に基づく倭王とそれ以外の量的格差を可視化した可能性がある。緩やかな豪族連合体制のもとで加熱した墳墓築造競争を改変させ、大王以外の豪族層を外的権威を背景にして下位に秩序づけることに成功したと考えられる。その時、畿内・吉備の巨大前方後円墳被葬者は将軍号、畿内・地方における一〇〇メートル級の前方後円墳被葬者層は郡太守号を有していた可能性が考えられる。

●４段階（集成８期）　百舌鳥古墳群での造墓は停止する。古市古墳群でも岡ミサンザイ古墳（二四二メートル）・軽里大塚古墳（一九〇メートル）を最後に二〇〇メートル級は終わり、続く前方後円墳は一〇〇メートル級に下降する。西国でも東国でも巨大古墳は築かれない。東国・九州の豪族が上番を示す銘文刀剣を保持する。

五世紀後半の興（安東将軍・倭国王。四六二年）ならびに武（使持節・都督六国諸軍事・安東大将軍・倭王。四七八年）の状況と照合できる（ただし、興に比定される安康天皇の陵は、記紀では大和国の菅原（現奈良市）にあるとされ、佐紀古墳群に所在する可能性がある）。２・３段階に中国王朝の権威を背景とした府官制秩序が敷衍され、倭王と他者の格差が実質化したことによって競合的に古墳を巨大化する必要がなくなったとみられる。これにより、倭王墓のみが二〇〇メートル級に回帰して最上位となり、属僚の墳墓は一〇〇メートル台に押さえることが慣例化し、古墳築造競争は終焉したのである。五王による宋への遣使は、東アジア秩序への対応であるとともに、倭内部での序列構築を合わせて大きな目的としていた可能性が高い。

この時期には、外的権威を背景とした秩序構築と同時に、武力も合わせて伝統勢力の抑え込みが行われたのであろう。『日本書紀』によれば、允恭による葛城玉田宿禰の排除を皮切りに、雄略による王族（八釣白彦皇子・坂合黒彦皇子・市辺押磐皇子・御馬皇子）の謀殺、葛城勢力の打倒（安康天皇を暗殺した眉輪王を庇って滅ぼされた葛城円大臣）、吉備勢力の抑圧（舎人に告発されて討たれた吉備下道臣前津屋、任那に追われて妻の稚媛を雄略に奪われた吉備上道臣田狭、朝鮮半島で反旗を翻して殺された田狭の子の弟君）、地方豪族の討伐（播磨の文石小麻呂《あやしのおまろ》、伊勢の朝日郎《あさけのいらつこ》）が推し進められる。これと、葛城・馬見、吉備、播磨、伊賀の古墳が縮小ないし途絶していく考古学的動静が同調する（この時期の吉備の両宮山古墳は、巨大前方後円墳であるが未完成墳として知られる）。そして、いずれの地域とも次の四段階には一〇〇㍍級前方後円墳は見られなくなるのである。

東国では、上毛野の保渡田古墳群・平塚古墳・鶴山古墳、下毛野の琵琶塚古墳、武蔵の埼玉稲荷山古墳など一〇〇～一二〇㍍の前方後円墳が築造され活況を呈する。雄略政権では、紀・大伴・膳《かしわで》といった畿内豪族や筑紫の豪族に外征を行わせるとともに、内乱事案には物部を活用した（下道氏の征討など）。外交や渡来集団の編成においては、檜隈民使博徳・身狭村主青・東漢直掬・秦酒公などの渡来人が活躍するとともに、内政では美濃の豪族身毛君丈夫、吉備弓削部虚空などの地方豪族の重用も知られる。

また、『新撰姓氏録』左京皇別には、上毛野朝臣の同族である車持公が、雄略に乗輿を供したため「車持」の氏を賜ったとあり、保渡田古墳群（上毛野国車評に所在）造営の勢力の一部が上番して内廷で活動し、負名氏族となった可能性が指摘される（前沢一九九一）。すでに述べた稲荷山古墳鉄剣銘にあるヲワケも東国から上番したことが明らかである。3段階以降の東国に一〇〇㍍台の前方後円墳が多く出現するのは、上番制によって大王の内廷に地方豪族を取り込むことで、畿内伝統勢力を抑えるための施策の反映であったとみることが可能である。

おわりに

以上のように、古墳時代中期を中心として列島の古墳の動静を整理してみると、倭の五王の遣使は中国南朝の権威を背景にしながら朝鮮半島諸国との外交関係の中で優位に立つという側面がまずは重視されるが、同時に倭国内で拮抗する豪族間関係を南朝の権威を背景として序列化し、固定化する政策が合わせて重要であったとみることができる。逆にいうと、外的権威を背景にしなければ倭国内の豪族の序列化は一筋縄ではいかなかった。それが巨大前方後円墳の林立に表出していたのである。

盤踞する有力豪族と倭王の格差付けは、地方豪族の古墳規模の縮小という考古学的動静からみれば一時的成功を治めたとみられる。この時期の東国豪族の中には、珍の時期の将軍号、済の時期の郡太守号を有した者がいた可能性が高く、上番して大王を左治した者もヲワケに限らず存在したとみてよかろう。

ただし、その府官制的秩序がそう長く続かなかったのは、六世紀前半の王統の混乱と継体大王の登場、東西地方豪族の反乱伝承（筑紫君磐井の乱、武蔵国造の乱）をみれば明らかである。また、六世紀後半になると、小札甲・馬具・装飾付大刀が東国に多く分布し、なかでも上毛野に集中する。小札甲を着装した表現の武人埴輪（有力首長の武威を表現）が東国の後期古墳に偏在すること、新羅系文物が東国の後期古墳から多く出土すること、東国武人の武勇が王朝で語り継がれること（①山背大兄王が蘇我入鹿に敗れた際に、東国の乳部〔壬生部〕を頼って再起すべきと進言された、②聖武天皇の詔で東国武人の勇猛さと王権への貢献が賛美された）などから、六世紀後半の外交軍事もまた東国豪族がその一端を担ったことは確実である（若狭二〇二一）。

東国はヤマトのはるか東方にあるが、豪族たちは古墳時代前期後半から王権のメンバーとして参画し、中期・後期には青海を渡り、時には府官制秩序下の称号を保持しつつ、広範に活動していたのである。

〔参考文献〕

青柳泰介・丸山真史編　二〇一七『国家形成期の畿内における馬の飼育と利用に関する基礎的研究』奈良県立橿原考古学研究所
石橋宏　二〇一三『古墳時代石棺秩序の復元的研究』六一書房
一瀬和夫　二〇一八「倭の五王と巨大前方後円墳と陵墓」『講座　畿内の古代学Ⅱ』雄山閣
上田直弥　二〇二二『古墳時代の葬制秩序と政治権力』大阪大学出版会
宇垣匡雅　二〇一八「吉備からみた畿内」『講座　畿内の古代学Ⅱ』雄山閣
内山敏行　二〇一三「将軍山古墳の武器武具」『古代の豪族―将軍山古墳とその時代』埼玉県立さきたま史跡の博物館
亀田修一　二〇一二「渡来人の東国移住と多胡郡建郡の背景」『多胡碑が語る古代日本と渡来人』吉川弘文館
加藤一郎　二〇〇八「大山古墳の円筒埴輪」『近畿地方における大型古墳群の基礎的研究』六一書房
加藤一郎・土屋隆史・相馬勇介　二〇二三「仁徳天皇　百舌鳥耳原中陵第1堤における遺構・遺物確認のための事前調査」『書陵部紀要』第七四号（陵墓編）宮内庁書陵部
岸本直文　二〇一〇『史跡で読む日本の歴史2　古墳の時代』吉川弘文館
岸本直文　二〇一八「倭王権と倭国史をめぐる論点」『国立歴史民俗博物館研究報告』二一一
岸本直文　二〇二〇『倭王権と前方後円墳』塙書房
木村理　二〇二二「古墳時代中期の円筒埴輪」『埴輪の分類と編年』埴輪検討会
小島憲之ほか　一九九四『新編日本古典文学全集2　日本書紀1』小学館
近藤義郎編　一九九二『前方後円墳集成　畿内編』山川出版社

澤田秀実　二〇一七『前方後円墳秩序の成立と展開』同成社
下垣仁志　二〇一五『古墳時代の国家形成』吉川弘文館
柴原聡一郎　二〇二〇「前方後円墳墳丘長の規格性」『東京大学考古学研究室研究紀要』三三号
白石太一郎・杉山晋作・車崎正彦　一九八四「群馬県お富士山古墳所在の長持形石棺」『国立歴史民俗博物館研究報告』三
鈴木靖民　二〇一二「倭の五王の外交と内政－府官制秩序の形成」『倭国史の展開と東アジア』岩波書店（初出は一九八五『日本古代の
　政治と制度』続群書類従完成会に所収）
田中史生　二〇一三「倭の五王と列島支配」『岩波講座日本歴史　第1巻　原始・古代1』岩波書店
武田幸男　一九七五「平西将軍・倭隋の解釈」『朝鮮学報』七七
辻田淳一郎　二〇一九『鏡の古代史』（角川選書）ＫＡＤＯＫＡＷＡ
新納　泉　二〇二三「『日本書紀』神功紀の再検討」『考古学研究』七〇―一　考古学研究会
仁藤敦史　二〇一八「神功紀外交記事の基礎的考察」『国立歴史民俗博物館研究報告』二一一
橋本達也・鈴木一有　二〇一四『古墳時代甲冑集成』大阪大学大学院文学研究科
橋本達也　二〇一三「祇園大塚山古墳の金銅装眉庇付冑と古墳時代中期の社会」『祇園大塚山古墳と5世紀という時代』六一書房
土生田純之　二〇〇六『古墳時代の政治と社会』吉川弘文館
広瀬和雄　二〇〇七『古墳時代政治構造の研究』塙書房
広瀬和雄　二〇一八「畿内の前方後円墳」『講座　畿内の古代学Ⅱ』雄山閣
古市　晃　二〇二一『倭国―古代国家への道』講談社現代新書
前沢和之　一九九一「上野の豪族と居館」『季刊考古学』三六　雄山閣
柳沼賢治　二〇一三「大廓式土器の広がり―駿河以東について」『静岡県における前期古墳の再検討』静岡県考古学会
山口佳起・神野志隆光　一九九七『新編日本古典文学全集1　古事記』小学館
若狭　徹　二〇〇七『古墳時代の水利社会研究』学生社

若狭　徹　二〇一一「中期の上毛野」『古墳時代毛野の実像』雄山閣
若狭　徹　二〇一七『前方後円墳と東国社会（古代の東国1）』吉川弘文館
若狭　徹　二〇二〇a「5世紀の東国と越後・佐渡―日本海沿岸の津と東国豪族の対外活動」『新潟県考古学会2020年度秋季シンポジウム研究発表要旨』新潟県考古学会
若狭　徹　二〇二〇b「群馬県金井東裏遺跡1号男性の研究」『考古学研究』六七―二
若狭　徹　二〇二一『古墳時代東国の地域経営』吉川弘文館
若狭　徹　二〇二二「前方後円墳の社会的機能に関する一考察」『律令制国家の理念と実像』八木書店

第35回濱田青陵賞授賞式　記念シンポジウム

（司　会　）中村俊介（朝日新聞社編集委員）
（パネリスト）一瀬和夫（京都橘大学名誉教授）
田中史生（早稲田大学文学学術院教授）
辻田淳一郎（九州大学大学院教授）
古市　晃（神戸大学大学院人文学研究科教授）
若狭　徹（明治大学文学部専任教授）

一　遣使と将軍号除正の実態について

中村　それでは第二部のディスカッションを始めたいと思います。五世紀というのは、あまりに広いテーマでありま す。とてもきりがないので、ピンポイントでいきたいと思います。それでは先生方、よろしくお願いします。

興味深いご報告がありましたが、各専門からそれぞれに違う五世紀像というのものが見えてきました。その中で私が興味を持ったのは、なにも倭の五王というのは、中国にわずかな使いしか派遣していないわけではないことです。いっぱい家臣達が出てきています。この発表原稿（本書第二章〔田中〕）を見ていただくと、ずらりとこの変遷が並んでいます。その中には讃・珍・済・興・武のほか、讃に遣わされた司馬の曹達、珍による倭隋ら十三人、済による二

一瀬和夫

十三人の除正（本書一八頁参照）などあり、かなりいろんな方々が向こうに渡っています。まずこの遣使の実態について、突き詰めていこうかと思っております。

先ほど一瀬先生の報告で、陪塚の関係から、二十三人・十三人というのはかなり広く全国的に散らばっているんじゃないかというお話がありました。これについて、もう少し具体的にお願いできますでしょうか。

一瀬　今までですと、応神陵古墳などから讃にあてる、という話もあったんですけど、それだと仁徳陵古墳を珍にあてることができ、衛星的に周りに接する陪塚、中小古墳はいわゆる臣下のようなもので、ここでいう十三人にあたるものではないと考えることもできます。そうではなく、今の古墳や土器・埴輪の編年からいきますと、やっぱり讃が仁徳陵古墳になるかなと思います。最近の親族関係の考え方から、直接に群集する関係者は血縁のあるような近縁者を中心としていると見なすと単純に主従関係にはならない。十三人の埋葬古墳候補については対象をもっと大きく広げて、日本列島全体の古墳分布一帯に目を転じて、推論を組み立ててもいいのではないかと思います。

私のアイデアでは、応神陵古墳築造前後までは二〇〇㍍クラスの古墳を各地で造っており、その一部が後の十三人にあたる地域の前進集団ではなかったのか。ところがその後順次、力関係で規制を受けて、仁徳陵古墳のときには造れなくなった。それゆえに讃・珍のころに造らなくなったエリアがかえって非常に重要で、それは十三人の支配域になるのじゃないか、と思っています。つまり、仁徳陵古墳の段階になっても、畿内では河内大塚山古墳、紀伊の方では大阪府岬町にある西陵と宇度墓という古墳など、二〇〇㍍クラスのものは造りつづけますので、それはそれで十三人相当の地域の中でも畿内に在する核となる被葬者にあてるとか、そういう考え方もできるかなと思います。そのほかで完全に規制を受けてしまって古墳を造れなくなっているエリアを考えなければならない。ところが仁徳陵古墳の次、十三人を送った珍の墳墓と目されるニサンザイ古墳の段階では二〇〇㍍クラスは皆無になり、より一層探しにくくなります。

そこで古墳築造規制に対しては除正や鏡が見返りとして描けるかもしれない。そこで辻田先生に伺うと、結局古墳がない分、出土鏡がないので、そのあたりが読めないというお話だったんですが、そういうのも含めて夢の大きいシミュレーションとしては、文献から考えた除正者の見通し提示がこの場でできれば楽しいかな、と思いました。

中村　これは讃を仁徳陵とされている古墳にあてるということかと思います。古市先生は讃を履中とされていたと思いますが、讃を誰にあてるかは難しいところで、これによってだいぶ話は変わってくるのかなと思います。十三人とか二十三人の中にも、周縁王といわれるような人たちは含まれていたんでしょうか。

中村俊介

古市　具体的にどう考えるかというのは非常に難しくて、すぐに答えが出るような問題ではないのですが、あくまで仮説として考えた場合には、私のイメージだと、そういう中枢の倭王になれるような王族もいるし、倭王にはなれないけれども王を名乗ることができる周縁的な王族というものがいて、またその周りには葛城や吉備といったかなり有力な古墳を出すような豪族たちがいるという形になります。そういう人たちの中に、たとえば倭隋や二十三人の将軍号を除正されるような人たちがいた可能性というのは十分あるんじゃないかと思います。そうすると先ほどの一瀬先生のご提言に従うと、広がりは列島のかなり広い部分に及ぶと考えた方がよいのではないか、そんなイメージを持っています。

中村　そうなりますと、この五王の遣使というのは、語弊はあるかもしれませんが、意外と呉越同舟みたいなところがあったということなんでしょうか。

古市　政権の合意というか、総意として送られている可能性はかなり高いんじゃないかと思っています。

若狭　徹

中村　では若狭先生に伺いましょう。先生は東国の中でも独自のチャンネルを持っている、そして当時の王権を支えていて、王権に組み込まれていたとされています。僕から見ればかなり古市先生とは違う感じもあるんですが、この十三人あるいは二十三人の中に、東国や西国、ひょっとしたら稲荷山鉄剣や江田船山大刀の持ち主とか、全国的に広い地域の豪族達が含まれていたとみてよいでしょうか。

若狭　古市先生とそんなに意見は離れていないと思っています。さっき出たような葛城や紀伊・吉備、そういうものと同列に考えればいいと私は思うんですよね。つまり、太田天神山古墳を造ったような豪族は、古墳の規模や長持形石棺の保有、水鳥形埴輪の樹立や渡来人を東国に呼んできていることを考えれば、西の豪族と同列だと思いますし、『日本書紀』の中には実質的な将軍としての活動が描かれているわけですから、私は東国の豪族、つまり東国で大きな古墳を造っている者の中には、ある段階では将軍もおり、ある段階では郡太守もいたと考えていいと思っております。

中村　わかりました。では田中先生は、国際的な目から、十三人あるいは二十三人というのはどういう存在なのかと推測できますか。

田中　参考になるのはやはり百済の例だと思います。百済については最近研究があって、それによると最初は百済王族とその近親者なんですよね。それから王族以外の貴族に広がっていく。

一方倭国では、最初の十三人で具体的に分かるのは王族とみられる倭隋だけです。倭隋がおそらく平西将軍をもらっている。平西についても研究がありますけれども、「西を平らぐ」という意味の将軍号ですね。中国がこの将軍号を認めているのですが、倭国は中国の西ではありません。平西将軍という場合の平西というのは、倭王を中心にした平西というわけです。この西はどこかというと、だいたい大和の西側というイメージがなされています。

地域の巨大古墳の被葬者を在地の有力者と考えるか、それとも大和から来た人と考えるかは、考古学的にいろいろな議論があるかもしれません。私は下ってきた人がそのままどかんと建てるというイメージはないのですけど、いずれにしてもおそらく倭王に近侍する王族を含む有力な首長たち、十三人ってそれぐらいじゃないかと思うんですね。その後二十三人に広がっているのは、地域の支配層を取り込むということに権力構造が変わっていることと関係していると思われます。郡太守号も加わり二十三人に数が増えるんだろうと思います。

中村　百済の当時の状況を逆に照射してみると、倭の中の状況も分かってくるということですね。百済の状況は考古学的・文献史学的にかなり分かりつつあるんでしょうか。

田中　倭国の場合は曹達が来たとか、倭隋に将軍号を認めたとしか書いていないので、これで分析するしかないんですが、百済の場合は史料に具体的な人名が載っているので、それで分かる。それから称号も細かく書いてある。倭国の二十三人の場合、「軍・郡」としか書いていないので、何の将軍号なのか、何の太守号なのかが分からないわけですが、もらった称号も百済の場合は書いてあるので、より具体的に復元できるというわけです。ただ、百済のものが倭国に影響を与えたと簡単に言えないのは、倭国の方が百済より少し早いということがあるんですね。だから、双方向的に影響しあっているのかもしれないですね。

二 同型鏡・銘文刀剣と将軍号・軍太守号・人制との関係

中村 ありがとうございます。そこで辻田先生に教えていただきたいのですが、これはいわゆる同型鏡の配布・分布とどう絡んでくるのでしょうか。スクリーンでもありました同型鏡の分布が日本全国に渡っております（本書三五頁）。今出ました十三人とか二十三人の使いたちと、この分布している同型鏡を入手した人々、つまり中央豪族。これは重なってきますか。この人たちは使いの中に交じっていたのかどうか、同型鏡分布との絡みを教えてください。

辻田 今回分布図で示しておりますのは、同型鏡の出土地点が今までの調査から分かっているものになりますが、いくつか困った点がございます。同型鏡が出土するのが五世紀中頃と今日も申し上げましたが、いわゆる天皇陵も含めて、この時期の大型古墳には未調査の古墳が非常に多いということがございます。実はこの図1－7の同型鏡の分布というもののほとんどは五世紀後葉から六世紀にかけてのもので、いわゆるワカタケル大王以降です。今のお話の倭隋等十三人が四三八年で、軍郡二十三人が四五一年ですけれども、そのころの同時代の同型鏡とか、あるいはそのころに同型鏡が副葬された古墳というのが、実はこの中にごく少数しか含まれていないんです。

その中の一つがさきほど若狭先生のお話でも出てきました千葉県の祇園大塚山古墳ですけれども、今見ておりますと、四五一年のころにもし副葬されているとすれば、分かっていないものも含めて、各地の最有力な古墳被葬者のところに同型鏡がもたらされているという形ではないかと思います。その中には軍郡二十三人、将軍号・郡太守号を持つような被葬者が含まれていてもおかしくないというイメージです。

そして分布にも出ているのが、このワカタケル大王、倭王・武の時代ですと、これは軍郡二十三人よりも少し後の時代に同型鏡を贈与する被葬者の範囲というのがもう少し拡大して、各地の最有力者だけでなく、中間層というふうにも言われますけれど、中型・小型の円墳の被葬者が同型鏡を一面持つとか、そういう事例も結構含まれているということです。本当は五世紀中頃の大型古墳の内容が分かってきますと、もう少し今の軍郡二十三人あたりの議論ともつながっていくのではないかと思うのですが、その辺が資料として見えていないのがちょっと苦しいところです。

中村　一瀬先生はどうですか。百舌鳥・古市から見て、今の意見には何かございますか。

一瀬　同型鏡の話でちょっと質問があるんですけど、先ほどの話のように二十三人に地方勢力が何割かいると仮定しまして、南朝からもらってきた鏡をその二十三人で分配して、その後に再分配している可能性は考えられないのかということを思います。

辻田淳一郎

辻田　今のところ、『書紀』の軍郡二十三人のころにもし同型鏡の分配みたいなことが行われていますと、本当にひとにぎりの最有力者だけの間で共有していて、その人達がお墓に持っていったというイメージです。ただ、それ以降の倭王の武・ワカタケル大王の時代以降ぐらいになってきますと、そういう可能性は排除しきれないと思います。

ただ、その時期も先ほどの稲荷山の礫槨のように、個人的に直接大王に仕えた人が自分でもらって持ち帰って、墓に副葬される事例のほうが主体かなという気がしております。今おっしゃったように各地に持ち帰られた鏡が配下にまた分配される事例というのは、どちらかといえば倭製鏡や中・小型の鏡ではあった可能性がある、そのように考えております。

中村　ありがとうございます。今、鏡のことで稲荷山鉄剣、あるいは江田船山大刀の話がでてきました。これらも倭王権から伝わったということですが、五世紀に配られた同型鏡は、稲荷山鉄剣や江田船山大刀のような紀年銘の剣や刀とは性格が違うんでしょうか。それとも同じようなものと考えてよいのでしょうか。辻田先生に伺いたいです。

辻田　同型鏡については、外的な権威というものを求めてもらってきたもので、五世紀の中頃から後半にかけては、本当に最上位に格付けされたもののなんだと思います。そういうものであるがゆえに、大王に仕えた人たちがもらいうるという限定されたものだったと思います。大刀にしても鉄剣にしても銘文が入ったものは非常に限られておりますし、また杖刀人ですとか典曹人ですとか、そういった大王に直接仕えるような人たちのみがもらいうるようなものです。一緒にもらったかどうかは別にして、そのような役職の人であればこそ、両方をもらいうる立場だったと思います。ですので、やはり結びついているという形かと思っております。

若狭　王宮に仕えていて、大王から鏡をもらうような立場にあるということがまず一点ですが、あの鉄剣・鉄刀の銘文はオーダーメイドです。要は自分の地位と自分の祖先を顕彰するような性格があるので、大王から下されるというよりも、その立場を利用して自らを顕彰するようなものとしてオーダーメイドで刻んだということです。ただそれを刻めるだけの文化的背景は必要で、渡来人の文筆官を配下に置く、もしくは付き合いがあるなどの立場かと思います。賜与されたものとは違うと思います。

中村　この鏡なり剣なり刀なりの贈与関係について、古市先生はどう捉えられますか。

古市　私の議論ではすごく分断と対立を強調しましたが、倭王が持っている威信財的なものを配る力であるとか、あるいは倭国の外交を代表する力というものは当然あったわけで、そういう力が端的に現わされているんだろうなと思います。そのまとまりというのはやっぱり倭王じゃないと持っていないわけで、その代表者としての力が現われているということかと思います。

中村　王統あるいは豪族とのモノのやりとりについて、百済や新羅、中国と同じような例が日本にもあるのでしょうか。田中先生、いかがでしょうか。

田中　考古遺物は私には評価できないので分からないのですが、基本的には人制というシステムの在りようそのものが、いわゆる渡来文化なんです。たとえば江田船山の銘文を見ると、典曹人というものが出てきますが、それ以外にも「書者」「作刀者」などが出てきます。人制について、私は「人」だけで考えるのではなくて、何々の「者」と書いてあるものも人制の中に含めて考えているんですが、これはどうしてかというと、たとえば広開土王碑文には「守墓人」が「守墓者」として出てくるんです。「人」と「者」は同じなんですね。

また典曹人は、作刀者や書者を動員してこの刀を作ったと書いてあります。作った場所はおそらく王権の工房だろうと思うんです。だから、王権に「何々人」として仕え、王権の工房にアクセスできるような人がいて、その工房では様々な技術者たちを集めていた。また、そういうところに関わる人が銘文入りの刀剣を作れ、それを地元に持ち込む。しかも必ず大王の名前を書いている。つまり、王との関係を誇示しながらそれをモノで示していくというやり方をとっているのが、刀の場合の特徴だと思いますね。賜与というのとはちょっと違いますが。

今日のお話の鏡の場合は、王からもらうという構造で、刀でいったらむしろ千葉の稲荷台1号墳の王賜銘鉄剣というのがありますよね。あれに「王賜」と書いてあるのですが、すごく小さい古墳から出るんですね。しかも五世紀の中葉なので、鉄剣は人制か何かで中央に行った時にもらったのではないかと思っています。王賜銘鉄剣はもしかしたら鏡などと同じようなものなのかな、と今日のお話を聞いて思いました。

三　同型鏡特鋳説をめぐって

中村　ありがとうございます。一つ皆さんに伺おうと思います。今回の辻田先生の仮説である南朝からの特鋳説ですが、この同型鏡特鋳説を皆さんはどの程度までこれでいいと認められるのでしょうか、それともまだまだだと感じられるのでしょうか。非常に画期的な説ですので、辻田先生には申し訳ないのですが、この場で伺ってみたいと思います。なかなか言いにくいところもあるかもしれませんけれど、若狭先生からどうぞ。

田中史生

若狭　鏡の研究をしていないので言いにくいのが正直なところですが、古墳前期の三角縁神獣鏡の配布システムを再興するような形で、王権をバックにして序列化する中で用意された器物ですので、特鋳説には賛同するところでございます。

中村　古市先生はどうでしょう。

古市　若狭先生がお答えになっている間に私の答えを用意しようと思っていたんですが、まだまとまっていないんですけれども。

ただ、今日のお話や以前のご著書など拝見していて、この同型鏡が入ってくるタイミングの中で、それが倭王・済であるとすれば、それはおそらく古事記・日本書紀に出てくる允恭、雄朝津間稚子宿禰で、おおよそ認められるんじゃないかと思います。私の理解ではちょうど王統の交代期にあたりますので、従来の仁徳から允恭に変わってくるときに、当然列島の支配秩序というものに影響を及さないはずがないですから、そこでの懐柔策としてそういうものが現われるとすればそれは大いにありうる話なのかなと思います。これは解釈の話ですので、いかようにでもなるのですけど、私としてはそのように理解できますし、また人制がそこに関わって受容されるということになると思いますが、それも一定の新たな支配システムを導入し、王権の支配体制が強化されるという意味ではありうると思います。

逆に私は、六世紀の画期というのはどこにあたるのか、ということを伺ってみたいと思いました。

辻田　六世紀の画期ということで言いますと、五世紀の倭の五王の時代に同型鏡が出現して人制と関わりながら展開していったというのが今日のお話でしたけれども、六世紀については継体が出現することに関わって大きく転換する。そのときに再び倭の五王の時代の鏡として、時代を引き継ぐものとして新たな意味を与えられ、違った意味で使われていくのが、六世紀前半の同型鏡として重要なんじゃないかと思っております。

中村　ありがとうございました。同型鏡特鋳説の評価について、一瀬先生はいかがですか。

古市　晃

一瀬　特鋳にしてしまうと、リアルタイムの出土古墳がなかなかないので、ちょっと歯がゆいところがあるんですが、この段階くらいにようやく五王との階層秩序と直接的な関係性といったものがきめ細かに整備され、正体を現してくるような状態だと思うんです。ただ、そのころから量は確かに増えてくるような気はしますので、むしろ倭の五王の時代が終わってからその量が増えていくのはどういうことだろう、と感じます。あと、隅田八幡の鏡なんかももっと出てくる可能性があるのかというのも気になるところです。隅田のほうは特鋳じゃないと思います。隅田八幡鏡のような鏡作りはいったいどうなのだろうというのを、逆に教えていただきたいと思います。

辻田　隅田八幡の鏡は今日お話しできませんでしたけど、隅田八幡神社所蔵人物画象鏡には年号が入っており、一応五〇三年と考えられています。あの鏡のお手本になった鏡が同型鏡群の一部であるということで、しかも文献史学の成果としていわれているように、百済の武寧王からの依頼で作られたものであるとすると、倭の王権の中枢で保管されていた同型鏡をお手本にして百済の王から依頼を受けて作られた、非常に特殊なものだと思っております。少なくとも、隅田八幡の鏡のようなものが作られる機会というのは、それほど多くはなかったと思います。今のところ、そんなに増えるような感じはしないですが、出てきたらすごいなと思います。

一瀬　特鋳で手に入れたものが丁寧に維持されて引き継ぐ根拠となるという状態が、六世紀に続いているという解釈でよろしいですか。

辻田　はい。そのことによって、六世紀になって新しい意味を与えられていくということではないかと思っております。

中村　田中先生はどうでしょう。鏡を注文してもらうっていうのはあまり朝鮮半島では聞いたことがないんですけれど、卑弥呼の時代からの独特の特徴だと思います。この同型鏡の特鋳説というのは、文献からはどのように評価されていますか。

田中　中村さんが言われている通り、結局八世紀・九世紀ののちの時代になっても積極的に中国のものを入れようとしている。確かに向こうで作った特鋳みたいなものもあるわけです。しかし、ここでは要するに自分たちが読み込んだ文化を中国で作ってもらう、つまり中国のものではあってもその意味は倭的なものなんです。それをわざわざ作ってもらおうとするということに、非常に特徴があって、これは面白いと思います。

それからもう一つは、ずっと鏡にこだわるという問題ですね。これは単に特定時代の問題じゃなくてそれ以前からの「伝統」を読み替えながら新しくしていくという問題です。多分そこで語られている話は歴史的なものでない限り、なぜ鏡がずっと維持されるかということは説明できないわけです。だから、中国を利用しながら倭の中にある伝統を連綿と表現していくというあり方は非常に面白いと思います。

一方で、三世紀の場合、五世紀と同じように府官的な秩序というわけではありませんが、たとえば卑弥呼も倭王をもらうだけじゃなくて自分の部下たちにも実は率善中郎将とかいうものをもらっています。そういう意味では、五世紀の倭王と似ている状況はあります。では五世紀と何が違うかというと、五王の時代はまず先に倭王が部下たちに中国の官爵をあげて、宋に行ってそれを認めさせるんですが、卑弥呼の時代は中国から勝手にもらって帰ってきているだけで、倭国内部ではそれがうまく機能していない状況ですね。だから、同じように鏡がある中で、三世紀と五世紀では中国的な権威の使われ方が違うんです。それは鏡からみてどのように現われるのだろうという点には興味があります。

中村　辻田先生の今のお話を受けて思ったのですが、前期も鏡を配布し、質を変えながらも中期にまた鏡を分けるというように、だいぶ政治の成熟の度合いが変わってきているはずです。今のように内容的に鏡にこだわるという話もありましたけど、政治の状況が変わっているのなら、刀とかほかの器物など、鏡ではなく別のものでやればいいんじゃないでしょうか。鏡をわざわざ復興してこだわろうとしているのは、どう受けとめればよいのでしょう。

辻田　本当にこれは仮説でありイメージですけれども、当時中国の南朝の情報ですとか、百済を経由した朝鮮半島の加耶などのいろんな情報があって、その脈絡の中でブレーンやテクノクラートのような渡来系の知識人がいたんじゃないかと思っております。

それで、この鏡が求められた理由としては、今もお話がありましたように、列島の中で伝統的に鏡をほしがる人々がたくさんいる中で、そういうものがあったほうがいいという声があるというのが一つかと思います。

一方で、たとえば大陸や半島の情報を知っているような渡来系の知識人たちからしますと、やはり刀、あるいは鏡以外のものであったほうが東アジアのスタンダードではないか、という意見もあるかと思います。ですが、列島の倭国の中では鏡が良いので、鏡をもらってくるのはどうですか、という意見を渡来系の知識人が王権中枢の上位層へあえて進言して、そのようになっているのではないかというイメージです。田中先生、そういったことがありえますか。

田中　それは分からないですが、ただ高句麗が中国に行ったら、高句麗の需要にあわせて、必要なものを与えているんですよね。つまりそれぞれの国の状況を見ながら渡していることは確かだと思います。欲しいものをあげる、それは中国にとっては吸引力になるので、そのようなことはやっていると思います。

四　ま　と　め——本シンポジウムの成果と課題——

中村　ありがとうございます。あっという間に時間が過ぎてしまいました。それでは最後に締めの言葉として、今日感じられた印象を、一言ずつ下さい。

田中　私は博物館にずらりと並んだ鏡を意味も分からず眺めていましたが、鏡のガイドブックともいえる辻田先生の本を読んだことで、見方が大きく変わりました。文献とのやりとりも非常に分かりやすい形で提示されましたので、我々からしても鏡というものをやっと分かりやすく見られるようになったと思います。ですから、今回辻田先生が受賞されたというのは、本当に納得できることです。

一瀬　言い残していたのですが、打ち合わせの時に畿内政権の安定度を議論しようかという話があったんです。私のレジュメに法円坂遺跡を中心にして描いている円があるんですが（本書九九頁図3－8）、これは仁徳陵古墳を造った時期ぐらいのシステムだと思っていまして、このときには、完全に法円坂と百舌鳥を中心にした畿内政権のシステムができあがっていたと私は思っています。

このときに畿内の中核は西によっているため、大和の手工業の須恵器生産などもなかなか本格化しない。奈良県では今でも初期の須恵器が見つからないのですが、大和盆地は遅れているという状態がこの時期にあったのです。しかも仁徳陵古墳の埴輪を造っているときは、古市での埴輪生産が止まっているんじゃないかというぐらい、併行している埴輪が出ないということもあります。その築造の時期は、物質的支配かもしれないですが、畿内政権はきわめて安定していたんじゃないか、そうした中で同型鏡などのツールを支配システムとしてどんどん貯えていく余裕やきっかけがこのときにあるのかな、と思います。

人物埴輪は昔からあるように思われがちですが、本格的に人物埴輪を並べるのは仁徳陵古墳になってからのことなので、それも人制と関わってくるかなと思います。ただいろいろな支配システムの重要なアイテムの中で、伝統的に鏡にこだわる中での同型鏡という新たな活用方式というものを、辻田先生がこのたびかなり具体的に浮かび上がらせたのではと、私は感じております。

古市　私は考古学についてはは素人なのですが、かつて小林行雄先生の、古墳を鏡から考古学で検討する研究がスタンダードとしての位置を占めていました。それが今や古墳時代を研究するアイテムが多様化していく状況で、あえて鏡を素材にして考える意味がどこにあるのかということについて、今回の受賞の前提となっている辻田先生のご著作には、なるほどと思わせる説得力があり、改めて興味深いことだと思いました。単なる遺物論に留まらず、それが古墳時代の政治や社会を復元させる力を持っているということが説得力をもって伝わってきて、非常に勉強になったところです。

若狭　倭の五王の時代の最後に、雄略がかなり強権的に政権をまとめあげたわけですが、その後また王統が混乱して、次に継体が登場するという流れになってまいります。今日私は東の立場からお話ししましたけれど、継体朝に継体を支える勢力として出てくるのが地方豪族の尾張氏なんです。継体期の一番大きい古墳は、継体のお墓と考えられる大阪府の今城塚古墳なんですけれども、ナンバー2の古墳というのは尾張と上毛野（群馬）にあるんですね。継体を支えていたのは、東日本の豪族の持つ大きな力だったのです。倭の五王の時代にも東国は軍郡号を持つような位置付けを持ち、次の時代についても重要な位置付けを有していたと考えます。今後も、東からの視座を大切にしながら研究をしていきたいですし、六世紀の鏡の研究に関しても、改めて辻田先生にご教示をいただきたいと思います。どうぞよろしくお願いいたします。

中村　では辻田先生、最後に一言お願いします。

辻田　ありがとうございます。本日は皆さま本当にありがとうございました。今日の同型鏡群の話につきましては、実際に考古学の分野でも諸説あり、意見が分かれているということで、南朝の遣使がある倭の五王の時代に、考古学的な資料で同型鏡群というのが重要です、というのはなかなか教科書に載るというところまではいかないな、と思っております。ですが、何十年後かわかりませんけれど、いつか教科書に載るようなことがあればいいなと思っています。

また、鏡の研究ということで先生方にいろいろコメントをいただきましたが、鏡というのは、やはり古代の日本において、政治的な関係と国家形成を考える上でのキーアイテムであるということを、改めて実感するところです。これからも先生方のいろいろな関連するお仕事に学びながら、研究を続けていければと思っております。どうもありがとうございます。

中村　ありがとうございました。今回のシンポジウムはこれで終わりたいと思います。パネリストの先生方に、最後に大きな拍手をお願いします（拍手）。

（二〇二三年九月二四日　岸和田市立文化会館にて）

あとがき

本書は、二〇二三年九月二四日に開催された、第三十五回濱田青陵賞受賞記念シンポジウムの報告・討論の内容をもとに各執筆者がまとめ直したものである。同賞選考委員長の小林達雄先生（國學院大學名誉教授）には、「刊行によせて」と題した序文をご寄稿いただいた。小林先生をはじめとした同賞選考委員の先生方、当日シンポジウムにてご登壇いただき、今回あらためてご寄稿いただいた先生方、同賞運営協議会の岸和田市・岸和田市教育委員会・朝日新聞社の関係各位に厚く御礼申し上げたい。また編者が学生の頃から現在までご指導いただいている、西谷正先生、故・田中良之先生、岩永省三先生、宮本一夫先生、溝口孝司先生をはじめとした九州大学の先生方に深く感謝申し上げたい。

以下、濱田青陵賞と今回のシンポジウムの経緯について少し補足させていただきたい。濱田青陵賞は、小林達雄先生の序文にもあるように、岸和田市出身の考古学者・濱田耕作（号 青陵）博士の没後五十年にあたる一九八八年に岸和田市と朝日新聞社により創設されたもので、博士の業績を称えるとともに、我が国の考古学の振興に寄与する目的で、業績のあった新進の研究者や団体を広く選考し、表彰が行われる（濱田青陵賞授賞式配布資料より）。二〇二四年度までに第三十六回を数えている。

濱田青陵賞受賞者は、その一覧を拝見すると、現在も現役でご活躍の、名だたる研究者の方ばかりである。編者がこのような栄えある賞をいただけたのは、ひとえにこれまでの調査・研究の過程でご指導いただき、またさまざまな形でお世話になったすべての方たちのおかげであり、この場を借りて深く感謝申し上げたい。

受賞についてご連絡をいただいた後、濱田青陵賞運営協議会（岸和田市教育委員会・朝日新聞社）の皆さまと授賞式当日の予定についてお話ししている中で、受賞記念シンポジウムのテーマと登壇者について考えておいてほしい、というご要望をいただいた。編者の受賞理由は「古代鏡の分析による古墳時代を中心とした考古学的研究」であり、もしシンポジウムを開催していただくとすれば、テーマとしては弥生時代後期～古墳時代前期か、古墳時代中・後期のいずれかがよいのではと考えた。その上で検討を重ねた結果、この機会に、あまり一般の方に知られていない「同型鏡（群）」を素材として取り上げ、これらが出現した「倭の五王の時代」について考古学・文献史学の先生方に広く議論していただければ、という結論に至った。

そこからは運営協議会の皆さまとも相談しながら、今回ご寄稿をお願いした先生方にご報告をお願いすることになった。いずれも編者がご登壇を切に希望した先生方であるが、考古学・文献史学の第一線でご活躍の方ばかりであり、シンポジウム当日、登壇者の中で最も年少の私は恐縮することしきりであった。また当日は限られた時間の中でお話しいただいたこともあって、先生方には申し訳なく思っていたところ、シンポジウム後の会食の場で、せっかくの機会ですのでシンポジウムも含めて書籍化を検討したらいかがですか、というご意見をいただいたのが本書の企画の直接の契機である。そこから、若狭徹先生のご紹介で吉川弘文館の石津輝真氏にご相談をお願いした結果、おおむね当日そのままの構成（編者の序章やコラムなどのプラスαを含む）で書籍化を進めていただけることになった。またあわせて、濱田青陵賞受賞記念シンポジウム単体としては初の書籍化ということもあり、今回の選考委員長でもある小林達雄先生には序文を賜った。お忙しい中、ご寄稿いただいた先生方、またシンポジウムの司会を務めていただいた朝日新聞社の中村俊介氏、多方面にわたりお世話になった岸和田市教育委員会の山岡邦章氏に重ねて厚く御礼申し上げたい。

以上のような経緯の中で、本書の編集・刊行に際しては、吉川弘文館の石津輝真氏・木之内忍氏に非常に多くのご配慮をいただいた。記して深く感謝申し上げたい。

二〇二五年一月

辻田淳一郎

執筆者紹介（掲載順）

辻田淳一郎《つじたじゅんいちろう》（序章・第一章・あとがき）　別掲

田中史生《たなかふみお》（第二章）　一九六七年生まれ　早稲田大学文学学術院教授
『渡来人と帰化人』（KADOKAWA、二〇一九年）

一瀬和夫《いちのせかずお》（第三章）　一九五七年生まれ　京都橘大学名誉教授
『古墳を築く』（吉川弘文館、二〇二三年）

古市晃《ふるいちあきら》（第四章）　一九七〇年生まれ　神戸大学大学院人文学研究科教授
『倭国　古代国家への道』（講談社、二〇二一年）

若狭徹《わかさとおる》（第五章）　一九六二年生まれ　明治大学文学部専任教授
『古墳時代東国の地域経営』（吉川弘文館、二〇二四年）

中村俊介《なかむらしゅんすけ》（シンポジウム司会）　一九六五年生まれ　朝日新聞社編集委員
『世界遺産　理想と現実のはざまで』（岩波書店、二〇一九年）

編者略歴
一九七三年　長崎県に生まれる
二〇〇一年　九州大学大学院比較社会文化研究科博士後期課程単位修得退学
現在　九州大学大学院人文科学研究院教授、博士（比較社会文化）

〔主要著書〕
『鏡と初期ヤマト政権』（すいれん舎、二〇〇七年）
『同型鏡と倭の五王の時代』（同成社、二〇一八年）
『鏡の古代史』（KADOKAWA、二〇一九年）

倭の五王の時代を考える
五世紀の日本と東アジア

二〇二五年（令和七）三月一日　第一刷発行

編者　辻《つじ》田《た》淳《じゅん》一《いち》郎《ろう》

発行者　吉川道郎

発行所　株式会社　吉川弘文館
郵便番号一一三―〇〇三三
東京都文京区本郷七丁目二番八号
電話〇三―三八一三―九一五一〈代〉
振替口座〇〇一〇〇―五―二四四番
https://www.yoshikawa-k.co.jp/

印刷＝藤原印刷株式会社
製本＝ナショナル製本協同組合
組版・装幀＝朝日メディアインターナショナル株式会社

ISBN978-4-642-08468-0